电商训练营

E-commerce Training Camp

廖宵 主编

网店客服

人民邮电出版社

北京

图书在版编目（CIP）数据

电商训练营. 网店客服 / 廖宵主编. -- 北京：人民邮电出版社，2019.2（2022.12重印）
ISBN 978-7-115-49392-7

Ⅰ. ①电… Ⅱ. ①廖… Ⅲ. ①网店－商业服务 Ⅳ. ①F713.365.2

中国版本图书馆CIP数据核字（2018）第216724号

内 容 提 要

在当前电子商务不断发展的市场背景下，网店客服已然成为网店经营过程中必不可少的一部分。本书通过理论结合实践的形式，全面、系统地介绍了网店客服的工作内容以及做好客服工作的方法与技巧，旨在为电商从业人员提供实用的客服工作指导，帮助其快速适应岗位需求，轻松搞定各种客服工作中遇到的难题。

本书共8章，主要包括网店客服工作的重要性，网店客服的工作内容，售前、售中、售后客服的工作方法、服务话术和销售技巧，客服团队建设及管理等内容。

本书可作为各类电子商务培训机构和各高校电子商务专业的教材，也可作为电商从业人员全面了解网店客服工作的参考书。

◆ 主　编　廖　宵
　　责任编辑　牟桂玲
　　责任印制　马振武

◆ 人民邮电出版社出版发行　　北京市丰台区成寿寺路 11 号
　　邮编　100164　电子邮件　315@ptpress.com.cn
　　网址　http://www.ptpress.com.cn
　　北京九州迅驰传媒文化有限公司印刷

◆ 开本：700×1000　1/16
　　印张：15.75　　　　　　　2019 年 2 月第 1 版
　　字数：273 千字　　　　　2022 年 12 月北京第 14 次印刷

定价：39.80 元

读者服务热线：(010)81055410　印装质量热线：(010)81055316
反盗版热线：(010)81055315
广告经营许可证：京东市监广登字 20170147 号

PREFACE 前·言

行业背景

电子商务作为现代服务业中的重要产业，在生活中处处可见，小到上网购物，大到跨国公司的网上商务洽谈等。随着电子商务产业的蓬勃发展，越来越多的人开始加入电子商务市场创业，电子商务培训市场也应运而生。它帮助没有基础和经验的人了解电商行业，并且针对电商行业的不同岗位进行技能培训，使被培训者能够快速适应岗位需求，顺利成为电商大军中的一员。为了更好地帮助各类学院或培训班快速培养优秀的电商技能型人才，也为了学生能更好地学习和实践，我们走访了很多皇冠级卖家，调研了各类目店铺的经营情况，以店铺的实际岗位需求为导向，以"学用结合"为原则，编写了这套"电商训练营"图书，本书为其中一本，主要面向网店客服岗位。

本书内容

本书主要介绍做好网店客服工作的方法和技巧，共8章内容，可分为3部分，各部分的具体内容和学习目标如下。

第1部分（第1章）：该部分主要介绍网店客服的重要性以及网店客服的工作内容和职责。通过本部分的学习，读者可以了解网店客服各个阶段的工作内容以及网店客服对店铺发展的重要性。

第2部分（第2章~第7章）：该部分主要介绍店铺运营过程中涉及的网店后台操作，客服人员接待用户时的规范用语，如何引导客户做出好评以及遇到投诉时的处理办法等内容。通过本部分的学习，读者可以掌握网店客服的工作方法、服务话术和销售技巧。

第3部分（第8章）：该部分主要介绍客服招聘与培训、客服绩效考核以及客服团队激励与管理的方法。通过本部分的学习，读者可以了解如何招聘到合适的客服人员，如何对客服人员进行考核，如何更好地进行网店服务管理。

本书特点

1.结构合理，循序渐进

本书以网店客服为主线，从如何做好客服工作的前期准备到如何进行网店后台的操作、接待客户、引导客户做出好评，再到如何对网店客服人员进行激励和考核，层层深入，让读者全面了解网店客服的工作内容，掌握客服工作的方法以及服务技巧。

2.案例丰富，贴合实际

本书中的案例，源自淘宝、天猫皇冠级店铺客服人员的工作实践，这些经过实践检验的客服经验和服务技巧更具参考价值和借鉴意义。

3.图解操作，易学易懂

本书涉及的操作部分，均以详细、直观的图解方式进行讲解，零基础的读者也可轻松上手，举一反三。

4.经验分享，贴心提点

书中特设"高手支招"小栏目，其内容都是TOP级店铺的客服人员在大量实战中总结和提炼的宝贵经验和操作技巧，可帮助读者即时解决客服工作中的各种难题，避免走入服务误区。

5.视频教程，全程辅导

本书通过二维码的方式提供书中所有操作的高清视频演示，视频内容清晰、直观，并配有语音讲解，读者一看即懂，一学即会。

6.超值资源，免费获取

为了便于读者学习和提升自己的职业能力，本书提供了大量的实用资源，包括PPT课件、课程教案、运营推广技巧等内容。关注微信公众号"职场研究社"，回复"49392"，可免费获取这些赠送资源以及本书同步操作教学视频。

尽管在本书编写过程中精益求精，但由于编者水平有限，书中难免存在不足之处，敬请广大读者批评指正，我们的联系邮箱是muguiling@ptpress.com.cn。

编　者

CONTENTS
目·录

第 1 章

了解网店客服，
做好服务准备

本章导读

　　近年来随着网络购物潮流的兴起与普及，网店的生意越来越火爆。"网店客服"这一特殊的职业悄然兴起，并成为网店经营的重要组成部分。网店客服是网店与客户沟通的桥梁，通过与客户交谈可以向客户传递商品信息、推销网店产品，提高网店的复购率，是网店必不可少的一个岗位。那么，作为一名网店客服需要具备哪些素质和技能呢？

　　本章将介绍网店客服与实体店面客服的差异、网店客服对成交量和店铺形象的影响、网店客服的岗位要求、网店客服的工作内容及职责等相关内容。

知识技能

※　熟悉网店客服与传统客服的差异

※　掌握网店客服必须具备的8种能力

※　掌握网店客服的工作内容及职责

1.1 网店客服很重要

随着我国电子商务的快速发展，电子商务方面的人才需求越来越迫切。对于一个网店经营者来说，不仅要保证产品的销售，还要注重服务与品质的提升，于是，"网店客服"这一职业就成为网店经营中不可或缺的中坚力量，有了网店客服，就可以方便网店管理人员更加高效地管理店铺，及时把握商机，从容应对繁忙的生意。

1.1.1 网店客服与传统客服的差异

网店客服是指在开设网络商店这种新型的商业活动中，通过各种通信工具，并以网上即时通信工具（如千牛）为主，为客户提供各种服务信息的一种服务形式，如商品信息咨询、疑难问题解答、售后服务等。网店客服的本质是传统实体店面中的导购人员和售后服务人员的结合体，担任着迎接客户、销售商品、解答客户疑问等职责。

但网店客服又与传统的实体店面的导购人员存在服务形式、服务对象和工作内容上的差异。

1. 服务形式上的差异

传统实体店面的客服人员与网店客服人员在接待客户时，主要的区别在于传统实体店面的客服人员与客户是面对面的直接交流，具有很强的互动性。

● 传统实体店面客服：传统实体店面客服人员直接通过与客户面对面的交流，辅以表情、动作等语言形式，很容易拉近与客户之间的距离，能够在最短时间内把握客户的需求。

● 网店客服：网店客服人员通过互联网途径，只能使用千牛工作台等聊天软件，通过文字、图片等形式与客户进行沟通，服务的方式缺乏灵活性，双方之间的互动较为缓慢，会让客户产生距离感和怀疑感。右图所示即为网店客服人员与买家的对话场景。

虽然网店客服人员无法做到与客户面对面交流，但他们也能利用聊天软件，通过贴心的表情和语言的表达，弥补空间上的劣势。

2．服务对象的差异

传统实体店面的客服人员与网店客服人员在服务对象上的差异主要表现如下。

● 传统实体店面客服：当客户进入店中，服务人员即可直观地得到客户的信息，如性别、年龄、身材、气质等。服务人员能够直接与客户进行交流，了解客户的需求和喜好，能够更加有针对性地进行客户服务，使交易顺利完成。

● 网店客服：网店客服通过各种聊天软件与客户进行沟通，只能通过文字或图片等形式获取客户的基本信息，如性别、年龄、身高、体重等。对于客户没有透露的信息则无法获取。并且，这种沟通的方式需要较长的时间，通常网店客服可以通过良好的服务态度和专业的岗位技能来获取客户的信任。

3．工作内容的差异

工作环境、工作形式和服务对象等方面的差异，导致实体店面客服与网店客服在工作内容上也存在较大差异，尤其是工作重点和流程。

● 传统实体店面客服：传统实体店面客服人员的工作主要包括向客户展现专卖店形象，提升品牌知名度；做好货品陈列工作，保持货品摆放整齐、有序，维护店面清洁；利用各种销售技巧，积极向客户推荐产品，增加营业额；及时填写销售记录表并向主管汇报。

● 网店客服：网店客服根据工作内容的不同，可以分为售前客服、售中客服和售后客服3种，主要包括客户问题解答、产品推荐、价格商议、促成订单、售后服务等几个方面。

1.1.2　网店客服对成交量的影响

成交量是指店铺在某段时间内的具体交易数。店铺中成交的订单越多，成交量越大，店铺的生意越好，店铺所具有的竞争力也越强。而在如今瞬息万变的淘宝市场中，影响店铺成交量的因素有很多，其中客服就是一个相当重要的因素。

试想，当店铺通过各种渠道获得流量，引来买家进店咨询，若宝贝详情页展示的内容能够满足买家的需要，让客户下定决心购买，此时就产生了直接的成交量。但这种情况毕竟是少数，大多数买家都会因为某些主观或客观的原因产生咨询的需求，此时，客服的好坏就成为决定订单是否成交的决定性因素。买家产生咨询的需求就意味着买家已经有了购物的欲望，但还有一些疑虑，希望通过客服来帮助解决这些问题，若解决结果满意，90%以上的客户会选择下单。

其次，在与客户交流的过程中，客服人员可以通过各种说话技巧来引导客户了解商家的产品或服务带给他们的价值，展示自身产品或服务的好处，以激发客户的购物欲望，提高订单的成交率。

> **提个醒**
>
> 在网店客服人员的优秀服务下，买家会对店铺的产品与服务留下良好印象，但切记不要欺骗买家，店铺的产品与服务一定要与客服人员所描述的相符合，否则容易使已经成交的客户产生退单的行为。

1.1.3　网店客服对店铺形象的影响

网店是一种基于互联网发展出来的虚拟店铺，店铺中上架的商品都以文字、图片的形式展示出来，客户进入店铺后不能接触到真实的商品实物，也不能对店铺有一个客观的印象，容易产生怀疑和距离感。而网店客服人员就需要通过良好的服务态度和细心的回复，帮助客户了解店铺的相关信息，在客户心中逐渐树立起良好的店铺形象。

同时，客服人员在与客户沟通的过程中，还可通过巧妙的语言文字来传递品牌信息，帮助客户了解店铺定位和形象，逐渐在客户心中形成一个清晰的认识。如果店铺的产品质量优秀、性价比高，客服人员的服务态度良好，买家有相关方面的需求就会第一时间想起你的店铺，即以此达到品牌宣传的目的。

1.1.4　网店客服必须具备的8种能力

一名合格的网店客服人员，必须具备良好的语言表达能力、专业技术能力、心理素质能力、优秀的服务态度、快速应变能力、优秀的交际能力和问题处理能力，并要熟悉网店平台的相关规则制度，如下图所示。

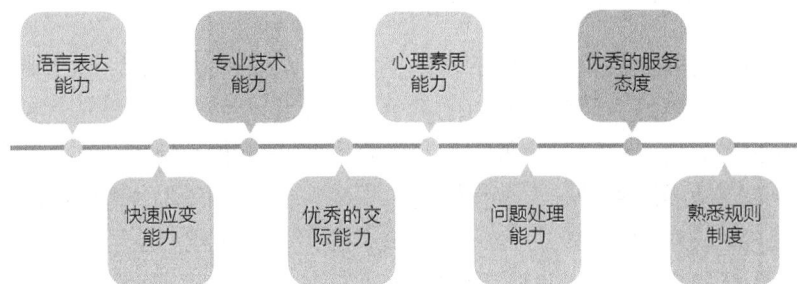

1. 语言表达能力

语言表达能力是指在口头语言（说话）及书面语言（回答问题）中运用字、词、句、段的能力，是网店客服最基本，也是最重要的能力之一。客服人员要兼顾口头语言与书面语言的平衡发展，更好地为客户介绍商品信息进行疑难解答。

语言表达能力是指要求客服人员能够很好地表达自己的意思，具备口齿伶俐、能言善辩的基本素质，以便于在与客户的交流过程中推销商品，招揽客户。

语言表达是个人思想的外在体现，也是个人情感的流露，每个人都可以通过后天的锻炼来提高自己的语言表达能力，一般来说，主要有以下几种提高语言表达能力的方法。

● **拥有信心**：语言表达一定要拥有自信，只有敢于将自己的想法讲出来，才能消除胆怯，敢于表达。

● **大声朗读**：朗读是锻炼语言表达能力的一种有效方法。朗读时调整自己的语调语气，能够改善吐字不清的现象。当口语表达能力没有障碍时，文字表达能力也能得到一定的提高。

● **加强阅读**：多阅读语言表达能力方面的图书，遇到实用的句子可以将其累积起来，在适当的场合再进行使用。阅读是丰富我们的表达能力的一种方法，网店客服人员可以在阅读的过程中多加总结，不断提高自己的语言整合能力。

● **借鉴他人经验**：俗话说"三人行必有我师"。多与周围语言表达能力强的朋友、同事交流，能激发你的语言表达能力，同时还能汲取他们好的表达方式，受益匪浅。

语言表达能力和语言组织能力提高了，客服人员即可更加得心应手地与买家进行交谈。作为网店客服人员，由于只能通过聊天工具与买家进行沟通，因此要更加注重文字语言表达的准确性，做到能够快速组织语言并及时与买家进行沟通。

一名合格的网店客服人员必须具备良好的语言组织能力和表达能力。下面提供了一些网店客服的常用语供大家参考。

当有买家进店咨询时应该说：

"☺亲，您好！××欢迎您，很高兴为您效劳！"

当买家遇到问题时应该说：

"亲，请不要着急！我们会帮您解决处理好的！"

当买家要求修改地址或价格时应该说：

"请稍等，亲！我马上帮您改！"

当改好后通知买家付款时，可以说：

"让您久等了，亲。价格已改好，付款后我们会尽快安排发货！"

当买家完成付款时，可以说：

"祝您购物愉快🛍，下次再来噢，亲😊！"

2. 专业技术能力

一名合格的网店客服人员，必须对店铺的商品了如指掌，这样，在解决问题时才能做到胸有成竹，在应对买家的疑问时，解释起来才更有说服力，如果当买家咨询一些专业的知识时，客服人员回答得牛头不对马嘴，这不仅会让买家笑话，更有可能直接导致店铺丢失订单，遭到退货或收到中差评。

下图所示为淘宝买家与售前客服人员的对话，从中可以看出，客服很好地回答了买家提出的关于产品的专业问题，对桌子的大小、材质等进行了详细说明。这说明客服人员非常熟悉产品的属性，能够及时回答买家提出的问题，顺利解答买家的疑虑。

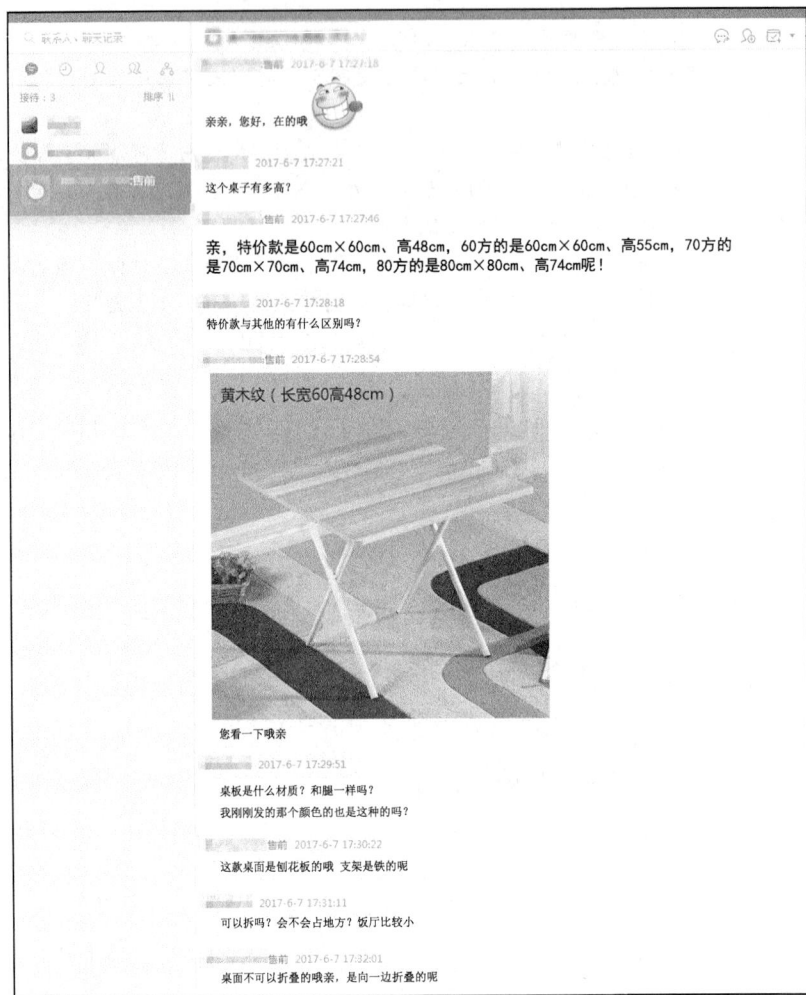

高手支招

专业技术能力并不是一两天就能具备的，需要客服人员在平时和买家的交流中，以及在宝贝描述中不断地积累和总结经验。

3. 良好的心理素质

客服工作的过程是不断与买家接触和沟通的过程，这个过程中可能遇到各种各样的人或问题，这就要求客服人员拥有良好的心理素质，不要因为心态和素质的问题而直接或间接地影响店铺的发展。

良好的心理素质能够帮助客服人员始终保持高度的工作热情与自豪感，能够通过积极的方式来化解矛盾、解决疑难问题，帮助客服人员积累更多的经验，让自己的综合能力得到提升，使自己的胆识和沟通能力越来越强，最终成为一个能够独当一面的优秀客服人员，甚至可以往管理层面发展。反之，如果客服人员不具备良好的心理素质，面对客户的提问、挑剔，陷入紧张、麻木等负面情绪，不仅会给客户留下不好的印象，还会使自己的工作能力受到质疑，甚至被解雇。

良好的心理素质不仅仅指自己的心理素质良好，还指客服人员要具有洞察买家心理的本领，能够抓住买家的心，了解买家的想法和动机。总体来说，可以从以下4个方面着手提高心理素质能力。

● 遇事处变不惊：当遇到突发事件或与买家意见不和而发生冲突时，客服人员一定要保持冷静的头脑，客观有效地控制事件的发展，不要给客户留下不好的印象。

● 增加抗挫折、抗打击的能力：任何工作都会遇到一定的问题，客服人员当然也不例外。当遇到挫折和失败时，不要灰心，保持积极进取、永不言败的良好心态，可以加强我们的抗压能力。

● 善于控制自我情绪：沟通是双向的，如果客服人员在与买家沟通的过程中，言辞激烈、出言不讳、破口大骂，不仅会使自己处于劣势，还会给店铺形象抹黑。当遇到买家的抱怨或责骂时，客服人员要掌控和调节自己的情绪，以理性和客观的言辞来应对。例如，遇到讨价还价的买家时，可以用委婉一点的语气让买家接受价格，而不是一句"我们的商品都不讲价的"来直接拒绝买家。

● 情感付出能力：客服人员首先要具备情感付出的能力，面对买家要时刻保持发自内心的亲和力，让买家感受到来自客服人员的关怀和重视。

4. 优秀的服务态度

网店商品交易是在虚拟的网络环境中进行的，买家只能通过与客服人员的接触，从客服人员的文字、语言中来判断店铺的商品是否值得购买。因此，网店客服人员在与买家沟通的过程中，要谨记"买家是上帝"，不要冷落任何买家，不要对买家出言不逊。对于一些要求较多的买家，客服人员要保持良好的心态，循序渐进地对买家进行积极引导，消除买家的疑虑。

服务态度是决定网店客服能否胜任工作的基本条件，可以从以下3个方面来培养并提高自己的服务态度，以更好地服务买家，提升店铺的转化率。

（1）保持微笑

俗话说"伸手不打笑脸人"。虽然买家不能真实地看到客服人员的笑脸，但通过聊天软件中各种惟妙惟肖的表情符号，可以传达出我们热情、友好、耐心的信息。切忌不要使用"呢""啊"等比较冷淡的感叹词，可以多用"亲""笑脸表情（😊😃😁）""花朵表情（🌷）"等比较温馨的用语，给买家一种"微笑服务"的感觉。

下图所示为一段客服与买家之间的对话，客服人员通过微笑表情和俏皮的语气词来调节沟通的气氛，使买家感受到良好的服务态度，在买家心中留下了良好的印象。

（2）礼貌先行

礼貌是一种基本的个人素养，任何人都不会拒绝礼貌的语言。特别是作为网店客服人员，礼貌用语可以给买家一种尊重对方的感觉。客服人员在与买家的日常交流中，要牢记使用"您"来称呼买家，多使用"请""谢谢"等礼貌用语。一些常见的礼貌用语如下。

您好！

请！

对不起。

谢谢！

请问您贵姓？

请原谅！

不用谢！

没关系！

欢迎您的光临！

对不起，让您久等了。

您好，请问需要什么帮助吗？

很高兴为您服务。

不客气，这是我们应该做的。

欢迎您以后常来。

（3）耐心回应

客户服务是一个信息传递的过程，作为客服人员，一定要能应对客户提出的各种疑问，这不仅需要客服掌握行业的专业知识，还要对自己的产品有信心，要耐心、有底气地回应买家的各种问题，千万不可随意敷衍、草草了事。

5. 快速应变能力

应变能力是网店客服必须具备的能力，是考验一名网店客服综合素质是否过硬的标准。开放的网络环境可能会助长部分网民肆无忌惮发言的不良习惯，当面对一些无理的要求、辱骂时，客服人员除了要保持冷静、客观的心态外，还需要思路清晰，灵活应对，如下图所示。

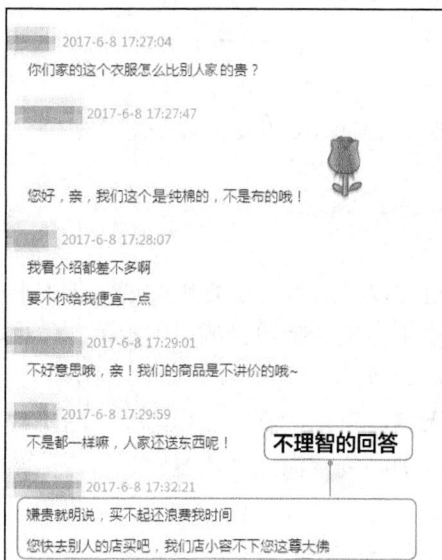

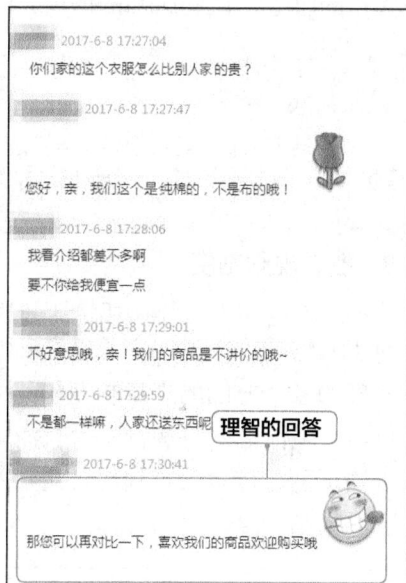

应变能力可以通过不断与买家打交道来累积经验，实现灵活变通，在这个过程中网店客服人员要注意保持冷静，不能急于求成，要摸清对方的底细和意图，然后寻找机会"应变"，抓住对方的节奏方能"反败为胜"。

6. 优秀的交际能力

交际能力即"人际交往能力"，是指人们妥善处理组织内外关系的能力，包括与周围环境建立广泛联系和对外界信息的吸收、转化能力，以及正确处理人际关系的能力。

网络购物虽然是在一个虚拟的环境中，但买家是实实在在存在的，在与买家打交道的过程中，需要客服人员通过良好的交际能力来处理与买家之间的关系。特别是在与老客户的相处中，客服人员不要频繁地提一些与生意相关的信息，而应该将他们当作朋友，多聊一些生意以外的东西，以人情味来打动他们，拉近与他们之间的距离，将老客户发展成店铺的忠实客户。

其次，当买家有一些特殊要求时，客服人员不要一开始就果断拒绝，可以灵活地进行处理，可以通过委婉的表达方式来表达无法满足这些要求的难处，不要因为心直口快而损失一个长期的客户。当然，那种不值得长期交往的客户除外。

7. 问题处理能力

网店客服工作中容易遇到的问题主要有买家的无理要求、中差评、投诉以及退换货等。当遇到这些问题时，客服人员要先分析产生这些问题的原因，从"源头"入手，洞悉买家的心理，快速拟定最佳的处理方案，并辅以良好的服务态度，按照实际情况，站在中间立场进行处理。网店客服人员要尽量保证店铺与买家双方的利益都不受损，这样既能让买家心服口服，又能让买家产生信赖感，进而让买家认同客服人员的服务，认同店铺的信用，问题才会迎刃而解。

> **提个醒**
>
> 如果客服人员已经按照最佳方案进行处理，但买家还是不依不饶，此时千万不要再去骚扰买家，这样会让买家十分反感，并给出差评。

8. 熟悉规则制度

规则制度是用人单位制定的组织劳动过程以及进行劳动管理的规则和制度的总和。对于网络购物来说，主要是指网络购物平台或店铺自身的规则规范，包括网店经营管理的各个方面的规章制度和网络管理规范。

目前，主流的网络购物平台有淘宝、天猫、京东、苏宁易购等。下图所示为淘宝网规则页面，该页面中列出了淘宝网的规则制度，淘宝网店客服人员需要熟悉该页面中的规则制度并严格遵守。

提个醒

这些规则并不是一成不变的，它与国家政策和网店平台的发展息息相关，客服人员不仅要熟悉已有的规则制度，还要时刻关注这些规则制度的最新状态，避免出现不必要的失误。

其他网店平台的规则制度都能在网站页面中查看，客服人员应该先熟悉网店平台，再查看并熟记规则制度，京东商城的规则总览页面如下图所示。

这些规则对于客服人员来说都需要了解，并应着重熟悉其中的交易规则、评价规则、违规规则和超时规则等，关于这几个规则的内容将在第2章进行介绍。

1.1.5 网店客服岗位的基本要求

店铺生意的好坏在一定程度上依赖于网店客服质量的高低，因此，店铺在招聘客服人员时会有一定的要求。

【案例】FGQ是一家经营厨卫用品的公司，在淘宝上开设了一家专卖店，销售公司生产的各种厨卫产品。随着网店经营时间的增加，店铺的人气越来越高，店铺中经营的产品种类也越来越丰富。为了给客户提供更好的服务，网店决定再招聘3名客服人员，其招聘要求如下。

任职资格：

（1）对电子商务有一定的了解，有一定的实体销售经验和社会阅历，对工作有热情，年龄25岁以上。

（2）明确销售是什么，了解怎么能够做好销售，拥有网上销售的热情。

（3）有一定的客服工作经验，打字速度每分钟60个字以上，错别字少，标点符号规范。有一定的管理协调能力，有淘宝、天猫客服经验者优先。

（4）性格温和，有耐心。有良好的服务心态和服务意识，工作踏实、谦虚好学、胆大心细，拥有自信，有上进心，能做好本职工作和上级吩咐的其他事情。

（5）性格开朗、外向，有亲和力。能够承受一定的压力，并在工作中进行自我调节。

（6）熟练使用各类办公软件，如Word、Excel等，具备良好的语言表达能力、交际能力和沟通能力，善于团队合作。

（7）能长期稳定做好这份工作，不接受短工、临时工、兼职。能适应早晚轮班，早8:30—17:30，晚17:00—24:00。

基本工作：

（1）售前服务包括：介绍商品，促成购买，完成交易。

售中服务包括：店铺后台客户订单的确认及核实，物流状态跟踪。

售后服务包括：客户反馈问题的处理，包括退换货处理、投诉处理等。

（2）熟练掌握淘宝操作流程、规则及公司产品属性。

（3）会员管理及客户关怀活动的开展。

（4）做事积极主动，能遵守公司制度，服从管理，有良好的态度和责任心。

从以上招聘要求中可以看出，店铺对网店客服人员的任职要求主要包括以下几点。

● 心理素质要求：网店客服人员要具备良好的心理素质，在工作中能做到处变不惊、快速反应；具备超强的承受挫折的能力、情绪的自我掌控和调节能力、情感付出能力、积极进取和永不言败的良好心态。

● 品格素质要求：网店客服人员要具备优秀的忍耐力和宽容度，要开朗、外向，有博爱之心。要真诚地对待每一个人，要谦虚、有责任心、有强烈的集体荣誉感。

● 技能素质要求：网店客服人员要具备优秀的职业技能，包括良好的语言表达能力、人际关系沟通能力、倾听能力；拥有丰富的行业知识和经验、熟练的专业技能以及良好的思维应变能力和洞察力。

● 综合素质要求：网店客服人员是为客户提供服务的，因此要牢记"客户至上"的服务观念，具备独立工作和处理问题的能力。

想要从事网店客服工作的人员，可以在各大招聘网站中搜索查看网店客服的招聘要求，按照这些要求来审视自己是否合格。若不合格则需要按照以上要求提升自身能力。

提个醒

有些网店对客服人员的要求更高，还需要他们兼顾一部分美工、策划等工作。因此客服人员还要不断学习新的知识，提高自身各方面的能力。

1.2 网店客服的工作内容及职责

网店客服根据交易阶段不同，可以分为售前客服、售中客服和售后客服。不同客服的工作内容和职责有所区别，下面分别对售前客服、售中客服和售后客服的工作内容和职责进行介绍。

1.2.1　售前客服的工作内容及职责

售前客服是客服工作的第一阶段，主要负责前期的准备工作和客户的接待。其工作内容主要包括售前准备、接待客户、推荐产品、解决异议、下单指引、欢送客户等，如下图所示。

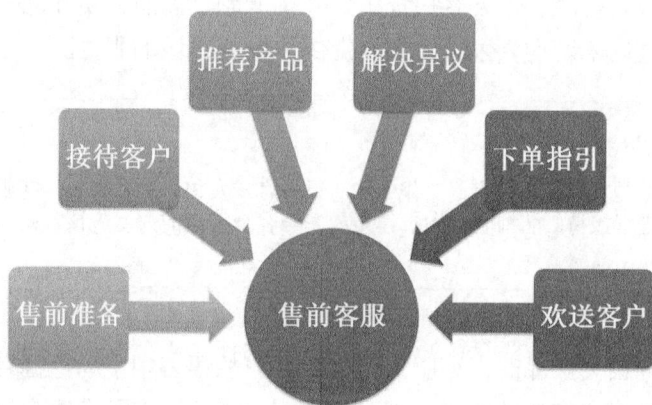

1.　售前准备

售前准备阶段的工作内容主要包括以下3个方面。

● **学会沟通技巧，熟悉产品**：熟悉产品信息，并掌握基本的沟通方法是网店客服人员的基本工作。特别是在店铺上架新产品前，要开展相关的产品培训，以使客服人员具备快速为买家答疑解惑的能力。

● **熟悉沟通工具，了解活动**：除了熟悉产品信息外，客服人员还要掌握店铺正在进行的活动，要熟悉活动的运作方式，并根据实际情况为客户进行介绍，以引起客户的购物兴趣。其次，还要学会使用基本的沟通工具。目前，淘宝平台中使用的交流沟通工具为千牛工作台，在该工作台中，客服人员可以同时接待多个客户。客服人员需要熟练掌握千牛工作台的基本使用方法，掌握快捷回复、自动回复的设置方法，掌握聊天时间排序、客户分组的设置方法等，提高接待客户的效率。下图所示为千牛工作台消息设置的

页面。

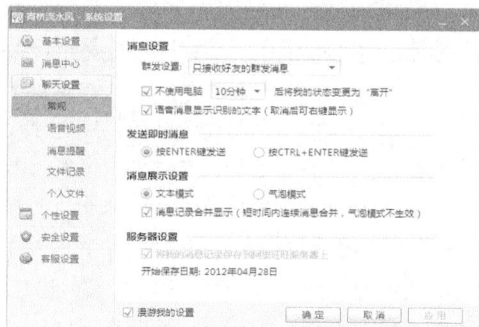

● **了解平台规则与注意事项**：作为网购平台，必定有其运行的规则，客服人员对此需要先了解清楚，以免触犯规则被处罚。同时作为一个专业的客服人员，必须注意细节，对于可以说什么，不可以说什么，做到心里有底，方能在不违规的情况下促成更多的订单。

提个醒

售前客服人员必须掌握足够的商品信息知识，包括商品专业知识（如产品质量、产品性能、产品寿命、产品安全性、产品尺寸规格、产品使用注意事项等）、商品周边知识（如产品的附加值和附加信息等）、同类商品信息和其他促销方案等。保证及时应对客户提出的各种问题，避免出现答非所问、不知所云的情况。

2. 接待客户

售前客服人员应该做好随时接待客户的准备，并时刻保持热情、耐心、周到的服务态度。反应要及时，不要客户提了好几个问题，客服人员才回答，回答时要尽量通过一些语气词来调动气氛，为客户提供热情、真诚的服务。

提个醒

接待客户是贯穿于整个客服工作中的，只要客户发出了服务请求，客服人员都需要按照以上原则进行接待。售前客服人员作为最先与客户接触的人，应该首先熟悉并掌握接待客户的方法。

3. 推荐产品

当客户咨询相关产品时，客服人员要从客户的语言中主动挖掘客户的需求，专业、耐心地解答客户提出的问题。同时，客服人员可以主动向客户推销产品，以产品的质量、卖点、优势等来打动客户，引起客户购物的欲望，并在适当的时候，推荐与产品相关的其他产品，做到二次营销。

4. 解决异议

当遇到疑难问题时，客服人员要通过自己的专业销售技巧进行处理，并且始终保持热情、耐心的态度。客户可能遇到产品、发货、操作和服务等方面的问题。

- 产品问题：包括产品材质、产品尺寸、产品版型等。
- 发货问题：包括发货时间、快递时效等。
- 操作问题：包括提交订单、使用优惠券、购买运费险等操作。
- 服务问题：包括品牌售后服务、产品售后保障等。

5. 下单指引

买家在店铺中成功下单后，客服人员要仔细核实订单，并发送给客户确认订单信息，充分体现自身细心的服务水平，以及热情、周到的服务态度。

6. 欢送客户

买家购物完成后，客服人员要向其表达感谢，体现出乐观、热情的态度。

1.2.2　售中客服的工作内容及职责

买家在店铺中成功下单并与客服人员告别后，售前客服的工作就结束了，接下来的工作将由售中客服接手。售中客服的工作内容和职责主要包括店铺后台客户订单的确认及核实、打单发货和物流状态跟踪等，如下图所示。

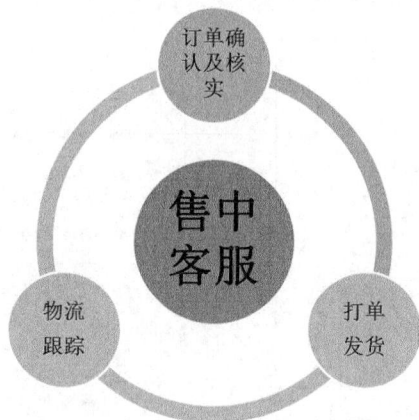

1. 订单确认及核实

客户下单后，售中客服人员要第一时间与客户确认订单并核实信息，保证客户填写的信息正确，减少订单出错的概率。若客服人员发货后才发现客户姓名、地址或联系电话有误，应尽快与快递公司联系修改，保证货物及时送到买家手中。下图所示为客服与买家确认收货地址的对话。

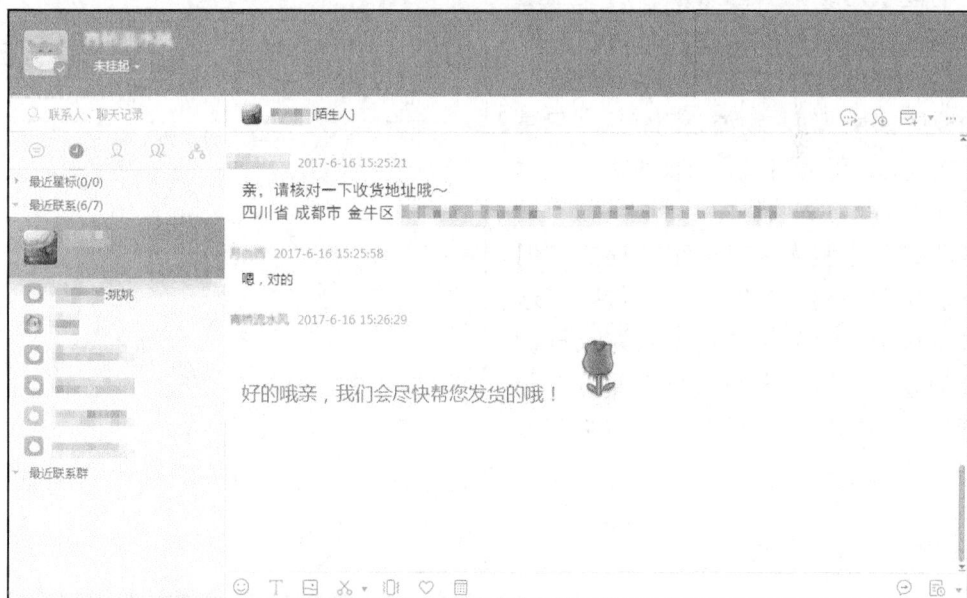

2. 打单发货

订单核对无误后，客服人员应该尽快为买家发货，保证产品能在第一时间到达买家手中。客服人员发货前要仔细检查产品与包装，避免产品出现瑕疵或者包装有问题。同时，还要细心核对客户信息与快递信息，特别是客户添加的备注信息，一定不要遗漏，更不要出现发错货或者少发货的情况。下图所示为买家向客服提出要求发其他快递的对话。

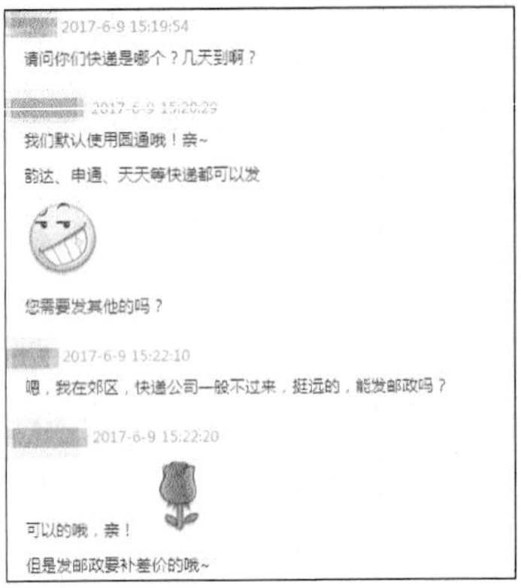

对于买家特别要求的事项，客服人员一定要仔细核实。上图所示的这位买家由于快递收货不便要求改发邮政快递，若客服人员不仔细，发成了其他快递，买家收到快递公司自提的信息后，一定会非常生气。因此，这个阶段客服人员一定要细心。

3. 物流跟踪

发货后客服人员需要实时跟踪商品的物流状态，如右图所示。若发生意外事件导致买家收货时间延迟，客服人员一定要事先与买家沟通，请求买家的谅解，并尽快与物流公司联系，尽快解决问题，保证买家顺利收到商品。

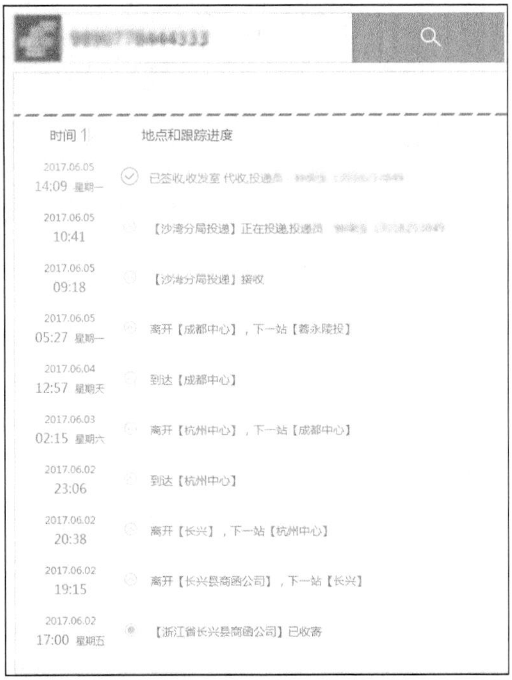

当买家顺利收货后，若迟迟没有确认收货，客服人员可以稍加提醒，但不能生硬地要求买家确认收货。在这个过程中，可能会出现中差评或投诉等问题，这时，客服人员需要冷静分析造成问题原因，尽最大能力给客户一个满意的答复。

提个醒

售中客服人员一定要做好与售前客服人员的工作交接，防止发生订单错乱的情况。某些网店会将售前客服和售中客服合并在一起，以减少工作失误。

1.2.3　售后客服的工作内容及职责

买家收到商品后并不意味着客户服务就结束了，售后服务的质量是衡量网店服务质量很重要的一个方面。好的售后服务不仅可以提升店铺的形象，还能留住更多老客户。售后客服人员的工作内容主要包括处理客户反馈的问题、退换货、处理投诉和进行客户回访等，如下图所示。

1.　客户反馈问题处理

买家收到货物后，在使用过程中可能会出现某些问题，此时，买家一般会返回店铺，找到店铺客服人员进行反馈，或是直接在评论中进行描述。若买家是直接找到客服进行反馈，客服人员一定要认真对待，可以先安抚买家的情绪，再根据实际情况进行处理，客服人员要尽量优先考虑买家的利益。下图所示为买家反馈产品质量有问题与客服人员的对话。

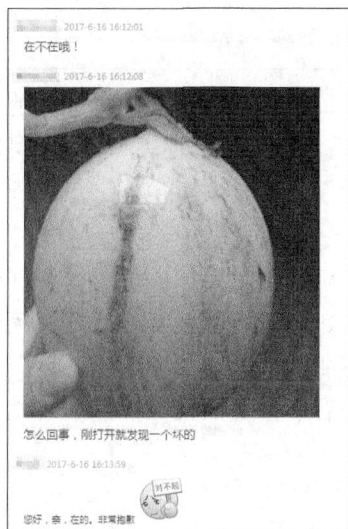

若买家给了中差评，并在评论中斥责店铺，客服人员一定要第一时间联系买家，了解其中的问题所在，尽最大能力给客户一个满意的答复，解决买家的问题并尽量引导买家修改中差评。

2. 退换货、投诉处理

当客户提出退换货请求时，客服人员需要先了解客户退换货的原因。若是产品或物流等商家方面的原因，客服人员要及时同意买家的请求并详细告知买家退换货的流程和注意事项，帮助买家快速处理问题，保证买家利益不受损。下图所示为买家要求换货与客服人员的对话。

若客户投诉店铺，首先店家应该进行自我反思，并分析产品被投诉的原因，若是店铺自身原因，则应承担后果并向买家道歉；若是买家无理取闹，则可以找人工客服进行询问，采取相关措施保护自己正当的权益。

3. 客户回访

售后工作还有一个重要的内容就是客户回访。通过客户回访可以增加客户的黏性，加深客户对店铺的印象，客服人员可以通过短信、邮箱、旺旺等交流工具进行回访。回访的内容不要是毫无技巧的推销，客服人员可以简单告知客户店铺的最新活动，引起客户主动购物的兴趣，或可以邀请客户参加店铺的产品质量调查，让客户感受到自身地位的重要性。

1.3 疑难破解

1. 买家对客服人员有什么要求？

买家对客服人员的要求非常简单，主要包括客户答疑、反应及时、售后服务等方面，具体的工作内容如下。

● 客户答疑：客户在浏览商品的过程中可能需要了解商品更多的详细信息，如商品材质、规格、外观等。当客户提出问题时，客服人员应详细、耐心地为客户解答。

● 反应及时：客户购买商品时一般都会货比三家，并且希望咨询的信息能够立马得到回复。对于一些性子比较急的买家来说，如果客服人员没有在第一时间回复他们，他们会立马放弃咨询，转向另一家。

● 售后服务：买家对商品的售后都看得比较重要，特别是商品的退换货和维修等，客服人员要主动将售后服务的相关事项告知买家。当买家发出售后服务申请时，客服人员要及时响应并进行处理。

2. 谁都可以胜任网店客服工作吗？

网店客服虽然是一个相对简单的工作岗位，但并不是任何人都可以胜任的。在考虑是否要成为一名网店客服人员时，一定要先评估一下，看看自己是否具备从事这一行业的相关能力，如反应灵敏、有耐心、有自信、热情、有礼貌、熟悉计算机的基本操作等。如果这些条件都符合，那么可以考虑成为一名网店客服人员。

3. 网店客服与其他工作岗位有什么关系？

一个完整的电商团队不仅包括客服，还有美工策划、运营、推广以及仓储等多个部门。这些部门结合在一起，互相合作才能使店铺正常经营并不断扩大。网店客服作为整个电商团队中一个关键的基础岗位，与其他部门之间的联系十分紧密，具体表现如下图所示。

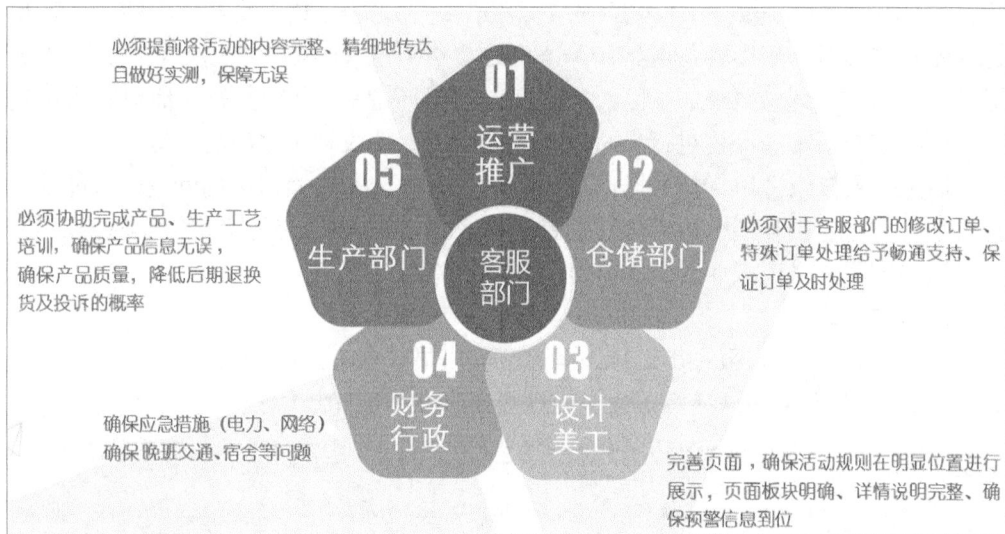

必须提前将活动的内容完整、精细地传达且做好实测，保障无误

01 运营推广

必须对于客服部门的修改订单、特殊订单处理给予畅通支持、保证订单及时处理

02 仓储部门

必须协助完成产品、生产工艺培训，确保产品信息无误，确保产品质量，降低后期退换货及投诉的概率

05 生产部门

客服部门

确保应急措施（电力、网络）确保晚班交通、宿舍等问题

04 财务行政

03 设计美工

完善页面，确保活动规则在明显位置进行展示，页面板块明确、详情说明完整、确保预警信息到位

4. 如何成为一名优秀的网店客服人员？

要想成为一名优秀的客服人员，除了具备基本的素质和技能外，还应具备以下4种特质。

● 亲：亲和的对话，亲切的关怀，像朋友一样与买家相处。
● 谦：谦恭的语气，谦恭的内容和态度，尊敬买家。
● 速：反应迅速、回应及时，高效处理遇到的问题。
● 诚：诚实、守信，不敷衍买家，不承诺无法达到的各种条件。

1.4 案例分析

"××数码"是一家刚刚在淘宝网上开张的店铺，其主营业务为数码电子产品，包括电脑、手机和数码配件等。店铺开张前，店主花了很多心血进行准备，专门找人设计了店铺的装修，每款产品都包装得十分精美。此外，店主还在各大网络平台进行了推广，预热了一段时间，店铺在开张前就已经小有名气，拥有了自己的粉丝。店铺开张后，果不其然，几款主打的商品都卖得很好，特别是一款机械键盘，销量十分火爆，店铺也凭借着这些产品快速升级为钻级店铺，生意越来越好。

随着生意的火爆，已有的两名网店客服人员渐渐感到力不从心，于是，店家通过招聘网站新招聘了一名网店客服人员，以缓解其他客服人员的压力，保证店铺生意蒸蒸日上。但是，不曾想到，这位客服人员不但没有缓解店里的压力，还给其他工作人员带来了更多的工作。原来，这名客服人员虽然在面试时表现十分出色，但在工作中却不具备作为客服人员基本的工作能力，面对客户提出的问题，常常不能回答，还要请教周围的同事。文字表达能力不强，对客户提出的一些要求也随意答应。例如，有一次遇到一个大客户，该客户要为公司购置一批电脑配件，包括鼠标、键盘和耳机。好不容易遇到一个态度好、购买量大的客户，这名客服人员十分激动，自作主张地要给客户打折，还要赠送各种礼品。交接班时，他没有告诉同事，同事按照正常的流程进行发货，几天后，店铺就收到了客户的投诉。

店家仔细核查订单详情和旺旺聊天记录后，确认是店铺这边的问题，只能给客户道歉，并将差额补上。这不仅让店铺遭受了经济损失，还给店铺的声誉造成了影响。这名客服人员也按照公司的规章制度被开除了。

思考与讨论：

（1）招聘网店客服人员时应该考虑应聘人员哪些方面的能力？

（2）一名合格的网店客服人员应该具备哪些素质和技能？

第 2 章

学习售前知识，
做好销售准备

本章导读

网店客服人员在服务客户前，需要做好相应的准备工作，特别是要熟悉网店的运营规则，了解网店相关的的文化及活动，掌握专业的产品知识，以便在与客户交谈的过程中能够巧妙解答客户的疑惑，并融入网店的文化，在客户心中留下良好印象。本章将对这些售前知识进行介绍，网店客服人员要熟练掌握这些知识并多加练习，在为客户提供服务时做到心中有数。

知识技能

※ 熟悉网店的运营规则
※ 了解网店文化与活动
※ 掌握产品知识

视频讲解

（视频讲解：7分钟）

2.1 网店运营规则

为了保障客户的合法权益，维护网店的正常经营秩序，网店客服人员必须了解网店的运营规则，如交易规则、评价规则、违规规则、超时规定等。这些规则不仅规定了网店经营的各项条件，而且对网店客服人员的行为准则进行了规范，是保证网店正常运营的基本条件。下面以淘宝网为例对这些规则的具体内容进行介绍。

2.1.1 交易规则

成功交易是网店运营的最终目的。而在交易的一系列过程中，网店的运营需要遵循一些规则，下面分别进行介绍。

1. 注册规则

淘宝网对用户注册有十分严格的规定，要求淘宝会员在选择淘宝会员名、淘宝店铺名或域名时应遵守国家法律法规，不得包含违法、涉嫌侵犯他人权利、有违公序良俗或干扰淘宝运营秩序等的相关信息。并且会员名、店铺名中不得包含旗舰、专卖等词语。

淘宝会员名一经注册无法自行修改。但淘宝有权回收同时符合以下条件的不活跃账户。

- 绑定的支付宝账户未通过实名认证。
- 连续6个月未登录淘宝或阿里旺旺。
- 不存在未到期的有效业务，有效业务包括但不限于红包、淘金币、集分宝、天猫点券等虚拟资产及其他订购类增值服务等。

淘宝中支付宝账号与淘宝账号是绑定在一起的，会员可根据情况更换支付宝账号，但有以下情况时不能进行更换。

- 已通过支付宝实名认证且发布过商品或创建过店铺。
- 尚有未完结的交易或投诉举报。
- 支付宝账户尚未被激活或尚有不可用状态款项。
- 申请绑定的新支付宝账户与原支付宝账户的实名认证信息不一致。
- 其他不适合更换绑定支付宝账户的情形。

2. 经营规则

在经营网店的过程中，需要遵循以下规则。

（1）淘宝网会员应当按照淘宝系统设置的流程和要求发布商品。如果淘宝网会员账户已绑定通过实名认证的支付宝账户，就可以发布闲置商品，但只有在创建店铺后才可发布全新商品及二手商品。如果淘宝网会员创建店铺后发布商品，并使用支付宝服务，将被视为接受由支付宝（中国）网络技术有限公司提供的各类支付服务，并遵守《支付服务协议》的有关规定。

（2）淘宝网有权根据卖家所经营的类目、信用积分、本账户和账户实际控制人的其他账户的违规情形等维度，调整卖家发布商品的数量上限以及可发布类目的数量上限。

（3）淘宝网卖家发布闲置商品不得超过50件。

（4）商品如实描述及对所售商品质量承担保证责任是卖家的基本义务。商品如实描述是指卖家在商品描述页面、店铺页面、阿里旺旺等所有淘宝提供的渠道中，应当对商品的基本属性、成色、瑕疵等必须说明的信息进行真实、完整地描述。

（5）卖家应保证其出售的商品在合理期限内可以正常使用，包括商品不存在危及人身财产安全的不合理危险、具备商品应当具备的使用性能、符合商品或其包装上注明采用的标准等。

（6）已创建的店铺若连续5周出售中的商品数量均为零，淘宝有权将该店铺注销。一个淘宝网会员仅能拥有一个可出售商品的账户。

2.1.2　评价规则

为促进买卖双方基于真实的交易做出公正、客观、真实的评价，进而为其他消费者在购物决策过程中和卖家经营店铺过程中提供参考，根据《淘宝平台服务协议》《淘宝规则》等相关协议、规则的规定，淘宝网制定了对应的评价规则。

淘宝网评价包括"交易评价"和"售后评价"两块内容。买卖双方应基于真实的交易进行相互评价。除此之外，网店客服人员还应了解评价处理的相关规则。

1. 交易评价

淘宝网中买卖双方有权基于真实的交易在支付宝交易成功后15天内进行相互评价。交易评价又分为"店铺评分"和"信用评价"，下面分别进行介绍。

（1）店铺评分

成功交易后，买家可以针对宝贝与描述相符、卖家的服务态度、物流服务的质量3方面做出评价，如下图所示。店铺的每一项评分均为动态指标，是此前连续6个月内所有评分的算术平均值。

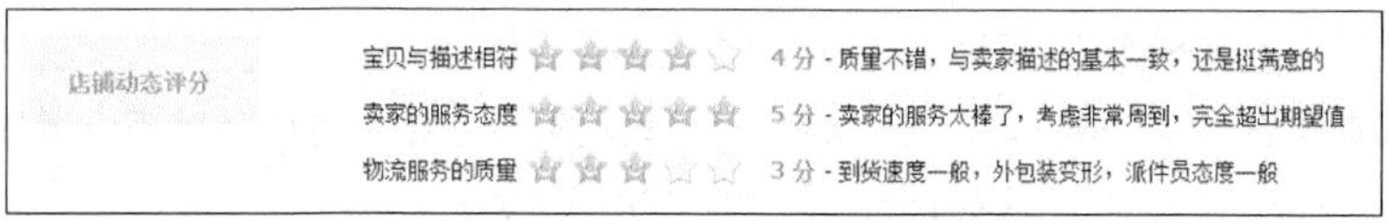

这3项评分的打分分值如下所示。

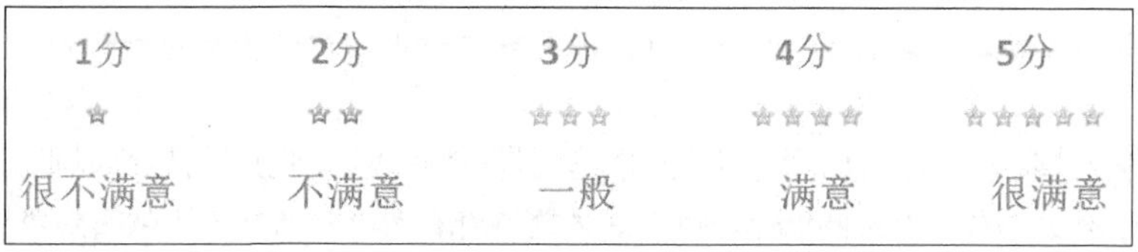

1分	2分	3分	4分	5分
☆	☆☆	☆☆☆	☆☆☆☆	☆☆☆☆☆
很不满意	不满意	一般	满意	很满意

店铺评分的计分规则如下。

● 每个自然月中，相同的买家和卖家之间若产生多笔成功交易订单，且完成店铺评分的，则卖家的店铺评分有效计分次数不超过3次（以支付宝系统显示的交易创建的时间计算）。超出计分规则范围的评分将不计分。

● 店铺评分生效后，宝贝与描述相符、卖家的服务态度2项指标将分别平均计入卖家的店铺评分中，物流公司服务评分不计入卖家的店铺评分中，但会计入物流平台中。

● 店铺评分的有效评分期一般为交易成功后的15天。

高手支招

店铺评分成功后，立即生效，一旦生效就无法修改。若买家在对卖家进行店铺评分时，只对其中的几项指标给出评分后就确认提交，则视买家已完成对店铺的评分，买家无法再进行修改和再次评分。

（2）信用评价

淘宝网会员成功完成每一笔交易后，均有权对对方交易的情况做出评价，这个评价称为信用评价。信用评价分为两部分，即"信用积分"和"评论内容"，信用积分分为"好评""中评""差评"3类，每种评价对应一个积分。评论内容包括文字评论和图片评论，如下图所示。

信用评价的计分方法为："好评"加1分，"中评"为0分，"差评"扣1分。

信用评价的计分规则如下。

● 相同买家和卖家任意14天内（以支付宝系统显示的交易创建的时间计算）就同一商品的多笔支付宝交易，多个好评只加1分，多个差评只减1分。

● 每个自然月中，相同买家和卖家之间的评价计分不得超过6分（以支付宝系统显示的交易创建的时间计算）。超出计分规则范围的评价将不计分。

● 自交易成功之日起180天（含）内，买家可在做出信用评价后追加评论。追加评论的内容不得修改，也不影响卖家的信用积分。

根据不同情况，买家和卖家双方可进行评价修改，评价修改的规则如下。

● 被评价人可在评价人做出评论内容或者追评内容之时起的30天内做出解释。

● 评价人可在做出中、差评后的30天内，对信用评价进行一次修改或删除。超过30天后评价不得修改。

2. 评价处理

为了确保评价体系的公正性、客观性和真实性，淘宝会对违规交易评价、恶意评价、不当评价、异常评价等破坏淘宝信用评价体系、侵犯消费者知情权的行为予以坚决打击。

● 淘宝有权删除违规交易产生的评价，包括但不限于《淘宝规则》中规定的发布违禁信息、骗取他人财物、虚假交易等违规行为所涉及的订单对应的评价。

● 如买家、同行竞争者等评价方被发现以给予中评、差评、负面评论等方式谋取额外财物或其他不当利益的恶意评价行为，淘宝或评价方可删除该违规评价。

● 淘宝有权删除或屏蔽不当评价的评论内容，包括但不限于包含辱骂、泄露信息、污言秽语、广告信息、无实际意义信息、色情低俗内容及其他有违公序良俗的信息。

● 淘宝对排查到的异常评价做不计分、屏蔽、删除等处理。

● 针对前述违规行为，除对产生的评价做出相应处理外，淘宝将视情形对评价人采取身份验证、屏蔽评论内容、删除评价、限制评价、限制买家行为等处理措施。

● 评价被删除后，淘宝不会针对删除后的剩余评价重新计算积分。

● 被评价方需要在评价方做出评价的30天内进行投诉；未在规定时间内投诉的，不予受理。

2.1.3 违规规则

作为网店客服人员，需要了解淘宝中的违规规则，熟悉严重违规处理、违规投诉时间、违规投诉扣分和违规扣分处理等规则不仅能够提升客服人员自身的专业能力，还有助于快速判断买家反馈的各种问题。

1. 严重违规处理

淘宝网对于严重违规行为，视情节轻重其处理方式如下。

● 会员严重违规扣分（除出售假冒商品外）累计达12分的，给予屏蔽店铺、限制发布商品、限制创建店铺、限制发送站内信、限制社区功能及公示警告7天的处理。

● 会员严重违规扣分（除出售假冒商品外）累计达24分的，给予屏蔽店铺、下架店铺内所有商品、限制发布商品、限制创建店铺、限制发送站内信、限制社区功能及公示警告14天的处理。

● 会员严重违规扣分（除出售假冒商品外）累计达36分的，给予关闭店铺、限制发送站内信、限制社区功能及公示警告21天的处理。

● 会员严重违规扣分（除出售假冒商品外）累计达48分的，给予查封账户的处理。

2. 违规投诉时间

对违规行为的投诉，除滥发信息、虚假交易、不当注册、发布违禁信息、侵犯知识产权、盗用他人账户、泄露他人信息可随时提交投诉外，其余情形需在规定时间内进行投诉，未在规定时间内投诉的，不予受理。

● 延迟发货的投诉时间为交易关闭后15天内。

● 竞拍不买的投诉时间为买家拍下后15天内。

● 描述不符、骗取他人财物的投诉时间为交易成功后15天内。

● 恶意评价的投诉时间为评价生效后15天内。

3. 违规投诉扣分

针对不同的违规行为，淘宝有不同的扣分标准。其中，假冒商品的行为扣12～48分；盗用他人账户的行为扣48分；违背承诺的行为扣3～6分；竞拍不买的行为扣12分；恶意骚扰的行为扣12～48分。

4. 违规扣分处理

淘宝网于每年的12月31日24时，会对累计的违规扣分进行清零。但是，若扣分≥24分，该年不进行清零，以24分计入次年；若次年累计扣分≤48分，于该年12月31日24时清零。扣分≥48分的，将被查封账户。

2.1.4 超时规定

淘宝网的超时可以分为普通交易超时、特殊交易超时、退款超时、特殊退款超时、售后超时5种类型。在不同类型的超时情形下，淘宝网按如下规范对交易双方进行约束。

1. 普通交易超时

淘宝网上的普通交易，是指按照淘宝正常的购物流程：买家找到想要的产品后，下单付款，然后等待卖家发货，最终买家收货确认。在此过程中，淘宝网对买家和卖家的交易时间都有严格规定，如下表所示。

淘宝网普通交易超时时间表

交易状态	超时时间
等待买家付款	买家自拍下商品之时起24小时内不付款的，交易自动关闭
买家已付款等待卖家发货	自买家付款之时起365天内卖家未单击"发货"的交易自动关闭。买家自付款之时起即可申请退款
卖家已发货等待买家确认收货	自卖家在淘宝网确认发货之时起，买家未在以下时限内确认收货且未申请退款时，淘宝通知支付宝打款给卖家：①自动发货商品1天内；②虚拟商品3天内；③快递、EMS及不需要物流的商品10天内；④平邮商品30天内

2. 特殊交易超时

淘宝网上的特殊交易，是指聚划算或者淘宝天天特价、淘金币全额兑换商品、试用中心等特殊的交易类型，针对这些特殊类型，在等待买家付款的交易状态下，淘宝网对交易超时的规定如下表所示。

淘宝网特殊交易超时时间表

交易/商品类型	超时时间
聚划算或淘宝天天特价	买家自拍下商品之时起30分钟内未付款的，交易自动关闭
淘金币全额兑换商品	买家自拍下商品之时起30分钟内未付款的，交易自动关闭
试用中心	①付邮试用：买家自拍下商品之时起20分钟内未付款的，交易自动关闭 ②试用超市：买家自拍下商品之时起30分钟内未付款的，交易自动关闭

3. 退款超时

在淘宝网上，卖家已发货，且买家已经收到货，但由于某种原因，买家发起了退货退款申请，如果卖家退款时间超时，可按下表所示的规则进行协商处理。

淘宝网通用退款超时时间表

退款状态	超时时间
退款申请达成，等待买家退货	买家未在7天内进行退货的，退款流程关闭，交易正常进行
买家已退货，等待卖家确认	买家通过快递退货10天内、平邮退货30天内，卖家未确认收货的，默认卖家收到退货且无异议，卖家需按退款申请中的约定直接退款给买家
卖家不同意申请，等待买家修改	卖家拒绝退款的，买家有权修改退款申请，要求淘宝介入或确认收货。买家在卖家拒绝退款后七天内未操作的，退款流程关闭，交易正常进行

4. 特殊退款超时

特殊退款主要是针对7天无理由退换货产品，卖家已发货，且买家已经收到货，但由于某种原因，买家发起了退货退款申请，在等待卖家确认时，存在以下两种超时情况。

（1）若买家申请退款选择退款原因为"7天无理由退换货"，卖家在本退款申请提交之日起72小时内不响应退款申请的，默认达成退款申请，进入到退货退款程序。

（2）若买家申请退款选择退款原因为"7天无理由退换货"，后续修改退款申请，将退款原因改为"其他"，卖家超时时间将以修改退款申请成功的时间为起点，往后推迟5天（非7天无理由的商品，买家修改退款原因不影响超时时间）。

高手支招

一般情况下，物流运输的时间最慢不会超过淘宝默认的自动收货时间（10天）。但在某些特殊节日，如双十一、双十二等大型全网促销活动时，物流运输压力很大，如果买家在淘宝自动收货时间前仍然没有收到货物，客服人员应主动申请延迟买家的收货时间，并利用千牛或短信等通信工具告知买家。千万不要等买家自己申请延迟时间，若是因为客服人员不注意跟踪物流，导致买家没有收到货物而自动确认收货，买家很可能会发起投诉。

5. 售后超时

交易成功后，如果买家发起退款、退货或换货等售后申请，其对应的超时规则如下表所示。

淘宝网售后超时时间表

售后状态	售后类型	超时时间
等待卖家处理售后申请	仅退款	关于退货退款，卖家自售后申请提交之日起，实物商品5天、虚拟商品3天内不响应售后申请的，默认达成售后申请，按售后申请中的约定自动退款给买家
等待卖家处理售后申请	退货退款	卖家自本售后申请提交之日起五天内不响应售后申请的，默认达成售后申请，按售后申请中的约定自动完成并退款买家
卖家不同意申请，等待买家修改售后申请	退货退款	买家自本售后申请被拒绝之日起7天内，未再次修改售后申请或未申请淘宝介入的，默认撤销售后申请，撤销后无法再次申请
售后申请达成，等待买家退货	退货退款	买家在七天内未填写物流信息退货的，售后流程关闭
买家已退货，等待卖家确认	退货退款	买家通过快递或平邮退货10天内，卖家未确认收货的，默认卖家收到退货且无疑义，按售后申请中的约定直接退款给买家
卖家不同意申请，等待买家修改售后申请	换货维修	卖家自本售后申请被拒绝之日起七天内，未再次修改售后申请或未申请淘宝介入，默认撤销售后申请，撤销后无法再次申请
售后申请达成	换货维修	买家自卖家同意售后申请之日起10天内，未与卖家协商换货维修事宜或未申请淘宝介入的，默认撤销售后申请，撤销后无法再次申请

2.2 了解网店文化和活动

作为一名合格的网店客服人员，必须要熟悉网店的品牌文化和近期的活动要求，才能在与客户沟通交流的过程中熟练地进行介绍。特别是在目前淘宝同质化、价格战日趋严重的今天，网店要想吸引更多的新客户、留住老客户，那么，提升客户的忠诚度是非常必要的。网店品牌文化和活动的双重作用，对于提升客户忠诚度无疑是相当有效的方法，下面将分别对网店品牌文化和活动的相关知识进行介绍。

2.2.1　网店的品牌文化

品牌文化其实是一种"文化包装"，就是通过给品牌赋予深刻而丰富的文化内涵，建立鲜明的品牌定位，并充分利用各种高效的内外部传播途径使消费者对品牌形成精神上的高度认同，创造品牌信仰，最后形成强烈的品牌忠诚。品牌文化塑造是一种更深层次的营销方法，是以文化氛围的方式来提升自己的内涵，进而吸引客户的一种手段。

网店商品之间的竞争可以看作一种"硬"实力的比拼；而品牌文化就是一种附加价值，是商品"软"实力的体现。不管网店规模与名气大或小，都应该拥有自己的品牌文化。这样才能通过品牌文化拥有更多忠诚的客户，促进市场的稳定和扩大，增强自己的竞争力。可以这样说，随着社会经济与网络的不断发展，品牌文化之间的竞争将越来越明显，甚至发展为网店之间的主流竞争。

品牌文化的建设不仅可以很好地树立网店的公众形象，为产品赋予鲜活的生命力和张力，还代表着网店交付给消费者的产品特征、利益和服务的一贯承诺，并且能够让网店的产品和服务与竞争对手产生较大的差异，让消费者感受到一种特殊的价值。

在目前网络市场的竞争中，如何通过网络品牌来塑造店铺与消费者之间的关系，提升消费者对店铺和产品的忠诚度，已经关系到大部分店铺的生存和发展。创建一个优秀的品牌文化，已经成为网店提升品牌竞争力的重要策略。作为网店客服人员，一定要了解并熟记自己店铺的品牌文化。一般来说，客服人员从成为店铺的一员起，就会接受相应的品牌文化知识的培训，在这个学习过程中，客服人员一定要认真理解、融会贯通，领会其中的内涵并将其牢记心中，以此作为自己的工作理念，并在日常工作中增强这方面的意识，同时，在与客户沟通的过程中，向客户传达公司的品牌文化。需要注意的是，由于不同的人对文化有不同的理解，所以我们没有必要向客户传达品牌文化的定义，我们需要在意的是如何利用我们的产品和服务，对我们店铺的品牌文化进行弘扬和宣传，从而找到与这类文化相契合的消费群体，在他们之间引起足够的共鸣。

品牌文化不是一朝一夕就能在客户心中树立起来的，客服人员在向客户传达的过程中，要始终保持良好的态度和专业的服务技能，以保证客户对你能力的肯定，加深对店铺的印象。

【案例】小林是一家女装店铺的客服人员，在正式成为一名客服人员后，小林接受了店铺的品牌文化培训，宗旨是——服务先行，品质最优。小林时刻铭记并认真贯彻，在与买家交流沟通的过程中始终保持热情、礼貌、耐心、尊重、专业的服务态度，受到买家的一致好评，因此，小林常常霸占每个季度的优秀员工榜。下面是一则小林与买家交流的对话。

买家：在吗？

小林：亲亲，在的哦！我随时在这里候命，请问有什么可以帮助您的吗？能够帮助到您是我工作的最大荣耀！

买家：请问这款毛衣有货吗？

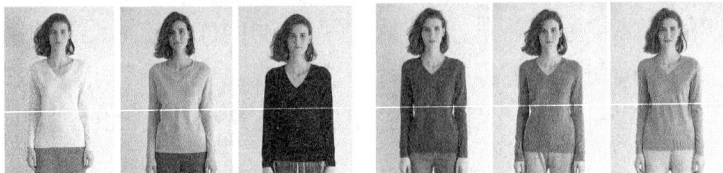

小林：亲，这款毛衣有货的哦！这可是我们家炙手可热的商品哦！

买家：有没有其他颜色的啊？

小林：有的哟，亲！这款宝贝红色卖得最好，很衬肤色的！蓝色和白色的上身效果也很不错，很多买家都留言说要再订呢！

买家：嗯，我比较喜欢蓝色。什么时候可以订呢？

小林：蓝色效果也很不错的呢！您直接在宝贝页面选择宝贝颜色和尺码，并付款就可以了。亲您的身高体重是多少呢？这款宝贝比较贴身，码子要比您平时穿的小一些哦！

买家：165cm，105斤。

小林：亲的身材真好！ M码就可以的!您这个身高、体重穿上还有点宽松呢!

买家：这是真的羊毛吗？我怎么知道是不是假的？

小林：亲可以放心的哦！我们的所有宝贝都是经过严格的原材料筛选与控制的，每一件衣服都是合格的。而且，所有衣服都支持7天无理由退换货的，亲亲收到毛衣后，可以自己实验辨别的噢！

小林：优质的羊毛衫柔软且富有弹性，假羊毛一般毛绒粗硬，没有弹性。其次，商品包装袋中有一份小样，您还可以直接燃烧它来进行辨别。羊毛一般燃烧时会有头发烧焦的味道，且燃烧速度慢，火焰小而短，冒轻微白烟。假羊毛燃烧时有塑料的味道，且燃烧速度快，还伴有黑烟。

真羊毛用火燃烧，会有刺鼻的脂肪焦臭味

假羊毛用火燃烧后有焦臭味

燃烧完灰烬用手搓会变成粉末状

燃烧完后的物质是一团硬状，不能搓成粉状

买家：这样我就放心了，不是真品我可是要退货的哦！

小林：亲亲放心！要是不满意可以随时联系我哦！亲亲在验证的时候还要注意安全哦，验证时，小样建议在空旷的地方用铁盆等容器盛放！

买家：嗯，好哒！对了，这款毛衣还能再便宜点吗？要是好看，我再带朋友来买。

小林：亲，真的很抱歉呢！为了保证您收到的商品的质量，这已经是促销打折后的最低价了！没有办法再少了呢！真的很抱歉，请您多多理解！

小林：不过，亲您购买了这款宝贝后，可以成为我们店铺的会员！会员每月可以领取优惠券，还能有小礼品赠送呢！这个月的赠品是一个陶瓷杯，您购买了毛衣后可以一起发给您哟！

买家：嗯，好的呀！那我下单啦！

小林：好的哦，亲！下单后我们会在48小时内发货，一般3~5天可以收到！请注意查收哦！

买家：好的，谢谢啦！下次还上你们家买哦！

小林：非常感谢您的信任！谢谢光临，慢走哦！

小林和买家的对话包含了很多信息，如有无存货、真假质疑、讲价等，小林在交流沟通的过程中，不仅很好地清除了买家的疑虑，还通过巧妙的话语对商品的质量和销量等进行了很好的宣传。同时，小林热情主动、毫不敷衍的态度，给买家留下了良好的印象，让买家不仅肯定了她的工作，还肯定了店铺。

2.2.2 网店的活动信息

网店经营过程中会不定期开展各项活动，如天猫积分兑换、店铺优惠券、促销活动等。作为网店客服人员，要熟悉这些活动的内容、使用条件、使用方法和使用期限，以便在与买家沟通的过程中解答买家的疑惑，并引导买家购买商品。

1. 天猫积分

我们在淘宝网购物时，如果选择的产品是天猫店铺（淘宝商城）的产品，那么在购物之后会获得相应的天猫积分。天猫积分与我们现实生活中的超市会员卡有同等性质，积分专属天猫，仅限在天猫内使用。

（1）天猫积分的使用规则和疑问

天猫积分的使用规则如下。

① 天猫会员通过天猫平台购买除话费充值（话费充值自2016年1月3日起不再累积积分）外的商品/服务"交易成功"且并未发生退款的，均可获取积分；积分将于会员确认收货后由系统自动发放至会员账户进行累积。

②会员可累积获取的积分数量（个）=会员交易成功商品/服务的售价（元）×积分累积比例（普通商品默认累积比例为50%，虚拟类商品、3G数码类商品默认

累积比例为10%，汽车整车类商品比例为0.1%，其他多倍积分等延伸玩法以延伸玩法具体规则或说明为准）。

③积分有效期为至少一年：即，从会员获得积分之日起至次年的年底。会员未在积分有效期内行使积分权益的，相应的积分将于会员获得之日的次年12月31日自动作废。

④ 买家在完成一笔交易后，交易状态显示为"交易成功"后才能得到此次交易的相应积分。

⑤ 买家在使用积分时，优先消耗旧积分，如买家积分由去年5月份和今年7月份共同累积而成，则优先消耗去年5月份的积分。

买家对于天猫积分的疑问一般有如下几个。

买家：我在天猫购买商品后怎么没有获得积分？

客服：亲，只有购买天猫的一口价商品才会获得积分，且天猫交易积分必须在交易状态变成交易成功时，才会打到您的账户哦！积分由天猫系统自动打入，可能会有几分钟的延迟哦。

买家：为什么我在天猫购买宝贝后得到的积分和页面显示的不一样呢？

客服：亲，天猫的返点积分是按照最终成交的金额（不包含邮费）的比例来计算的，例如宝贝原价是100元（不含邮费），设置的返点积分是50分，宝贝打折后价格是50元，那么实际的返点积分为25分。

（2）天猫积分的使用方法

为了使消费者在天猫购物时获得的天猫积分发挥更大的价值，天猫对积分业务进行了整体升级，并关闭了天猫积分抵现功能，于2017年6月1日正式生效。目前，天猫积分仅限于兑换购物券和积分抽奖。网店客服人员应熟悉天猫积分的使用方法，以便于帮助客户进行操作，其具体操作步骤如下。

01 单击淘宝首页搜索框下方的"天猫"选项卡，打开天猫首页。在页面左上角的账号名称处将显示账号所拥有的天猫积分，单击该积分超链接。

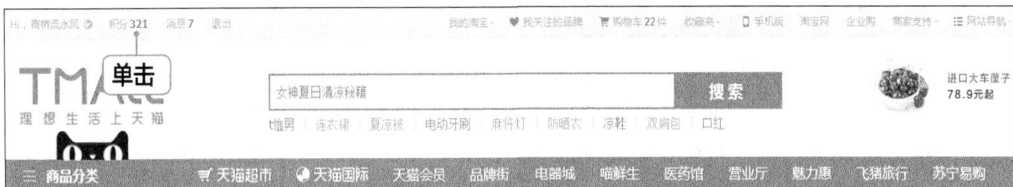

02 打开天猫会员页面，该页面中显示了天猫积分的详细信息，包括可用积分、积分来源、积分变化等。单击"天猫购物券"选项卡，打开"天猫购物券"页面。

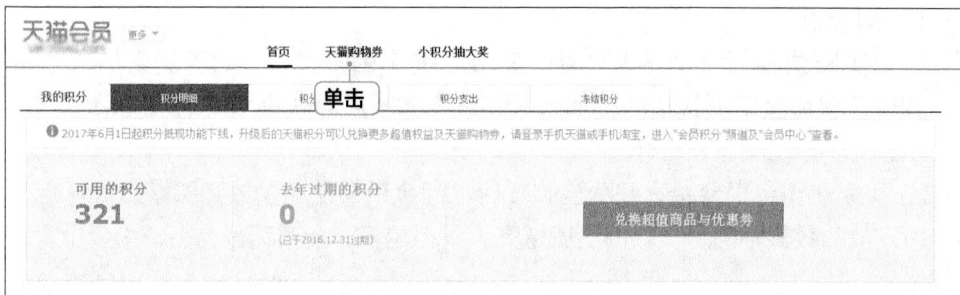

03 在打开的页面中，用户可根据拥有的天猫积分兑换天猫购物券。200积分兑换一张购物券，用户只需单击页面中的 200积分刮一次 按钮即可。

提个醒

　　天猫购物券是入猫平台专属的购物券，可供用户在购买天猫全平台的实物类目商品时使用。天猫购物券根据其面额可抵扣相应的商品金额，也可与店铺优惠券叠加使用。

04 在打开的页面中单击"小积分抽大奖"选项卡，使用对应的积分进行抽奖即可。

2. 淘金币

如果买家购物时选择的是C店（集市店铺）的产品，而C店卖家加入了淘金币，并设置了淘金币抵钱活动，那么，买家在购物后会获得相应的淘金币。

（1）淘金币的使用规则

① 买家在淘宝平台购物并确认收货后，淘金币会自动发放到买家账户。但每笔淘金币发放的数额不同，一般淘气值越高、买得越多、金币花得越多，淘金币发放得就越多。

② 买家在淘金币频道购物，每次成功提交订单后系统会赠送一定数额的淘金币，每天100个封顶。若淘气值超过400，每天首次在淘金币频道购物，可领到100个淘金币。

③ 淘金币购物的抵扣比例不能低于2%，有2%、5%、10%这3个选项。

④ 淘金币自领取后有效期为1年，每年的6月30日和12月31日为统一的过期日。如您获取淘金币的时间为2016年6月30日之前，则过期时间为2017年6月30日；若您获取时间为2016年6月30日之后、12月31日之前，则过期时间为2017年12月31日。

（2）买家淘金币的获取途径

买家可以通过以下3种途径获取淘金币。

● 购物领金币：买家在淘宝中确认收货时会收到一定数额的淘金币。全网会员购物领金币每天最多可获得50个淘金币。但二手市场的交易订单不赠送淘金币。

● 淘金币签到领金币：买家在淘金币首页签到可以领取淘金币，首日可领5个淘金币，连续签到每日再递增5个，连续签到可领取的金币数量上限由买家的淘气值决定。

淘气值分数	签到第1天	签到第2天	签到第3天	签到第4天	签到第5天	签到第6天	连续签到第N天
无淘气值以及0-399分	0	0	0	0	0	0	0
400分-499分	5	10	10	10	10	10	10
500分-599分	5	10	15	20	20	20	20
600分及以上	5	10	15	20	25	30	30

● 店铺签到领金币：若买家购买过商品的店铺开通了收藏/分享金币签到功能，买家就能通过签到获得卖家送出的淘金币奖励。

（3）买家淘金币的使用方法

淘金币与天猫积分的性质相同，但只能在C店使用，买家可以使用淘金币抽奖、抵钱、兑换其他商品等，其具体操作步骤如下。

01 在淘宝首页的"实惠专业户"栏目中单击"淘金币"超链接，打开"淘金币"页面。

扫一扫

使用淘金币

02 在该页面中可查看作为买家所拥有的淘金币数量。选择一款商品，这里单击选择淘金币首页的第一款商品。

03 选择商品的尺码和颜色并进行付款，在付款页面中可看到"使用××淘金币抵扣××元"字样的复选框，单击选中该复选框，在文本框中输入需要使用的淘金币数量即可完成淘金币抵钱。

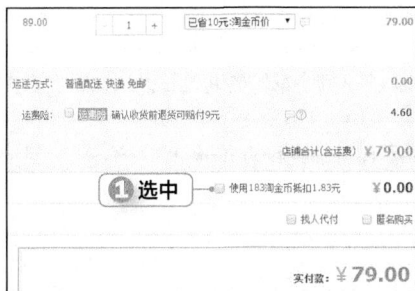

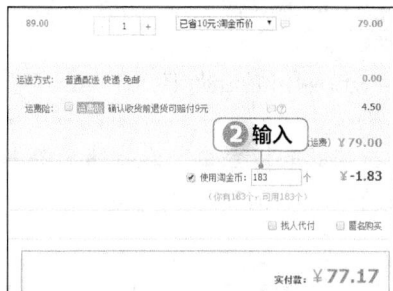

04 返回淘金币首页，单击"金币兑换"选项卡，打开"金币兑换"页面，在该页面中可以使用一定数额的淘金币并支付少量的现金直接兑换商品。

通用**手机指环支架**

纳米吸附 重复使用

手机粘贴式卡扣指环支架

¥**1.50** + 150

¥5.80

3袋装洗衣机槽清洗剂

¥**6.50** + 650

¥53.00

买2送1多功能魔术裤衣架

¥**5.15** + 515

¥28.00

05 单击"金币攻略"选项卡，在打开的页面中可以查看金币的使用攻略，包括金币五折兑、金币抽红包等。

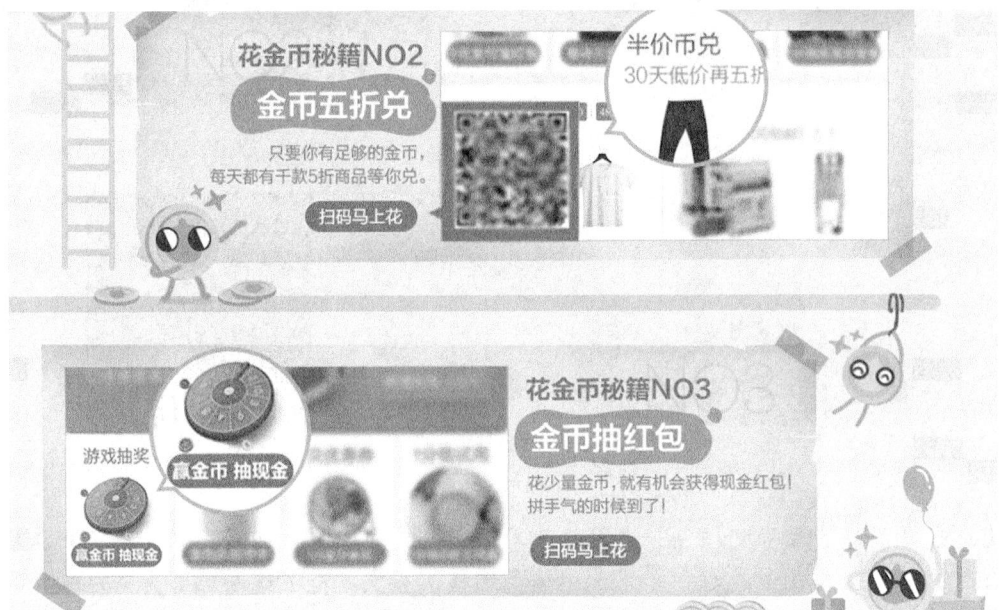

花金币秘籍NO2

金币五折兑

只要你有足够的金币，
每天都有千款5折商品等你兑。

扫码马上花

半价币兑

30天低价再五折

游戏抽奖

赢金币 抽现金

赢金币 抽现金

花金币秘籍NO3

金币抽红包

花少量金币，就有机会获得现金红包！
拼手气的时候到了！

扫码马上花

提个醒

金币攻略中的活动，除了可以在全网购物时抵钱外，其余都需要通过扫描二维码才能使用。

06 单击"我的淘金币"选项卡，在打开的页面中选择"花金币"选项，可使用淘金币进行话费充值和游戏充值。

3. 店铺优惠券

店铺优惠券是卖家设置的全店通用的优惠券，买家领取优惠券后可在购买全店商品时用优惠券并抵扣部分现金。优惠券可抵用的金额由卖家设置，最低3元，最高100元。优惠券包括3元、5元、10元、15元、20元、30元、40元、50元、60元、80元、100元共11个面额。

（1）店铺优惠券的使用规则

店铺优惠券仅限于在发放该优惠券的卖家店铺中购物使用，此外还有以下使用规则。

①一笔订单仅限于使用一张店铺优惠券，如果买家产生多笔订单，且均符合使用要求，则可以分别使用。

②如果优惠券有使用条件，买家必须在订单金额（不包括邮费）满足时才能使用。如满299元可使用20元优惠券等。

③一张店铺优惠券仅限于单笔订单消费抵用，不可拆分，过期即作废。

④店铺优惠券支持在购物车中使用，一个订单中只要有一个商品选择了店铺优惠券，则其他商品也同时选择店铺优惠券。

⑤店铺优惠券部分的金额不参与佣金计算。

（2）优惠券的创建方法

如果要创建优惠券，需要先订购优惠券营销工具，然后进入淘宝卖家中心后台进行创建，其具体操作步骤如下。

01 进入淘宝卖家中心后台，在"营销中心"栏中单击"店铺营销中心"超链接，在右侧打开的页面中单击"店铺优惠券"超链接。

扫一扫

优惠券的创建

02 打开"淘宝卡券"页面,单击:"淘宝卡券"选项卡,然后单击"店铺优惠券"中的 立即创建 按钮。

03 打开"新建 店铺优惠券"页面,在"基本信息"栏中填写优惠券的基本信息,这里分别将名称、使用位置、面额、使用条件、有效时间、发行量、每人限领设置为"7月大促""通用""10元""满99元使用""2017-7-1至2017-7-31""50张""1张"。

04 在"推广信息"栏中设置推广方式和领券形式,这里设置为"买家领取""全网买家可领",然后单击 保存 按钮进行保存。

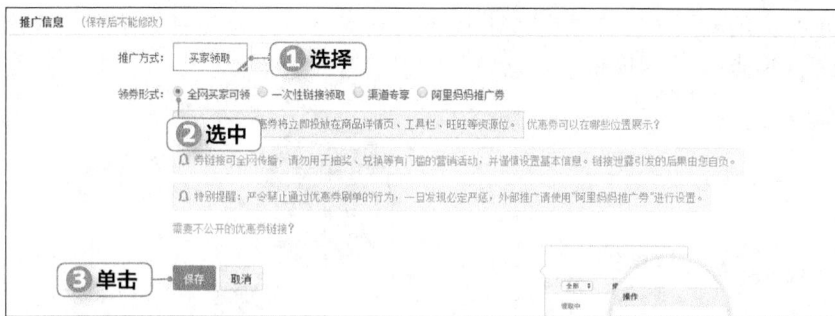

05 此时将打开"卡券管理"页面，在其中即可查看创建的优惠券。使用相同的方法，再创建面额为"30元"、使用条件为"满299元"的优惠券以及面额为"50元"、使用条件为"满499"的优惠券。

名称	发放方式 ▼	面额 ▼	时间	限领/人	条件	发行量	已领取	全部 ▼	操作
7月大促 买家领取		50元	起:2017-07-01 止:2017-07-31	1	满499.0元	50	0	领取中	修改 复制链接 结束 查看数据 用户信息
7月大促 买家领取		30元	起:2017-07-01 止:2017-07-31	1	满299.0元	50	0	领取中	修改 复制链接 结束 查看数据 用户信息
7月大促 买家领取		10元	起:2017-07-01 止:2017-07-31	1	满99.0元	50	0	领取中	修改 复制链接 结束 查看数据 用户信息

1 / 1

提个醒

　　创建优惠券后，卖家可以单击优惠券后的"复制链接"超链接，将优惠券的链接复制到店铺首页装修页面中并放于合适的位置，买家即可在首页中查看该优惠券。

（3）店铺优惠券的领取方式

买家可以通过以下几种途径领取店铺优惠券。下面以"韩×××官方店铺"为例进行介绍。

①从卖家店铺首页领取店铺优惠券

买家可在卖家店铺首页直接领取优惠券，其具体操作步骤如下。

01 进入店铺首页，一般在全屏海报下方可以看到店铺优惠券，单击需要领取的优惠券，这里单击60元面额的优惠券。

扫一扫

领取店铺优惠券

30 满319元使用

60 满419元使用　单击

100 满519元使用

02 打开确认领取页面，单击 确认领取 按钮领取优惠券。此时将提示"恭喜您领取成功"信息，单击 查看优惠券 按钮。

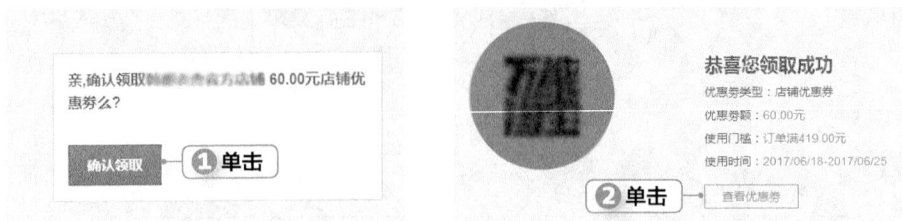

03 在打开的"优惠卡券"页面中，买家即可查看领取到的优惠券。

②从宝贝详情页领取店铺优惠券

卖家设置的优惠券会同时显示在宝贝详情页中，买家购物时可直接领取。买家可以随意选取店铺中的一件商品，打开宝贝详情页，在其中可以看到 店铺 优惠券 字样，单击其后对应的"领取"超链接，在打开的提示对话框中单击 确定 按钮即可领取店铺优惠卷。

在提示对话框中单击"查看该店更多优惠"超链接，可跳转到店铺首页查看其他商品或优惠信息。

③ 在购物车中领取店铺优惠券

买家将需要购买的商品添加到购物车，进入购物车结算时，如果店铺创建了优惠券活动，那么在店铺名称处会有 优惠券 按钮。买家可以单击该按钮右侧的下拉按钮，在打开的列表中查看店铺的优惠券，单击 领取 按钮即可领取优惠券。

（4）买家对优惠券的常见疑虑

买家在使用优惠券的过程中，可能会产生以下疑虑，客服人员可参考下面的回复方式进行回答。

买家：我的优惠券为什么使用不了呢？

客服：亲，店铺优惠券只能在发放该券的卖家店铺使用，使用前需查看使用有效期和使用条件，否则是无法使用的哦！

买家：为什么我购买了多个宝贝，满了399元，还是没有优惠30元呢？

客服：亲，您需要先领取优惠券，并且购买的多个宝贝需要同时加入购物车，因为系统默认判断一笔订单的总金额是否符合优惠券的使用规则哦。

4. 店铺VIP

店铺VIP是由卖家设置的，买家只要成功购买过卖家的商品，就有可能获得该卖家的会员卡，有会员卡的买家在该卖家店铺购买支持店铺VIP的商品时可以享受会员折扣。由于店铺VIP是卖家设置的，所以卖家有权利调整商品的折扣；同时店铺的VIP的使用时间也是由卖家设置的，淘宝无法干预，所以拥有卖家的VIP卡不代表可以永久使用。

（1）店铺VIP的使用规则

官方工具设置的店铺VIP是没有使用期限的，只要成为店铺的VIP，并且该店铺的商品还有VIP价格，买家在该店铺购买这些商品时都可以享受VIP价格。

如果卖家使用其他第三方工具设置店铺VIP（如欢乐购、维客等），规则内容就会更加丰富一些，但一般都有使用期限。

（2）店铺VIP的使用方法

首先需要查看是否成为某家店铺的VIP，具体方法：在"我的淘宝"页面中单击"我的优惠信息"超链接，在打开的页面中单击"店铺会员卡专区"超链接，在打开的页面中即可查看具有买家VIP资格的店铺和VIP的折扣率。

单击店铺名称进入店铺，选择一件商品即可看到VIP优惠后的价格。

2.3 产品知识不可或缺

作为一名合格的网店客服人员，不仅需要掌握店铺产品的专业知识，还要掌握产品的周边知识，此外，还需要了解其他的同类产品，这样才能做到在与客户交流时熟练回复客户的疑问，为客户推荐最佳的购物方案，促成交易。

2.3.1　掌握产品专业知识

客服人员在与买家交流时，买家除了操作上的疑问外，几乎大部分的内容都是围绕产品本身展开的，买家可能会问及与产品相关的专业问题。此时，若客服人员一问三不知或者反应缓慢，无疑会降低买家的购物热情，甚至导致买家直接另换一家店铺进行咨询，这对店铺来说，不仅损失了客户，还为竞争对手提供了更多客源。相反，如果客服人员从容应答、反应快速，不仅能解答客户的疑虑，还能提供更多的产品知识，无疑会使客户心服口服，顺利成单。

1. 熟知产品质量

产品质量也可看作产品的使用价值，是指产品的用途，即能够满足人们某种需要所具备的特性，这也是客户最为关注的商品属性。产品质量主要包括产品性能、产品寿命、产品安全性3个方面，下面将分别对这3个方面进行介绍。

（1）产品性能

产品性能是指产品能够达到的功能使用要求，如雨伞用于挡风遮雨，太阳伞用于遮阳，保温杯用于保温等。产品性能是产品质量的基本体现。下图所示为一款遮阳伞关于遮阳功能的描述。

客服人员要熟悉自己店铺所经营的所有商品的产品性能，并能做到熟练地为买家解惑。如下对话为买家对这款太阳伞的提问以及客服快速组织语言做出的回答。

买家：这款太阳伞的遮阳效果好吗？

客服：您好，亲！这款太阳伞采用的是双层防布。里层是伞布，由高密度的针线缝制，细密防透；外层是由高分子聚合物制作的涂层，能够阻挡99%的紫外线，剩余的1%也会消失于两层的反射之中。遮阳效果好，一整天都不会觉得晒的！

（2）产品寿命

产品寿命是指产品在一定条件下，满足产品性能要求的工作时间限制，即产品正常情况下可以无故障使用的时间。如生鲜产品在 −18℃条件下一般可存储1年，但常温条件下一般为3~5天。下图所示为一款LED灯关于产品寿命的说明。

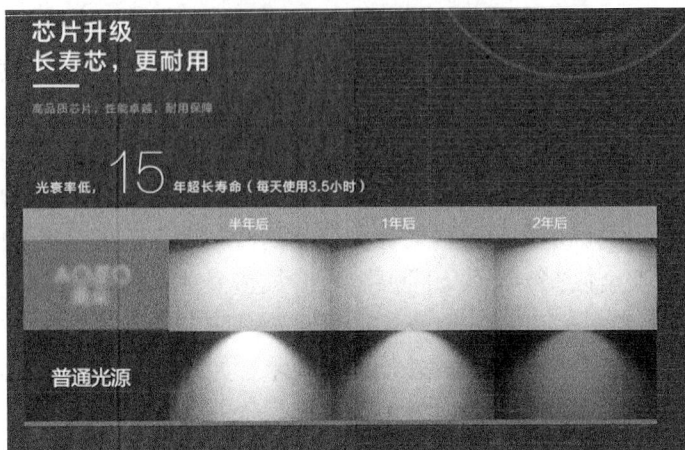

买家在询问关于产品的使用时间时，客服人员可以这样回答：亲，这款LED灯采用最新的升级芯片作为电流载体发光，具有更长的寿命和耐用性。一般正常情况下可保持15年的发光寿命。

（3）产品安全性

产品安全性是指产品在流通和使用的过程中，保障人体健康和人身、财产安全免受伤害或损失的性能。下图所示为一款电磁炉关于安全性的说明。

在买家咨询相关问题时，客服人员要注意表述清楚，如下所示。

买家：这款微波炉安全吗？

客服：亲，请您放心，我们这款产品的安全指数是很高的，它采用的是国家标准的EMC电磁兼容技术，能够将电磁炉产生的干扰限制在一定范围，同时当电磁炉内部温度高于110℃时会自动断电，保护您的安全。

买家：家里有小孩，会不会有什么意外？

客服：亲，为了安全考虑，尽量不要放在小孩能够到的地方。小朋友操作时一定要有家长在旁边哦！也不要将微波炉放置在铁板、铁桌或不锈钢桌面上使用。做到这些基本可以避免意外的发生！

2. 产品尺寸

产品尺寸主要有产品大小和体积规格两种。产品大小是买家选择商品的依据，主要是指与买家身体部位对应的产品的具体尺寸，如衣服尺码、鞋码、戒指尺码等；产品体积规格与产品的容量有关，主要用于表示箱包、杯子、家电等产品的产品尺寸。

（1）服装尺寸

服装尺寸是根据服装的袖长、胸围、腰围等尺码大小进行设计的，目前最为常用的服装尺寸有4种型号，分别是国际尺码、中国尺码、欧洲尺码和美国尺码。客服人员要熟悉每一种尺码的大小，为有不同使用习惯的客户推荐合适的尺码。

◉ 国际尺码：国际尺码是最传统的服装尺寸型号，以XS、S、M、L、XL、XXL进行区分，分别表示加小号、小号、中号、大号、加大号、加加大号。

◉ 中国尺码：中国尺码通过身高和胸围来进行标识，如常见的160/84A、170/92B等。

◉ 欧洲尺码：欧洲尺码以34~44的双数来标识服装尺寸。

◉ 美国尺码：美国尺码采用北美型号进行标识，一般为1~11的数字，如7。

客服人员不仅要熟知自己店铺的服装尺码，还要知道各种尺码的转换，以便给买家推荐更加明确的尺码。下表所示为以上4种不同型号的服装尺码对照表。

不同型号的服装尺码对照表

标准	尺码明细				
国际尺码	XS	S	M	L	XL
中国尺码（cm）	160~165/84~86	165~170/88~90	167~172/92~96	168~173/98~102	170~176/106~110
欧洲尺码	34	34~36	38~40	42	44
美国尺码	1~2	3~4	5~6	7~8	9~11
衣长（cm）	54	56	58	60	62
胸围（cm）	82	84	88	92	96
腰围（cm）	70	74	77	81	85
肩宽（cm）	37	37.8	39	40.5	41.5
袖长（cm）	15.3	16	16.7	17.4	18.1

服装类型不同，其尺码也不同，如女装、男装、童装等。下面列举几种常见的不同类型服装的尺寸。

女装上衣的尺寸表如下。

尺码	肩宽	胸围	下摆围	前衣长	袖长	袖肥	袖口围	外领宽	外领深
XS	34.5	102	88	60.5	34	32.2	17	22.5	9
S	35.5	106	92	62	35.5	33.6	18	23.5	9.5
M	36.5	110	96	63.5	37	35	19	24.5	10
L	37.5	114	100	65	38.5	36.4	20	25.5	10.5

身高(cm) 体重(kg)	150	153	155	158	160	163	165	168	170
41	XS/S	XS	XS	XS	XS	XS			
43	S	XS/S	XS/S	XS/S	XS	XS	XS		
45	S/M	S	S	S	S	S	S	S	
47	M	S/M	S/M	S/M	S	S	S	S	S
49	M	M	M	M	M	S/M	S	S	S
51	L	M	M	M	M	M	S/M	S/M	S/M
53	L	L	M/L	M	M	M	M	M	M
55	L	L	L	M/L	M/L	M/L	M	M	M
57	L	L	L	L	L	M/L	M/L	M	M
59		L	L	L	L	L	L	M/L	M/L
61			L	L	L	L	L	L	M/L
63								L	L

女装下装的尺寸表如下。

尺码	腰围	臀围	大腿围	脚口围	裤长	前裆	后裆
S	68	81	47.4	33	88	23.3	34.1
M	72	85	50	34	89	24	35
L	76	89	52.6	35	90	24.7	35.9

身高(cm) 体重(kg)	150	153	155	158	160	163	165	168	170
41	S	S	S	S					
43	S	S	S	S	S	S	S		
45	M	S	S	S	S	S	S	S	
47	M	S/M	S/M	S	S	S	S	S	S
49	M	M	M	M	S/M	S/M	S/M	S/M	S/M
51	L	M	M	M	M	M	M	M	M
53	L	L	L	L	M/L	M	M	M	M
55	L	L	L	L	L	M/L	M/L	M/L	M/L
57	L	L	L	L	L	L	L	L	L
59		L	L	L	L	L	L	L	L
61			L	L	L	L	L	L	L

男士衬衣的尺寸表如下。

尺码	号型	衣长	胸围	肩宽	长袖长	短袖长
37	165/80A	73	100	43.4	58.5	23
38	170/84A	75	104	44.6	60	24
39	170/88A	75	108	45.8	60	24
40	175/92A	77	112	47	61.5	25
41	175/96A	77	116	48.2	61.5	25
42	180/100A	79	120	49.4	63	26
43	180/104A	79	124	50.6	63	26
44	185/108A	81	128	51.8	64.5	27
45	185/112A	81	132	53	64.5	27

- 尺码推荐 -

(选购时请综合参考推荐尺寸,综合您平时穿着习惯,这有助您选择到更好的尺码,修身版型建议选择大一码)

身高＼体重	55公斤	60公斤	65公斤	70公斤	75公斤	80公斤	85公斤	90公斤	95公斤	100公斤
160CM	38	38	39	40	40	/	/	/	/	/
165CM	38	38	38	39	40	40	/	/	/	/
170CM	38	39	39	40	40	41	42	/	/	/
175CM	39	39	39	40	40	41	42	43	/	/
180CM	/	/	40	41	41	41	42	43	44	44
185CM	/	/	41	41	41	42	42	43	43	44
190CM	/	/	/	/	/	/	/	/	/	/

提个醒

采用不同的测量方法或不同商家制作的服装，其尺码存在一定的误差，一般为1~3cm。客服人员在为买家推荐尺寸时，应综合考虑自家服装尺码和买家穿衣习惯进行推荐。

男士牛仔裤的尺寸表如下。

型号	裤长	腰围	臀围	脚口	/	/
170/72A	103	74	95	17.2	/	/
175/74A	106	76	96.6	17.2	/	/
175/76A	106	78	98.2	17.6	/	/
175/78A	106	80	99.8	17.6	/	/
180/80A	109	82	101.4	18	/	/
180/82A	109	84	103	18	/	/
180/84A	109	86	104.6	18.4	/	/
180/86A	109	88	106.2	18.4	/	/
185/88A	112	90	107.8	18.8	/	/
185/90A	112	92	109.2	18.8	/	/
185/92A	112	94	110.6	18.8	/	/
185/94A	112	96	112	18.8	/	/
185/96A	112	98	113.4	18.8	/	/
185/98A	112	100	114.8	18.8	/	/
190/100A	115	102	116.2	19.2	/	/
190/102A	115	104	117.6	19.2	/	/
190/104A	115	106	119	19.2	/	/
190/106A	115	108	120.4	19.2	/	/
190/108A	115	110	121.8	19.2	/	/
190/110A	115	112	123.2	19.2	/	/
190/112A	115	114	124.6	19.2	/	/

男士西裤的尺寸表如下。

号型	腰大	臀大	裤长	脚口大
170/70A	72	92.5	105	19.5
170/72A	74	94.1	105	19.8
175/74A	76	95.7	108	20.1
175/76A	78	97.3	108	20.4
175/78A	80	98.9	108	20.7
180/80A	82	100.5	111	21
180/82A	84	102.1	111	21
180/84A	86	103.7	111	21.4
180/86A	88	105.3	111	21.4
185/88A	90	106.9	114	21.8
185/90A	92	108.5	114	21.8
185/92A	94	110.1	114	21.8
185/94A	96	111.7	114	21.8
185/96A	98	113.3	114	21.8
185/98A	100	114.9	114	21.8
190/100A	102	116.5	117	21.8
190/102A	104	118.1	117	22.2
190/104A	106	119.7	117	22.2
190/106A	108	121.3	117	22.2
190/108A	110	122.9	117	22.2
190/110A	112	124.5	117	22.2
190/112A	114	126.1	117	22.2

以下为一则买家与客服人员关于衣服尺寸的对话。

买家：在吗？身高165cm，体重55公斤，适合穿多大的？

客服：亲，您平时穿多大尺码的衣服呢？这款衬衣是标准尺码的哦！

买家：我给妈妈买的，她平时穿5码，和你们这款衣服标的尺码不一样啊！

客服：亲，您妈妈穿的5码是美国尺码的尺码标准哦，我们店铺用的是中国尺码标准，5码对应M码。您妈妈的身高体重也比较标准，M码应该很合适。

买家：噢噢，这样啊！那我直接拍M码，谢谢啦！

客服：不客气哟，亲！欢迎您的光临，期待您下次再来！

（2）鞋子尺码

鞋子是根据不同的脚长和脚宽来划分鞋码的，通常有国际尺码、中国尺码、英国尺码和美国尺码4种标识方法。

● 国际尺码：国际尺码通过脚长的毫米数进行区分，如225mm、230mm、235mm是常见的鞋码单位。

● 中国尺码：中国传统的鞋码标识与国际尺码相同，都是按照脚长进行区分的。

● 英国尺码：英国鞋码与以上两种不同，它是根据鞋楦的长度，采用英寸制进行标识的，如3、4、5等。

● 美国尺码：美国尺码是在英国尺码的基础上演变而来的，每0.5码相差0.5cm。

下表所示为各种鞋码的对照表。

各种鞋码的对照表

国际尺码	中国尺码（旧码）	英国尺码	美国尺码
220	35	2	5
225	36	3	5.5
230	36.5	3.5	6
235	37	4	6.5
240	37.5	4.5	7
245	38.5	5	7.5
250	39	5.5	8

下表所示为标准尺码、国际尺码和脚长所对应的尺码。

标准尺码、国际尺码和脚长对应的尺码

标准尺码	34	35	36	37	38	39
国际尺码	220	225	230	235	240	245
脚长（mm）	215~220	220~225	225~23	230~235	235~240	240~245

（3）产品体积规格

产品体积规格主要包括产品容量、产品长度和产品重量3个方面，下面分别对其进行介绍。

①产品容量：收纳箱和液体类产品常通过容量单位来衡量其大小，常用单位为升（L）、毫升（ML）。客服人员在介绍这类产品的体积规格时，不仅要提供具体的体积规格的值，还要提供实物装载图供买家参考。

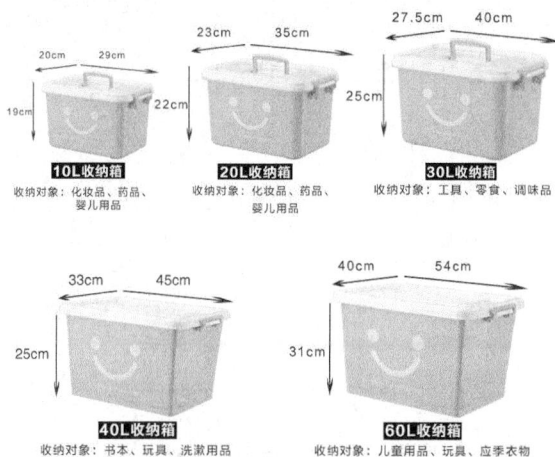

20cm 29cm
19cm
10L收纳箱
收纳对象：化妆品、药品、婴儿用品

23cm 35cm
22cm
20L收纳箱
收纳对象：化妆品、药品、婴儿用品

27.5cm 40cm
25cm
30L收纳箱
收纳对象：工具、零食、调味品

33cm 45cm
25cm
40L收纳箱
收纳对象：书本、玩具、洗漱用品

40cm 54cm
31cm
60L收纳箱
收纳对象：儿童用品、玩具、应季衣物

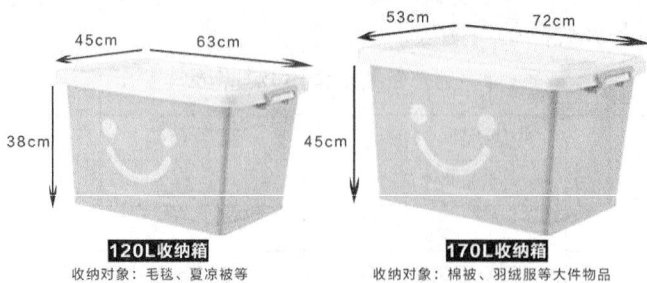

45cm   63cm

38cm

120L收纳箱
收纳对象：毛毯、夏凉被等

53cm   72cm

45cm

170L收纳箱
收纳对象：棉被、羽绒服等大件物品

②产品长度：布料、管材等产品需要使用长度单位来衡量，常用的单位有米（m）、厘米（cm）。客服人员在与买家沟通的过程中，应说明以长度来计算产品价格的方式，并告知买家如何计算需要购买的产品的长度。

一件尺寸

1m

宽幅
1.5m

布料宽幅固定不变
拍1件：1m×1.5m
拍2件：2m×1.5m
拍3件：3m×1.5m
以此类推，多拍是连着
一整块发货的。

如何正确计算购买产品的数量，请看下图：

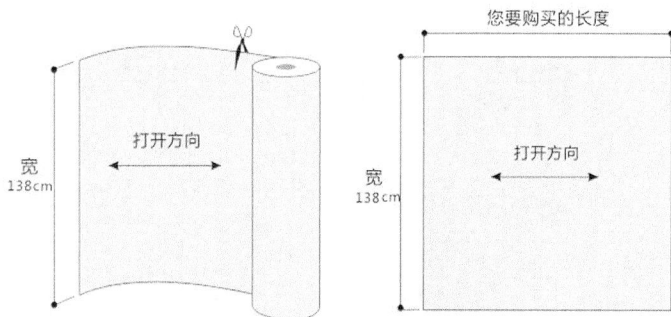

宽
138cm

打开方向

您要购买的长度

宽
138cm

打开方向

宽度是固定的，长度根据您的需要购买。

③产品重量：固体食品、茶叶等产品常以商品重量的方式进行衡量，常用单位有克（g）、千克（kg）。

3. 产品注意事项

客服人员应掌握产品对应的注意事项，这样可以为买家提供更加丰富的产品知识。产品注意事项主要包括产品使用禁忌和产品保养两个方面。

（1）产品使用禁忌

产品使用禁忌是指买家在使用产品的过程中需要规避的一些行为。之所以要禁止这些行为，首先是因为这些行为可能导致无法发挥产品本来的效果，其次是这些行为可能造成不必要的危险。因此，客服人员一定要熟悉产品的使用禁忌并及时告知买家，特别是家用电器、电子数码产品等。

（2）产品保养

妥善保管并在使用过程中对产品进行必要的维护，可以在一定程度上延长产品的使用寿命，让产品的价值更加长久。客服人员在与买家沟通的过程中，应选择适当的时机告诉买家产品保养的方法，以帮助买家进行产品的维护。这样不仅会让买家肯定你的专业技能，还会使买家更加信赖店铺。

Personal care / 羊绒 洗护 保养

穿着
请注意

1.注意减少摩擦，避免降低纤维强度及起球现象；

2.羊绒十分娇嫩，切忌大力拉扯和剧烈运动，以免脱套，开洞；

3.防止与腐蚀性物质接触；

4.经常除尘，用软刷或吸尘器除尘，保持其干爽；

5.穿着时间不宜太长，10天左右注意间歇，使其恢复弹力，以免纤维疲劳。

	洗涤 请注意	一般来说，羊绒服装建议干洗，如用水洗要按部就班。 按规范洗涤后，就能达到不缩水、不变形、不腿色。 1.必须选用中性洗涤剂； 2.水温控制在30℃~35℃； 3.小心轻搓，不可用力，清水漂净，平铺晾干，不可暴晒。
	储存 请注意	1.必须经过洗涤、熨烫、晾干后再保存，可防止霉菌蛀虫； 2.叠好装袋平放，不宜挂置，以免悬垂变形； 3.注意遮光，以防褪色，应经常通风、阴凉、拍打灰尘、去湿。

2.3.2　掌握产品周边知识

产品周边知识可能与买家选择商品没有直接的关系，但能在一定程度上指导或影响买家选择产品。客服对周边知识的介绍可以加深买家对产品的认识，也可以让买家更加肯定客服的服务态度。下面从产品真伪的辨别和产品附加信息两个方面进行介绍。

1. 产品真伪的辨别

任何一件产品，买家都十分看重产品的真伪，特别是一些贵重的产品，买家对产品真伪存在的疑虑更大，常常会咨询客服人员如何进行辨别。此时，客服人员要详细告知买家辨别的方法，但切忌长篇大论强调店铺产品的真实性，而是要让客户掌握辨别的方法，让客户自己去验证产品才能彻底打消他们的疑虑。以下为一则客服人员与买家的对话。

买家：你们家的黄金项链是真的吗？

客服：亲，您好！我们是×××的官方旗舰店，本店所有宝贝专柜都有出售，且价格全国统一。同时产品包装盒中还附有国家检测中心提供的检测证书，请您放心购买。

客服：若您不放心，还可通过下面两种途径来验证真伪哦！
（1）登录发票通，在"平台验证"中根据提示输入信息进行验证。
（2）登录国家税务总局，根据提示输入信息进行发票验证。

买家：噢噢，好的，谢谢！

客服：不客气的，亲！

2. 产品附加信息

产品附加信息是指产品生产和销售中并没有的，但能赋予产品新的价值的信息，如×××明星推荐产品、××同款产品等。这样的产品信息其实利用了买家的求名心理，买家在选购这类商品时不可避免会受到一定的影响。其次，店铺还可通过品牌文化来提升产品的价值，为产品赋予一种精神价值，但此种方法适合于对品牌文化有一定认同的买家。

2.3.3 对比同类产品

在快速发展的电子商务市场环境下，网店产品同质化现象越来越严重。买家在选购商品时通常会货比三家，从中选择质量、评价、价格等都较为优质的产品。此时，客服人员在接待买家时，一定不能一味地贬低其他店铺的同类产品。客服人员应该熟悉竞争对手的产品，分析这些同类产品与自己的产品在产品质量、服务等方面的好坏，然后在与买家沟通的过程中突出自身产品的优势，弱化劣势，站在公正客观的立场上回答买家的疑问，使买家信服。

1. 质量比较

产品质量是买家选购时最先考虑的因素之一，客服人员要全面认识产品，熟练掌握产品的材质、规格、版型、用途、卖点等信息，并了解同类产品的相关信息，找出自身产品与它们的区别，让买家更加清楚我们产品的优势，这样才能留住买家。

下面为一则买家和客服人员关于产品优势介绍的对话。

买家：我看好多家店铺都有这款衣服，为什么你们家要贵点呢？

客服：亲，这款衣服是我们家最先出的爆款哦！由于销量高、上身效果好，受到很多买家的好评，但同时也出现了很多仿款。我们家的衣服都是自家工厂定制的，原材料都是实打实的，质量、版型都是其他店无法比拟的。

买家：嗯，那有哪些优势呢？

客服：亲，您看，我们的衣服选材十分讲究，除了连接线以外，全部是用羊毛制作的，用料讲究，而且比较轻薄，衣服呈现出十分饱满的视觉效果和柔和的光泽。其他仿版偷工减料，衣服摸上去没有弹性，也不够柔软。

客服：其次，我们衣服的设计也是十分考究的。肩部采用塌肩设计，肩型圆润不硬朗，不仅可以提升您的女人味，还可以拉长手臂线条。衣服采用简约的无扣门襟，干净清爽；同色系的腰带不仅能够收敛宽松腰身，也是十分经典的装饰。

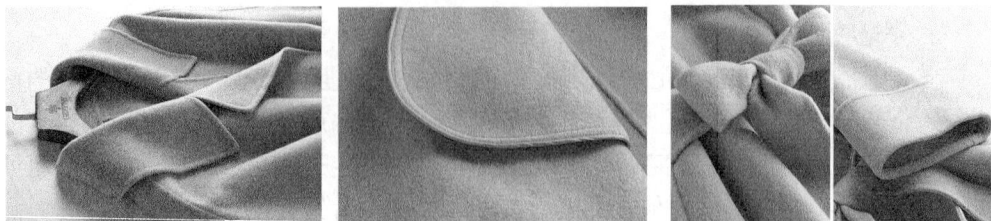

买家：“原来是这样啊！那我就可以放心地买啦！”

2. 货源比较

好的货源渠道可以提升产品的竞争力，也可以影响买家的购物决策，特别是"大厂定做""品牌直供"等货源渠道更能让消费者感到放心可靠。当然，买家在购买时看到这些字眼可能也会产生怀疑，质疑货源的真实性，此时客服人员就要提供相关证据打消买家的疑虑，如提供正规发票、出厂清单等。

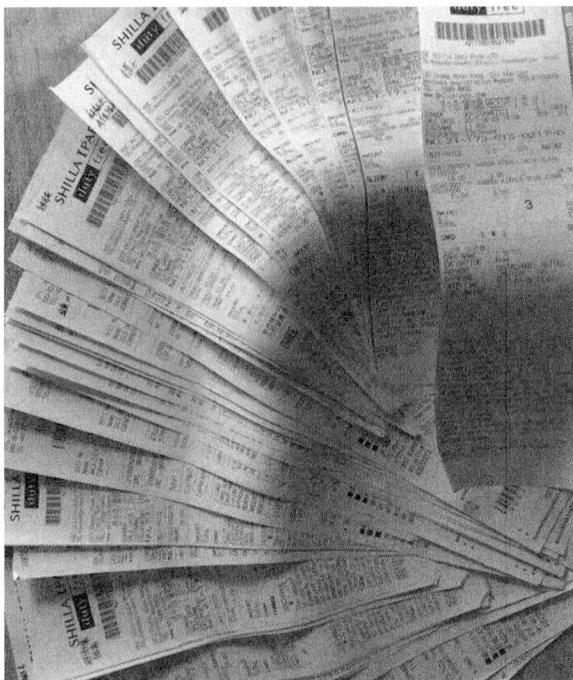

买家：我看你们家的产品都是韩货，是正品吗？

客服：亲，我们家在韩国有专门的代购人员哟！所有的商品都出自韩国的哦。

买家：那怎么你们家还比别家的便宜，不是应该更贵一点吗？

客服：哈哈，亲，这是因为我们和韩国那边的商家合作很多年了，他们给了我们一些优惠，这才卖得稍微便宜了一点！

买家：噢噢，这样啊！

客服：亲，您也可以看下我们的小票哦，产品都是在韩国由代购人员亲自选购的，这可做不了假的！

2.4 疑难破解

1. 天猫商城的规则和淘宝规则相同吗?

天猫规则是对天猫用户增加基本义务或限制基本权利的条款。淘宝规则是对淘宝用户增加基本义务或限制基本权利的条款。淘宝官方发布的其他管理内容（包括但不限于规则、规范、类目管理标准、行业标准等）中提及的淘宝规则包括天猫规则。

天猫用户也称天猫商家，商家必须满足以下条件，才有权申请加入天猫。

- 商家及其销售的商品符合当年度的《天猫招商标准》。
- 商家及其销售的商品符合当年度的《天猫行业标准》。
- 商家有效签署《天猫服务协议》及其相关附属协议。
- 商家符合天猫要求的其他条件。

在天猫首页中，将鼠标指针放在"商家支持"超链接上，在打开的列表中单击"商家规则"超链接，即可打开天猫规则页面，在其中即可查看详细的天猫规则。

其次，在天猫规则页面的搜索框中输入规则关键字，单击 搜索 按钮，在打开的页面中也可方便地查看所需要的内容。

2. 客服人员需要的活动前期准备工作有哪些？

活动是所有网店运营手段中非常常用，也是非常重要的一个环节。因此，客服人员在进行促销活动前必须要有所准备。那么，在活动之前，我们应该做好哪些准备工作呢？

● 明确活动目的：做活动前首先必须明确做活动的目的，是想做销量、曝光品牌、维系老客户，还是引流增加新客户等。不同的活动目的，策划和推进是不一样的。

● 选择促销方式：常见的促销方式包括满就送、折扣、清仓、发优惠券等。小型店铺活动主要以简单为宜，不宜超过两个方案。

● 活动前预热期：在前期预热时，针对新客户可以进行一些推广引流；对于老客户，在预热期内，客服人员可以群发旺旺信息或者发送短信通知。此外，还应通知仓库根据预估提前做好准备，如热销产品提前打包分类。

3. 优惠券和其他优惠可以叠加使用吗？

优惠券可与部分优惠同时使用，包括以下几种情况。

（1）若存在淘金币抵扣优惠，先计算优惠券，再计算淘金币抵扣的金额。

（2）若店家设置了"满就送"优惠，先计算满就送，再计算优惠券。

（3）若有"限时打折"优惠，先计算限时打折，再计算优惠券。

（4）若有"搭配套餐"优惠，先计算搭配套餐，再计算优惠券。

（5）若有"满减"优惠，先计算满减，再计算优惠券。

（6）若有"会员卡"优惠，先计算会员卡，再计算优惠券。

优惠券不能与部分优惠同时使用，主要包括以下几种情况。

（1）淘宝VIP和优惠券都属于店铺级优惠，两者不可叠加使用。

（2）包邮券、店铺优惠券、商品优惠券不可以同时使用。

（3）优惠券和店铺红包不可同时使用。

4. 商品优惠券与店铺优惠券有什么区别?

商品优惠券是定向优惠，不是全店优惠，只能在购买限定商品时才能凭券抵扣现金。一张商品优惠券最多可以选择100个指定商品，优惠券一旦创建，指定商品只能增加，不能删除。

2.5 案例分析

和小黑同一批进公司的客服人员一共有3个，小黑是其中资质比较平庸的，但他知道笨鸟先飞、勤能补拙的道理。小黑和另两名同事到公司报到后，被统一安排到客服部门，并进行为期一周的岗前培训。小黑知道，虽然面试时已经考查了客服的基本功，但对于系统的客服知识、网店规则、网店文化、产品知识等内容他还是一个门外汉，因此要好好地利用这几天的时间来熟悉公司的相关产品和文化，提高自己作为一名网店客服人员的基本素质。

岗前培训共分为3个阶段，第一阶段是熟悉网店的运营规则。由于公司在天猫上开设了旗舰店——××洗衣机旗舰店，小黑需要先了解天猫的相关规则，熟记天猫商城的基础规则、市场规范和行业标准等内容，规范自己的行为，避免在以后的服务工作中犯错。然后，还要熟悉公司的规章制度，做好自己的本职工作。

第二阶段是学习公司的公司文化，了解公司的创业背景、发展历史、现阶段的情况等，培养自己的责任感和荣誉感。

第三阶段主要是学习公司的产品知识，了解公司目前经营的产品类目、产品类型和产品专业知识。由于小黑以前并没有接触过洗衣机这种产品，因此这部分的内容学习稍显吃力，但他十分刻苦，不仅课上认真学习，课下还反复复习，有不懂的地方先备注下来，再咨询培训老师或有经验的同事。

相比其他两位同事，小黑虽然面试成绩不如他们，但在培训售前知识期间，不仅认真刻苦，还十分积极主动。一次，主管在培训室中播放公司的一款洗衣机视频，小黑突然问道："老师，我们的这款波轮自动洗衣机其他店铺也有类似的，为什么我们的产品卖得要好一些呢? 我看月销量有好几千呢! "主管老师微微一笑回道："你问的问题很好，这也是我接下来要讲的内容。为什么同类型的产品，我们公司的这款就比别人的卖得好呢? 这当然是有原因的! "接下来，主管老师对这个问题一一分析并说明，主要包括几点：一是品牌效应，××品牌响亮，形象深入人心，买家信任我们的产品；二是这款洗衣机的功能十分实用，容量大、用水量少、耗电量，且可以连接Wi-Fi智能控制；三是价格便宜，包配送、安装；四是售后服务好，全国联保，3年整机包修。这些都是这款洗衣机的优势，主管老师告诉小黑他们，不要小看客服这个岗位，要真正成为一名合格的客服人员，一定要深入了解自己的公司、产品和网店，不仅仅在培训期间，在以后的工作中也要注意加深学习，不断提高，并把学习到的知识融会贯通，在与买家交谈的过程中展示出来，合理解答买家疑问，再推销产品。

小黑一直铭记于心，并在后来的工作中认真实践。半年后，小黑成了客服组长，其他两名一起进入公司的同事，还是普通的客服人员。

思考与讨论：

（1）胜任客服岗位前，需要进行哪些售前知识的学习？

（2）小黑比另两名客服人员成长更快的原因是什么？

第**3**章

掌握后台操作，
快速支援买家

本章导读

网店客服人员除了需要掌握网店运营规则、网店文化及活动、产品知识等内容外，还要掌握网店后台的操作、千牛工作台的使用以及网上支付方式的操作等，以便更好地为买家提供如查询订单信息、修改订单和客户信息、添加备注等服务。本章将对这些后台操作知识进行介绍，网店客服人员要熟练掌握这些操作知识，在买家有需要时快速为买家提供帮助。

知识技能

※ 掌握网店后台的操作
※ 掌握千牛工作台的使用方法
※ 掌握网上支付方式

视频讲解

（视频讲解：22分钟）

3.1 网店后台操作

作为网店客服人员，一定要熟练掌握网店后台的操作方法，方便进行订单和买家的管理。特别是当买家有操作上的疑虑时，客服人员可以快速回复并引导买家进行操作，提高自己在买家心中的专业度和好感度。网店客服人员需要掌握的网店后台操作有查询订单、修改订单价格、修改客户信息、添加备注信息、延迟收货和退款等，下面分别进行介绍。

3.1.1 查询订单

查询订单是客服人员日常工作中最常用的一项操作。查询订单的方法很简单，客服人员可通过宝贝名称、买家昵称、订单编号等查询条件进行查询。下面介绍利用订单编号查询订单的方法，其具体操作步骤如下。

扫一扫

查询订单

01 成功登录到淘宝网站后，单击页面顶端的"卖家中心"超链接，打开"卖家中心"页面。单击导航栏中的"应用中心"选项卡。

02 进入"应用中心"页面，在快捷应用的"交易管理"选项栏中单击"已卖出的宝贝"超链接。

03 打开"已卖出的宝贝"页面，在其中可以输入宝贝名称、买家昵称、订单编号、订单状态等查询条件，这里在"订单编号"文本框中输入要查询的订单号"17861071490297297"，然后单击 搜索订单 按钮。

04 稍后便可在"近三个月订单"选项卡中查看搜索结果。

3.1.2 修改订单价格

订单改价的修改只针对交易状态为"等待买家付款"的订单,如果买家已付款,卖家无法修改交易价格。作为客服人员一定要清楚这一细节,修改订单价格的具体操作步骤如下。

01 打开"已卖出的宝贝"页面,在其中找到需要修改价格的订单,单击该订单中的"修改价格"超链接。

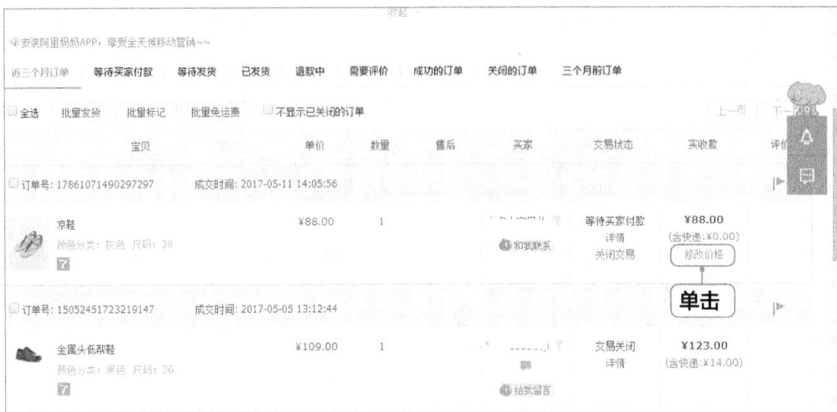

02 在打开的窗口中可修改价格和运费。其中,修改价格可以通过打折和直接输入增加或减少的金额来设置;邮费可以通过直接输入邮费价格或单击"免运费"超链接来设置。这里将折扣设置为"6折";邮费设置为"10元",然后单击 确定 按钮。

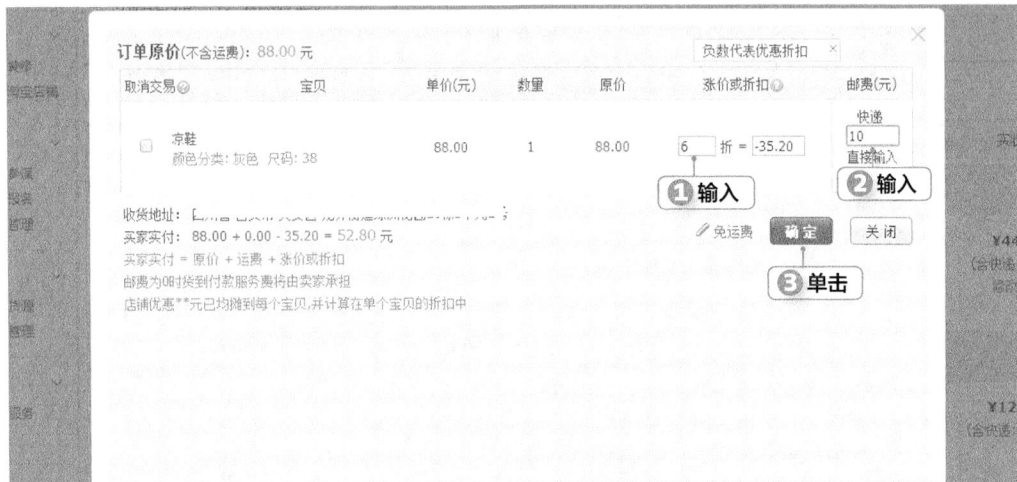

03 返回"已卖出的宝贝"页面,即可查看订单修改后的价格。

近三个月订单	等待买家付款	等待发货	已发货	退款中	需要评价	成功的订单	关闭的订单	三个月前订单

☐ 全选　批量发货　批量标记　批量免运费　☐ 不显示已关闭的订单　　　　　　　　　　上一页　下一页

宝贝	单价	数量	售后	买家	交易状态	实收款	评价

☐ 成交时间：2017-05-11 14:05:56

| 凉鞋
颜色分类：灰色 尺码：38 | ¥88.00 | 1 | | 和我联系 | 等待买家付款
详情
关闭交易 | ¥62.80
(含快递：¥10.00)
修改价格 | |

3.1.3 修改客户信息

买家拍下产品并完成付款后，有时可能会遇到一些特殊情况，需要修改订单属性或是需要临时修改收件人地址、联系方式等。此时，客服人员就需要通过后台帮助买家进行修改，其具体操作步骤如下。

扫一扫

修改客户信息

01 进入卖家后台，打开"已卖出的宝贝"页面，在其中找到需要修改的订单，然后单击该订单对应的"详情"超链接。

02 打开"交易详情"页面，在页面底部的"订单信息"选项卡中单击"修改订单属性"超链接。

03 在打开的页面中对产品的颜色和尺码等信息进行修改，完成后单击 确定 按钮。

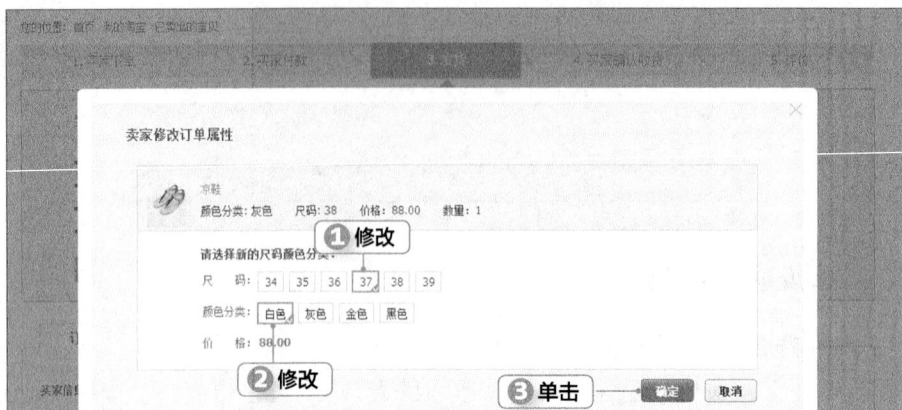

04 成功修改完订单属性并等待买家付款后，再次打开"交易详情"页面，单击 修改收货地址 按钮。

05 在打开的页面中，客服人员可以对买家的收货地址、收货人姓名、联系电话进行重新设置，最后单击 确定 按钮完成修改。

3.1.4　添加备注信息

在交易过程中，如果客服人员与客户有特殊约定，如赠送小礼物、写祝福卡片等，此时客服人员可以为订单添加备注，添加备注的具体操作步骤如下。

01 在"已卖出的宝贝"页面中单击订单右上角的灰色旗帜▶。

02 在打开的"编辑标记"页面中添加备注，选择标记颜色，输入标记内容，添加完毕后单击 **确定** 按钮进行保存。

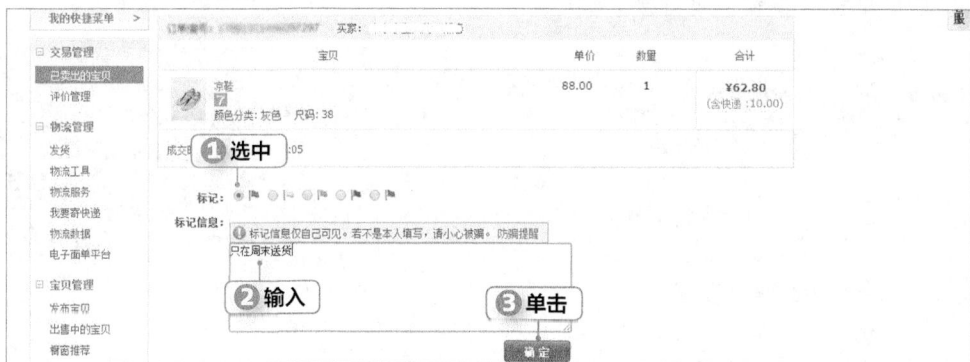

3.1.5　退款、退款退货和换货操作

退款、退款退货和换货操作是网店商品交易过程中最容易出现的情况，下面分别对这两种情况进行介绍。

1. 退款、退款退货

当买家拍下商品，卖家却迟迟不发货，或买家收到商品但商品质量严重损坏时，买家可申请退款操作。当买家收到商品，但对商品不满意时，可申请退款退货操作，将商品退还给卖家，并同时退款。退款、退款退货的处理方法类似，下面以退款的操作为例进行讲解，其具体操作步骤如下。

01 进入卖家后台，单击页面上的"应用中心"选项卡，打开"应用中心"页面，在"客户服务"模块中单击"退款管理"超链接。

高手支招

　　退款退货一般是买家收到货物后才申请的，因此客服人员需要在"客户服务"模块中单击"售后管理"超链接。

02 打开"退款管理"页面，在其中可以查看"我收到的退款申请"和"我申请的退款"的详细信息，这里单击"我收到的退款申请"选项卡，然后在已有的退款申请订单中单击"查看"超链接。

03 进入"退款售后管理"页面，其中显示了退款的原因、金额、货物状态等信息，如果同意退款，直接单击 同意退款 按钮。

04 在打开的页面中输入支付宝密码和校验码后，单击 确定 按钮。

您的位置：首页 > 卖家中心 > 退款售后管理

① 买家申请仅退款　②　卖家处理退款申请　③　退款完毕

< 返回　☑ 同意退款后 ￥ 62.80 将退还给买家

退款详情

☑ 安全设置检测成功！

凉鞋
绿色分体灰色
尺码:38

支付宝支付密码：●●●●●●　　忘记密码？

买家 ：

ⓘ 当前操作环境不支持控件，为保护账户资金安全，需要通过你绑定手机的校验。

订单编号：
成交时间：2017-05-11 20:14:51
单价　：￥ 88.00*1(数量)

手机号码：133****9871 更换号码

邮费　：￥ 10.00
商品总价：￥ 88.00

校验码：784920　　 **①输入**

校验码是6位数字，30分钟内输入有效，请勿泄露

退款编号：917309570299772
退款金额：￥ 62.80
原因　：缺货

确定

要求　：仅退款

②单击

说明　：

05 稍后即可查看退款成功的消息提示。

淘宝网

您的位置：首页 > 卖家中心 > 退款售后管理

① 买家申请仅退款　②　卖家处理退款申请　③　退款完毕

退款成功

退款已完成
凉鞋

凉鞋

2017-5-12 10:40

退款成功时间：2017-05-12 10:40:22
退款金额：￥ 62.80

旺旺系统消息
退款已经成功

标题：凉鞋
类型：退款已完成
订单编号：17861071490297297
退款原因：缺货

▼ 订单关闭

协商历史

0297297
20:14:51

卖家主动同意，退款协平差62.80元。

99772

商家同意了本次售后服务申请。

🔧 **高手支招**

　　如果买家付款后卖家已经发货，但买家未收到货就发起退货退款申请，此时卖家可与买家协商进行处理。如果买家执意退货退款，且卖家同意后，买家有 7 天的时间操作退货，如果逾期没有退货，退款申请将自动取消。如果买家已经退货，卖家有 10 天的时间确认收货，如果逾期卖家没有处理，淘宝将自动把款打到买家的支付宝上。

2. 换货操作

　　当买家拍错商品或时商品颜色、尺码等不满意时，买家将发起换货请求。经过沟通，卖家同意换货后，客服人员需要进行相应的处理，处理的具体操作步骤如下。

01 进入卖家中心后台，单击"客户服务"栏中的"售后管理"超链接，打开"售后管理"页面。在其中可看到来自淘宝

扫一扫

换货操作

和天猫的售后服务记录，这里单击"淘宝售后服务记录"选项卡，单击"状态"栏显示为"等待卖家处理"信息后的"查看详情"超链接。

02 打开"退款售后管理"界面，在"请处理换货申请"栏中可看到当前订单的换货处理剩余时间，若不同意换货，可单击 拒绝换货申请 按钮。这里单击 同意换货申请 按钮同意买家的换货申请。

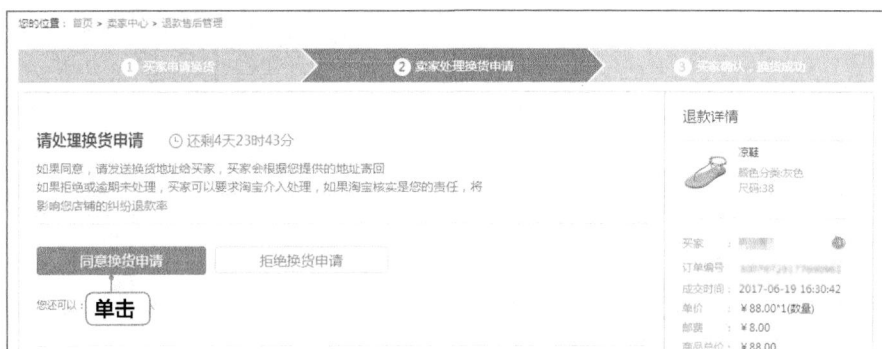

03 在打开的页面中填写退货地址和退货说明，完成后单击 同意换货申请 按钮。

04 此时将打开"请等待买家确认完成换货"页面，在其中可看到确认的时间。

您的位置：首页 > 卖家中心 > 退款售后管理

① 买家申请换货　　②卖家处理换货申请　　③买家确认，换货成功

请等待买家确认完成换货 ⏱ 还剩14天23时59分

退款详情

在此期间，如有问题请主动联系买家协商处理
为保障买家顺利寄回商品并完成换货，96.00元货款暂做冻结，在换货完成后，钱款会
自动解冻。
如买家要求淘宝介入后核实是您的责任，将影响您店铺的纠纷退款率

凉鞋
颜色分类:灰色
尺码:38

买家　　　　棒
订单编号：
成交时间：2017-06-19 16:30:42
单价：　　　¥ 88.00*1(数量)
邮费：　　　¥ 8.00
商品总价：　¥ 88.00
原因　　　　鞋子不合脚/不喜欢/效果
　　　　　　不好
要求　　　　换货
说明

您还可以：申请客服介入

协商历史　　　　　　　　　　　　　　　　　我要留言

　　　　　　　　　　　　　　　　　　　　　　2017-06-19 17:54:23
商家确认收货地址：　　　　　四川省成都市　　610003，说明：买家
要求换小一码。

05 待买家确认完成换货后，状态即显示为"换货完成"。

您的位置：首页 > 卖家中心 > 退款售后管理

① 买家申请换货　　②卖家处理换货申请　　③买家确认，换货成功

换货完成

退款详情

换货成功时间：2017-06-19 17:55:47
换货已完成

凉鞋
颜色分类:灰色
尺码:38

3.2 千牛工作台

千牛是淘宝客服人员使用的十分重要的沟通工具。通过千牛，客服人员不仅可以和客户进行交流与沟通，还可以进行交易管理、商品管理、评价管理等操作。因此，作为一名淘宝网店的客服人员，必须熟练使用千牛，更重要的是，千牛聊天记录是淘宝网在处理买卖双方纠纷投诉时官方认可的申诉证据之一。

千牛有电脑版和手机版两个版本，除了页面和使用场景有所区别外，其功能基本一致。下面就以电脑版本的"千牛"聊天工具为例进行介绍。

3.2.1 设置自动回复和快捷回复

使用千牛与客户交流时，有时会因为在线提问的客户较多，客服人员无法第一时间回应部分客户。此时客服人员可以通过设置自动回复，让客户知道自己目前的状态；也可以提前写好回复的内容，然后通过快捷回复的方式进行应答。这样可大

大提高客服人员的工作效率，且使买家感受到客服人员对自己
的重视。下面登录千牛工作台，介绍设置自动回复和快捷回复
的方法，其具体操作步骤如下。

扫一扫

设置回复

01 打开千牛工作平台登录页面，输入正确的账号和密码，
并单击选中"记住密码"和"登录旺旺"复选框，然后单击
━━━登录━━━按钮。

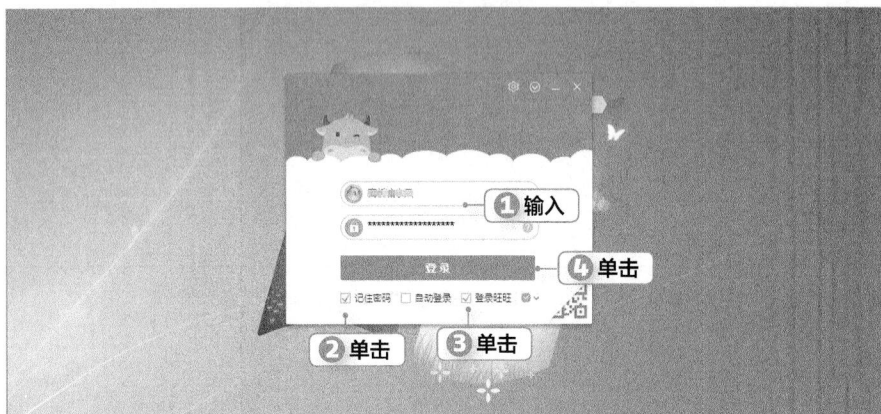

02 系统将自动打开卖家工作台的首页，并显示一个浮动窗口，这里单击浮动窗口
中的"接待中心"按钮◎。

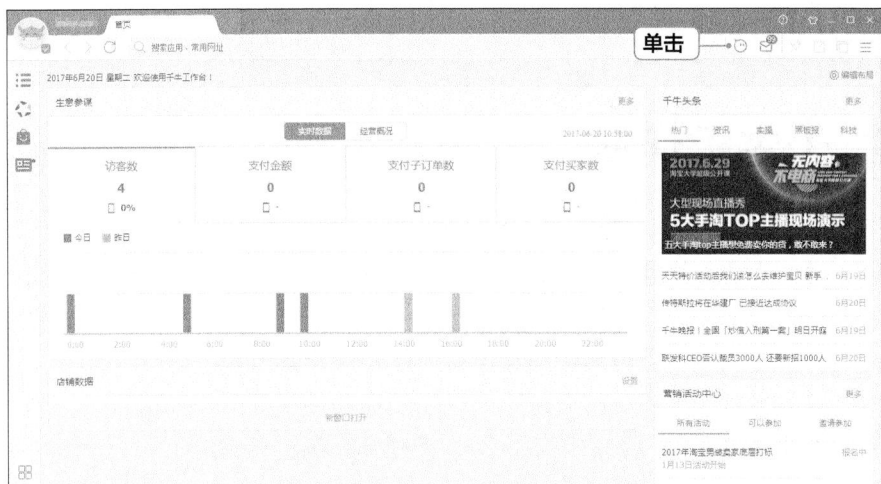

03 打开"接待中心"窗口，在窗口左下角单击"更多"按钮 ≡ ，在打开的列表中
选择"系统设置"选项。

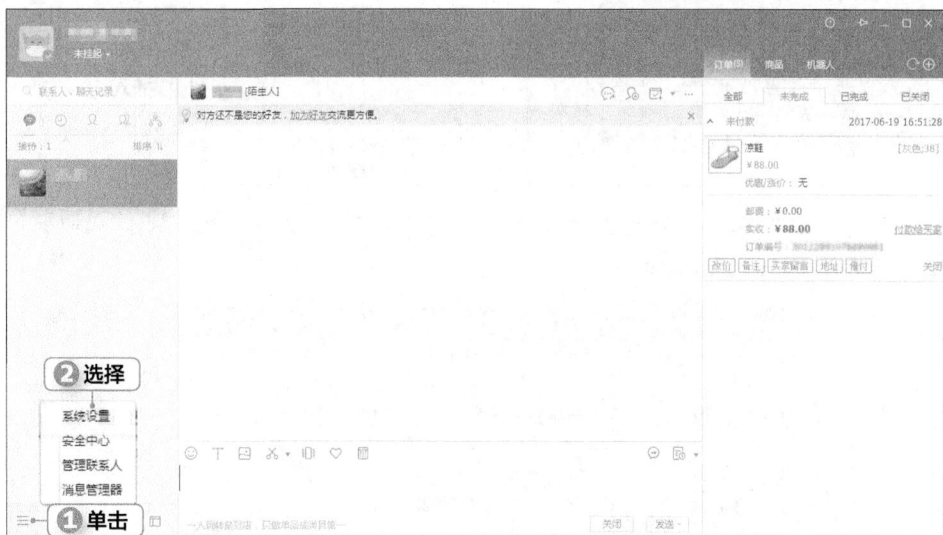

04 打开"系统设置"对话框，单击左侧列表中的 客服设置 按钮，在展开的列表中选择"自动回复设置"选项，在打开的页面中单击"设置自动回复"选项卡，在其中显示了不同状态下的回复设置，这里单击选中"当天第一次收到买家消息时自动回复"复选框，然后单击右侧的 新增 按钮。

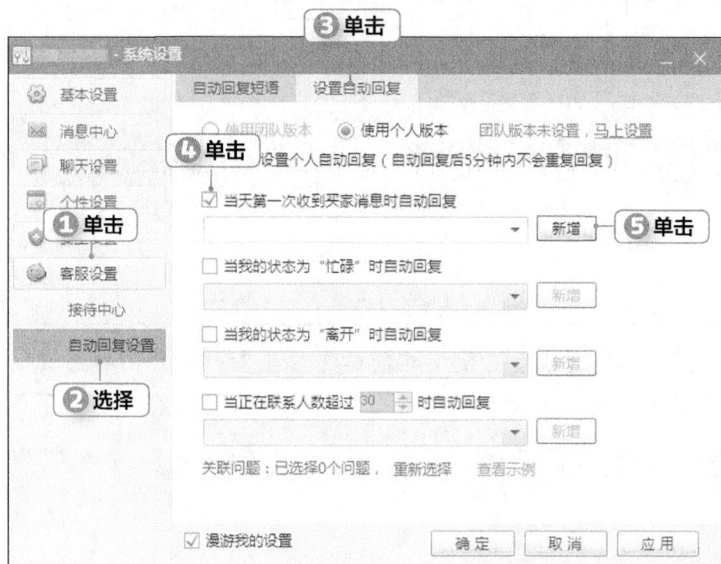

05 打开"新增自动回复"对话框，在工具条中设置回复的字体为"微软雅黑"，字号为"14"，颜色为"红色"，然后在下方的文本框中输入需要回复的内容。将鼠标指针定位在"本店"前，单击"选择表情"按钮 😊，在打开的列表框中选择下图所示的表情，完成后单击 保存 按钮。

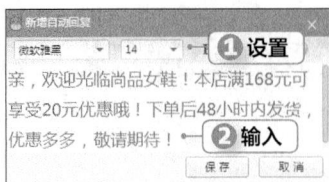

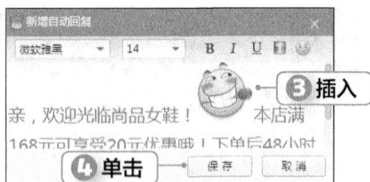

06 返回"系统设置"对话框，单击选中"当我的状态为'忙碌'时自动回复"复选框，单击右侧的 新增 按钮。

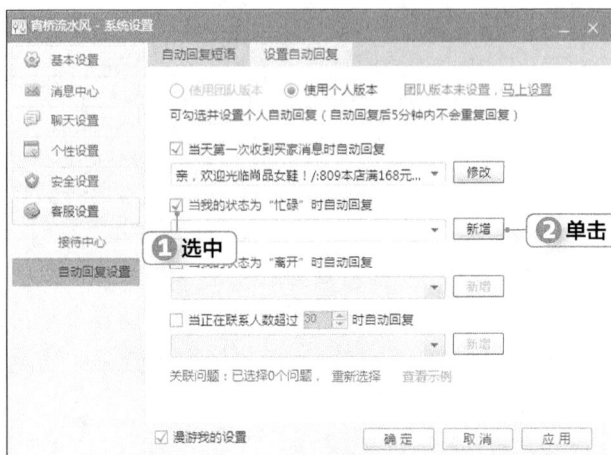

07 打开"新增自动回复"对话框，使用相同的方法，在其中输入忙碌状态时的自动回复内容，完成后单击 保存 按钮。

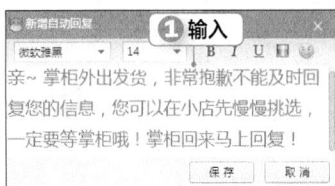

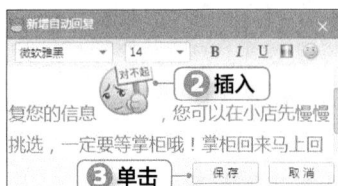

08 返回"系统设置"对话框，使用相同的方法设置"当我的状态为'离开'时自动回复"和"当正在联系人数超过30时自动回复"，其内容分别如下图所示。

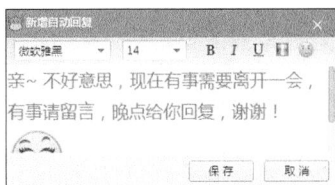

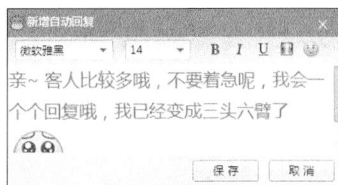

当我的状态为"离开"时　　　　**当正在联系人数超过 30 时自动回复**

09 设置完成后返回"系统设置"对话框中，单击 确定 按钮。返回"接待中心"窗口，在客户交流区中单击"快捷短语"按钮⊙，右侧列表框中将显示系统自带的快捷短语，这里单击 新建 按钮。

10 打开"新增快捷短语"对话框，设置文本的字号为"12"，颜色为"黑色"，在中间的文本框中输入所需的快捷短语的内容。在"快捷编码"文本框中输入数字"2"，然后单击"选择分组"下拉列表框右侧的"下拉"按钮，在打开的下拉列表中单击"新增分组"按钮。

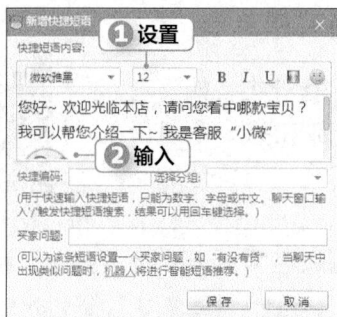

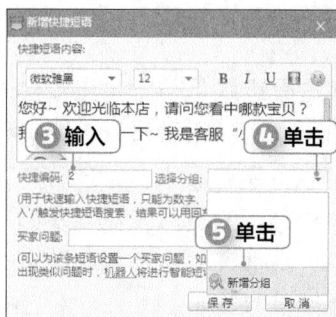

11 在显示的文本框中输入新建分组的名称"新客户接待"，然后单击 添加 按钮。此时，"选择分组"下拉列表框中将自动显示新建分组的名称。在"买家问题"文本框中输入一个与快捷回复对应的买家问题，当买家发送该内容时千牛将自动以已设置好的快捷短语进行回复。确认无误后，单击 保存 按钮。

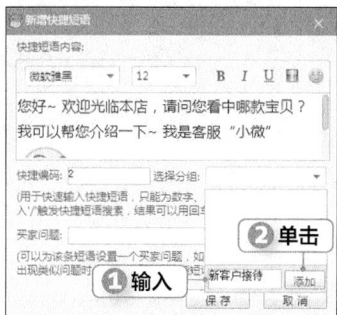

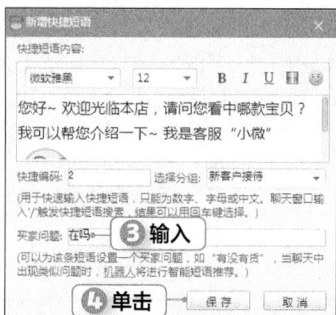

12 返回"接待中心"窗口，将鼠标指针定位到客户交流区的聊天窗口中，然后输入符号"/2"，此时，聊天窗口将自动显示新创建的快捷短语。按"Enter"键即可

将快捷短语添加到聊天窗口，然后再次按"Enter"键或是单击聊天窗口中的 发送· 按钮，便可将消息发送给客户。

成功创建快捷短语后，如果需要对其内容进行编辑，客服人员可在"接待中心"窗口的客户交流区中单击"快捷短语"按钮☺，右侧列表中会显示已创建的快捷短语，在需要编辑的短语上单击鼠标右键，然后在弹出的快捷菜单中选择"编辑"命令，打开"修改快捷短语"对话框，在其中客服人员便可对短语内容、快捷编码和分组进行修改。

3.2.2 设置客户分组

设置客户分组就是将千牛上添加的好友进行分类，如将老客户放置在一个组里面，将首次询问的客户放在另一个组里面，这样可以方便客服人员管理客户以及与客户进行沟通和交流，设置客户分组的具体操作步骤如下。

扫一扫

设置客户分组

01 登录千牛，进入"接待中心"窗口，单击最左侧列表中的"好友"按钮♀。展开的页面中显示了4种分组，在除"陌生人"分组和"黑名单"分组外的任意一个分组上单击鼠标右键，然后在弹出的快捷菜单中选择"添加组"命令。

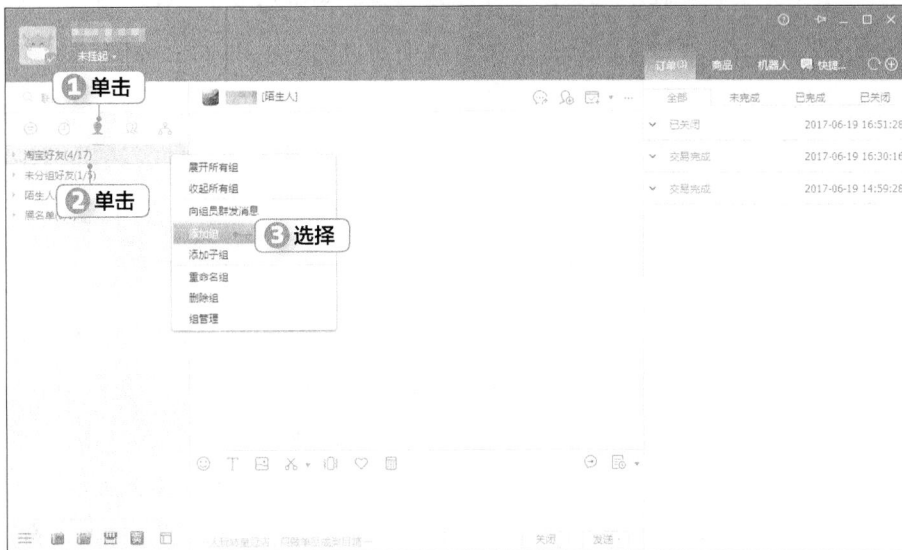

02 此时新添加了一个名为"新建组"的新组，并且新建组的名称呈可编辑状态，直接输入新建组的名称"老客户"，然后按"Enter"键确认。

03 此时，"好友"列表中将显示新建的组。单击"淘宝好友"对应的"展开"按钮▸，展开淘宝好友后，在要移动的好友名称上单击鼠标右键，然后在弹出的快捷菜单中选择"移动好友"命令。

04 打开"选择组"对话框，在其中选择"老客户"选项后，单击 确定 按钮。返回"好友"列表，此时，"老客户"列表中自动显示了新添加的客户。

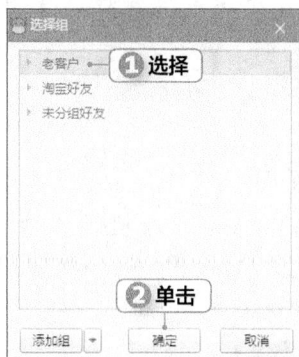

3.2.3 设置客户排序

千牛对客户的排序方式，分为按"联系时间"和"等待分钟"两种。如果想优先回复等待时间较长的客户，那么可以选择按"等待分钟"的方式进行排序；如果想联系曾经的老客户，则可以按"联系时间"的方式进行排序。

利用千牛软件对客户进行排序的操作很简单，在"接待中心"页面中单击最左侧的"消息"按钮，在展开的列表中会显示客服人员正在接待的客户，此时只需单击 排序 按钮，在打开的列表中选择所需的排序方式即可。

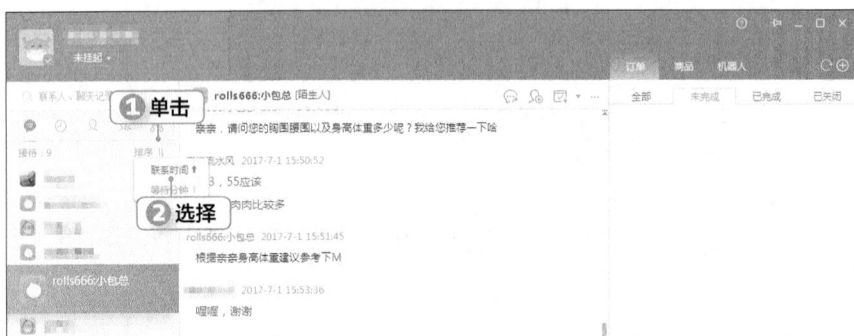

3.2.4 设置订单信息

客服人员除了可以在淘宝卖家中心的后台页面中设置订单信息外，还可通过千牛工作台进行设置，这些设置主要包括改价、添加备注、发送地址等，它们都可以在接待中心的买家沟通页面的右侧进行设置，其具体操作步骤如下。

扫一扫

设置订单信息

01 买家提交订单后，客服人员即可在接待中心的聊天页面右侧的"订单"选项卡中查看目前的订单。在买家拍下商品未付款的状态下，客服人员对商品可以进行改价。单击 改价 按钮，在打开的页面中设置优惠/涨价的幅度，再设置邮费，这里设置优惠折扣为"8"折邮费为"0"，设置完成后单击 保存 按钮。

02 此时即可看到修改价格后的实付金额。单击 备注 按钮，在打开的备注框中输入备注信息，这里输入"赠送1双鞋垫和1双袜子"。然后单击选中下方的黄色标注旗帜，设置备注信息的重要程度，其中红色为最重要，完成后单击 保存 按钮。返回订单页面，此时即可看到 备注 按钮的右上角添加了标注旗帜，变为 备注 状态。

03 买家付款后，客服人员可以单击 地址 按钮，在打开的列表框中即可看到买家填写的地址。单击 发送地址 按钮，买家地址将自动添加到消息发送区域，按"Enter"键或单击 发送 按钮即可将地址信息发送给买家确认。

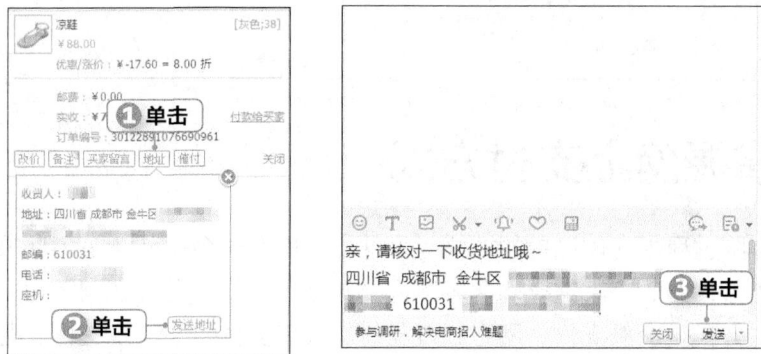

04 此时，买家即可收到发送的确认地址的消息，待买家回复无误后，客服人员即可准备发货。

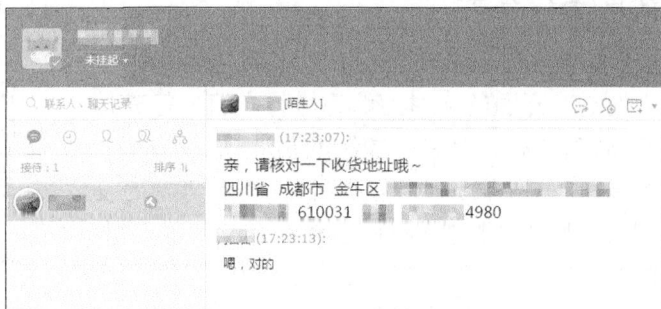

3.2.5 查看客户信息

在千牛中，客服人员可以统一查看当天接待的客户数量，方便进行客户和订单的统计。具体方法：在"接待中心"窗口左侧单击"今日接待的客户"按钮 🔔，打开"今日接待"页面，在其中即可查看从当天0点开始的所有聊过天的联系人信息，并且可以查看这些联系人最近3天内生成的订单详情。

3.3 掌握网上支付方式

由于网购过程中支付订单的方式有多种，客户有时会搞不清楚到底该用哪一种方式进行支付，此时，就需要网店客服人员对客户进行引导。在淘宝网中最为常用的几种支付方式是余额支付、网上银行支付、快捷支付、余额宝支付、花呗分期购等，下面分别对这几种支付方式进行介绍。

3.3.1 通过余额支付订单

余额支付也就是我们常说的支付宝支付，买家使用余额支付订单时，首先要对开通的支付宝账户进行充值，等充值成功后才能对订单进行支付，其具体操作步骤如下。

01 进入"我的淘宝"页面后，将鼠标指针移至"我的支付宝"超链接上，然后在打开的列表中单击"充值"超链接。

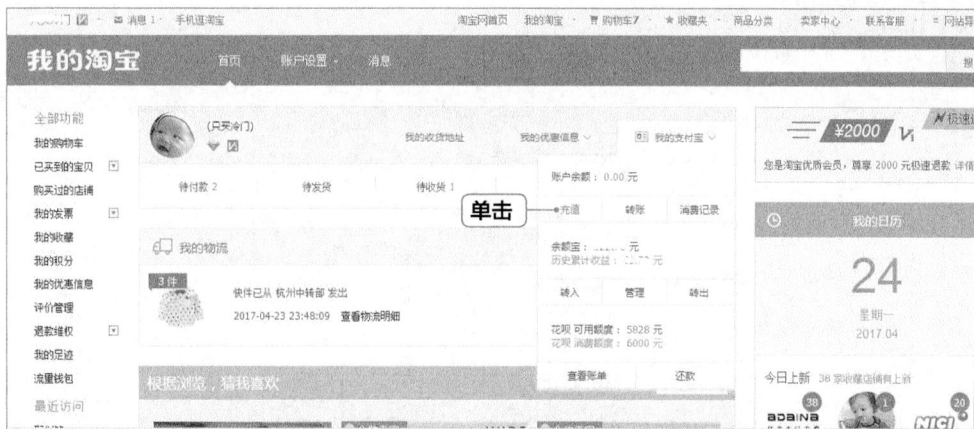

02 在打开的"支付宝—充值"页面中可看到有两种充值方式：一是充值到余额宝；二是充值到余额。这里单击选中"充值到余额"单选项，在下方的"储蓄卡"选项卡中默认选择注册账号时绑定的银行卡，确认无误后单击 下一步 按钮。如果要选择其他银行卡进行充值，可以单击"选择其他"超链接，然后选择其他银行卡进行充值。

高手支招

　　余额宝是支付宝打造的余额理财服务。买家把钱转入余额宝即为购买了由天弘基金提供的天弘余额宝货币市场基金，买家可以以此获得理财收益。余额宝内的资金能随时用于网购支付，也可随时提取出来。

03 在打开的页面中输入充值金额和支付宝支付密码，然后单击 确认充值 按钮。

04 确认充值后将显示如图所示的页面，表示充值成功。

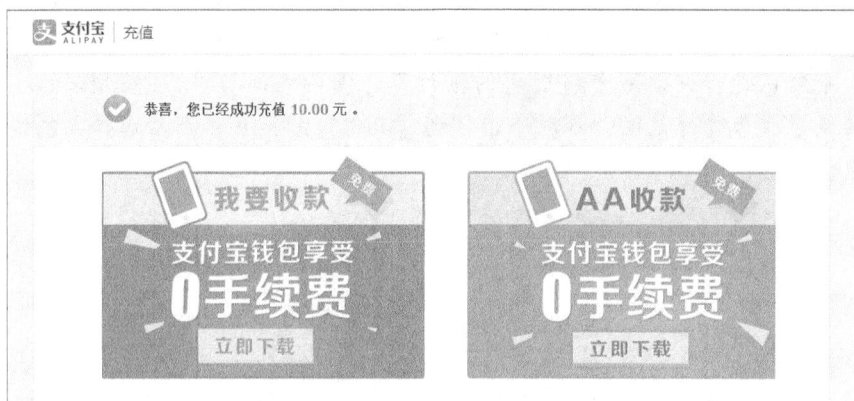

05 返回淘宝宝贝页面，在淘宝网站上选择好商品后，单击 立即购买 按钮。

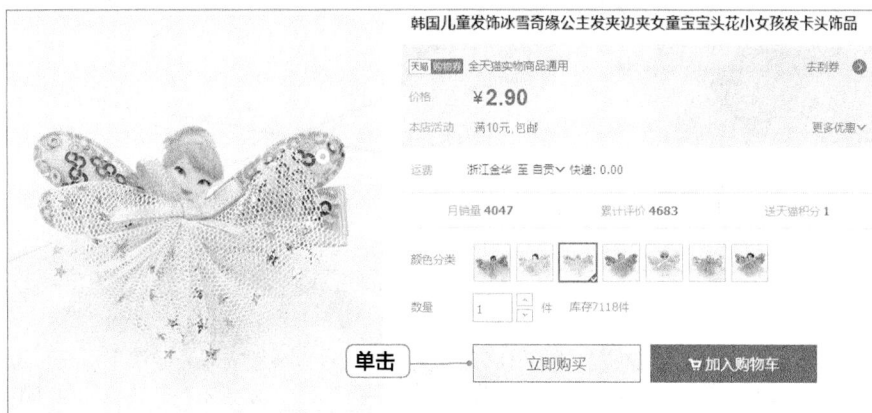

06 在打开的"淘宝支付方式"页面中核对订单信息，确认无误后单击 提交订单 按钮。

韩国儿童发饰冰雪奇缘公主发夹... 颜色分类：蓝天使翅膀鸭夹　　2.90　　　　　　1　＋　　　　　　无优惠　　　　　　2.90

给卖家留言：（请填写本文案的说明(建议填写已和卖家协商一致的内容)）　运送方式：普通配送 快递 免邮　　　　　　0.00

运费险：□ 运费险 ￥0.20购买　　　　　🔲 🔲　　0.20

店铺合计(含运费)：￥2.90

□ 找人代付　☑ 匿名购买

□ 使用天猫点券　结算时扣除

实付款：￥ **2.90**

寄送至：四川 ╳╳╳╳╳╳╳╳╳╳　【单击】

收货人：╳╳╳

提交订单

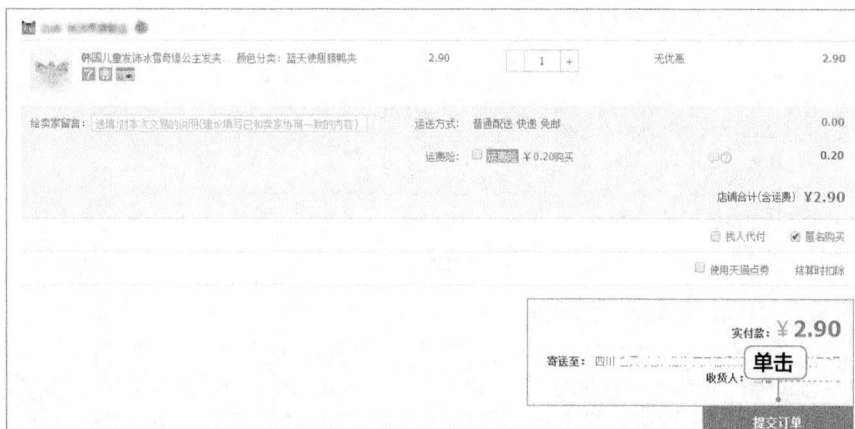

07 此时，将自动跳转到"支付宝—网上支付"页面，单击选中"账户余额"单选项，然后在"支付宝支付密码"文本框中输入支付密码，最后单击 确认付款 按钮，付款完成后将会自动显示付款成功的页面。

⊙ ⊗ 账户余额 10元　【① 选中】　　　　　　支付 1.10 元

○ 🏦 交通银行　　　储蓄卡 | 网银

添加快捷/网银付款

⊘ 安全设置检测成功！无需短信校验。

支付宝支付密码：
●●●●●●　【② 输入】　忘记密码？

确认付款　【③ 单击】

3.3.2　通过网银支付订单

在淘宝网上，通过网银支付订单的操作相对要复杂一些。尤其是第一次使用网银支付时，还需要绑定支付的网银账号，其具体操作步骤如下。

01 根据前一小节的购物步骤，按照相同的方法提交订单后，在"支付宝—网上支付"页面中单击 添加快捷/网银付款 按钮。

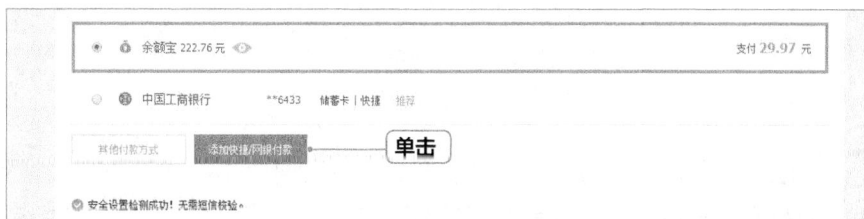

⊙ 余额宝 222.76 元 👁　　　　　　　　支付 29.97 元

○ 🏦 中国工商银行　　**6433　储蓄卡 | 快捷　推荐

其他付款方式　添加快捷/网银付款　←　【单击】

⊘ 安全设置检测成功！无需短信校验^

02 在打开的提示对话框中输入已开通的网上银行的银行卡卡号，然后单击 下一步 按钮。

03 在打开的提示对话框中单击选中"网上银行（需开通网银）"单选项，然后单击 下一步 按钮。

04 在打开的提示对话框中单击 登录到网上银行付款 按钮。

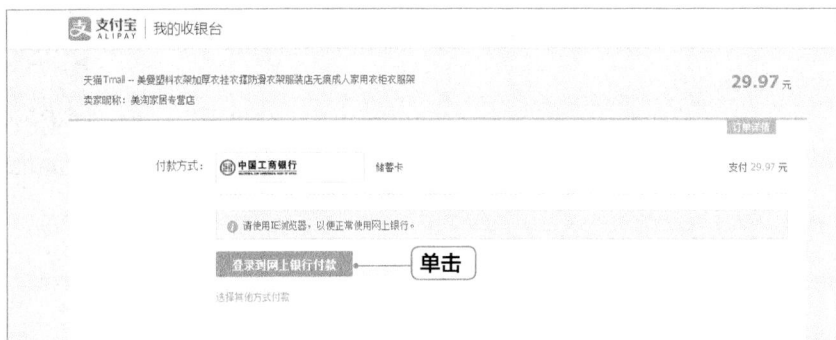

05 此时，IE浏览器中将自动显示工商银行的网银支付页面，在其中输入开户时预留的手机号码和卡号后6位，然后单击 下一步 按钮。

06 在打开的页面中再次核对订单信息和支付信息，确认无误后在"短信验证码"文本框中输入手机上接收的短信验证码；在"验证码"文本框中输入右侧显示的验证码，然后单击 提交 按钮，即可成功支付订单。

提个醒

　　在通过网银支付订单时，一定要注意支付环境的安全性。首先，用来申请网上银行的计算机所安装的浏览器必须达到 128 位加密的要求，如果没达到要求，请及时升级浏览器。其次，首次进行网银支付时，会自动跳转至相关银行的网银支付页面，在该页面中，系统会提示用户安装证书，此时，用户一定要按照提示正确地安装证书，否则在支付时很可能会出现支付失败的现象。

3.3.3 快捷支付

　　快捷支付是一种安全、轻松的付款方式，不需网银，用户只需关联相应的银行卡，在付款时输入支付宝支付密码即可轻松完成付款。快捷支付是使用频率最高的一种支付方式，但买家需要开通该功能才能使用。下面介绍快捷支付的开通方法，然后再介绍使用快捷支付方式支付订单的方法，其具体操作步骤如下。

扫一扫

快捷支付

01 在"我的淘宝"页面中单击"我的支付宝"超链接，进入"我的支付宝"页面，在右侧"其他账户"栏中单击银行卡对应的"管理"超链接。

02 在打开的页面中单击"添加银行卡"按钮➕。

03 打开"添加银行卡"页面，分别输入想要绑定的银行卡卡号和在开卡时预留的手机号码，然后单击 同意协议并确定 按钮。

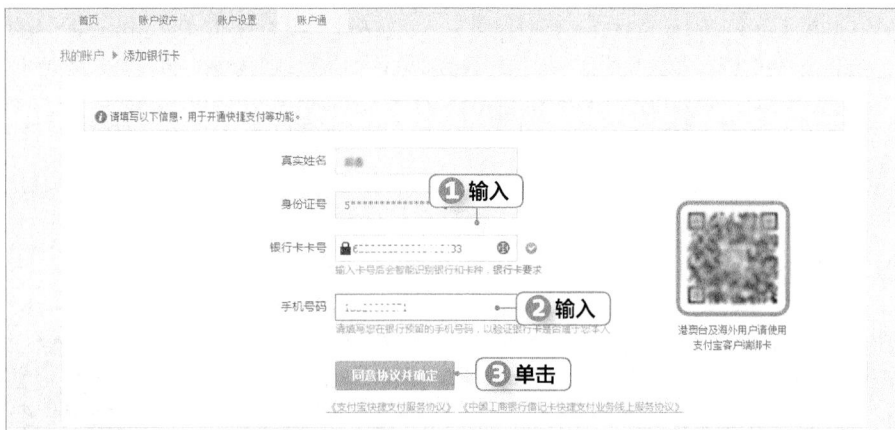

04 在打开的提示对话框中输入手机上收到的校验码，然后单击 确认 按钮。

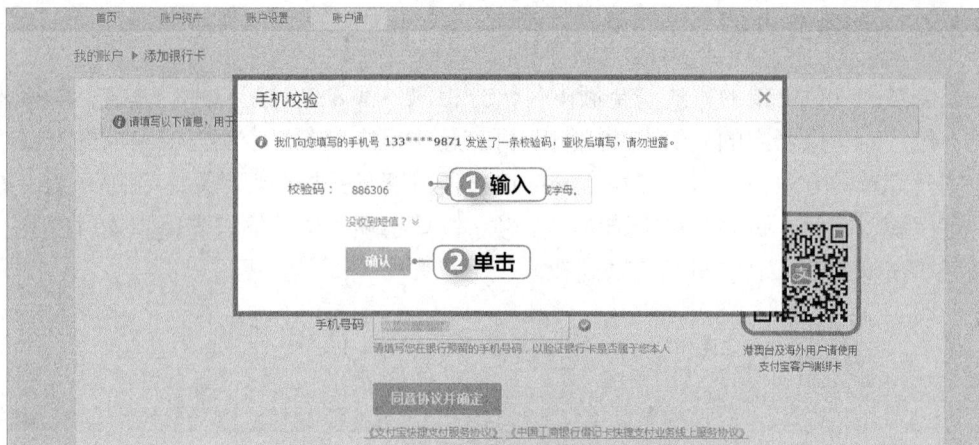

05 确认后将会显示下图所示的成功开通快捷支付方式的页面。

06 单击页面左上角的"返回淘宝网"超链接，然后在淘宝网中选好商品后提交订单。此时，在支付页面中将显示快捷支付方式，用户只需输入支付宝密码后单击 确认付款 按钮。确认付款后会显示付款成功的信息。

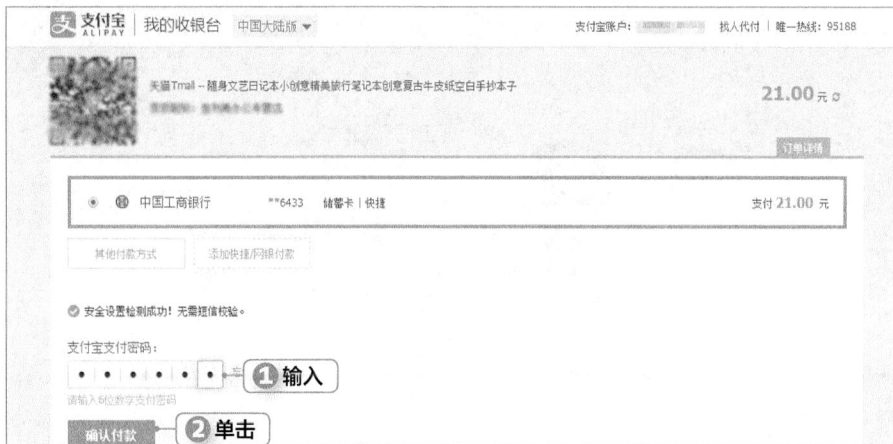

3.3.4　余额宝支付

余额宝支付订单的方式与余额支付十分相似，都要先对账户进行充值，然后才能支付。对于余额宝的充值方法这里不再赘述，用户可参考余额充值来操作。余额宝支付订单的方法很简单，在淘宝网中选好所购商品并提交订单后，在打开的"支付宝—网上支付"页面中单击选中"余额宝"单选项，然后输入支付宝支付密码，最后单击 确认付款 按钮，即可完成付款。

3.3.5　花呗分期购

花呗是由蚂蚁金服提供给消费者的"这月买、下月还"的网购服务。花呗分期则是由蚂蚁花呗联合天猫、淘宝卖家共同推出的赊购服务，其服务宗旨是本月付，确认收货后的次月9日或10日再还款。蚂蚁花呗根据买家的网购综合情况，提供用来网购的额度。买家可以选购支持花呗分期的商品，选择分期期数，在您确认收货后的账单日形成当期账单，在还款日前进行还款即可。

使用花呗分期有一定的前提条件，主要包括以下3点。

①卖家支持分期。

②买家拥有分期资质。

③商品支持分期且单件最终售卖价不小于600元。

花呗分期的操作方法很简单，买家只需选择分期的时间，单击 分期购买 按钮，在打开的页面中核对好订单信息后，单击 提交分期订单 按钮即可。

> **提个醒**
>
> 分期购是需要一定条件的，不是所有的用户都能体验分期购服务。如果用户无法进行分期购操作，那可能是因为没有分期购的资格。此时，用户可以先登录淘宝账户，在宝贝详细页面中查看自己是否有分期购的资格。

3.4 疑难破解

1. 客服人员需要熟知的买家操作有哪些?

作为网店客服，除了要掌握网店后台的操作外，还要熟悉买家操作，要能够指导买家顺利完成购物。一般来说，买家购物操作包括拍下宝贝、付款、确认收货、申请退款、申请售后和买家评价等内容。

● 拍下宝贝：买家确认要购买宝贝后，在宝贝详情页中选择商品规则，如尺码、颜色等信息后，然后单击 立即购买 按钮进入订单确认页面，或单击 加入购物车 按钮从购物车页面进行订单确认。

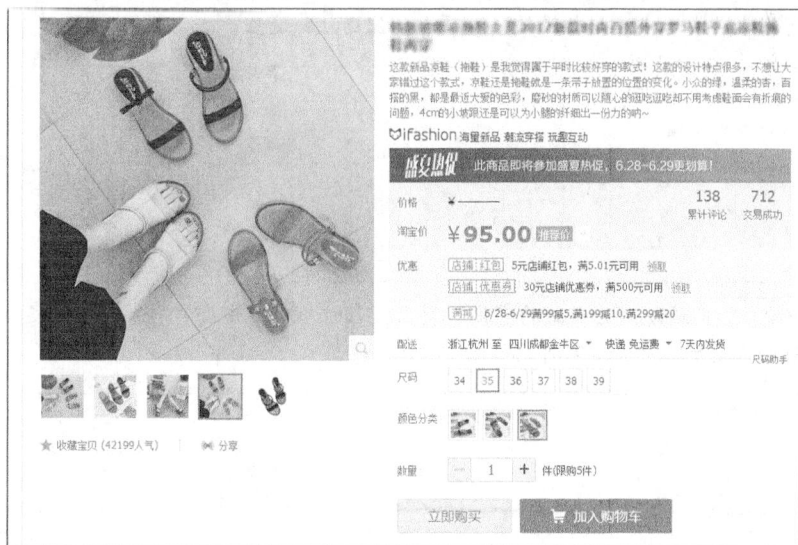

● 付款：进入订单页面，设置收货地址并确认订单信息无误后，单击 提交订单 按钮即可进行付款。需要注意的是，对于货到付款，需要卖家支持该功能才会在支付页面显示。

● 确认收货：待卖家发货后，交易状态将变为"卖家已发货"，待收到货确认无误后，买家需在"已买到的宝贝"页面中单击订单后的 确认收货 按钮，在打开的页面中输入支付宝账户的支付密码进行确认收货操作。

● 申请退款：进入"已买到的宝贝"页面，在订单中单击"退款/退货"超链接，在打开的页面中可根据需要选择"退货退款"选项或"仅退款"选项。

● 申请售后：进入"已买到的宝贝"页面，在订单中单击"售后申请"超链接，在打开的页面中选择需要的售后服务即可。

● 买家评价：交易成功后，若买家需要对商品进行评价，在"已买到的宝贝"页面中单击订单后的 评价 按钮即可进行评价。

2. 付款时发现自己的账户余额不足，无法充值怎么办？

如果买家自己的账户余额不足，可以找人代付。代付，是指找他人帮助支付订单，其操作方法很简单。

（1）打开"已买到的宝贝"网页，找到还未付款的宝贝，然后单击对应的"找人代付"超链接，提交代付申请。

（2）在打开的"支付宝丨代付"页面中输入好友的账户、对好友的留言、校验码，然后单击 请他付款 按钮。

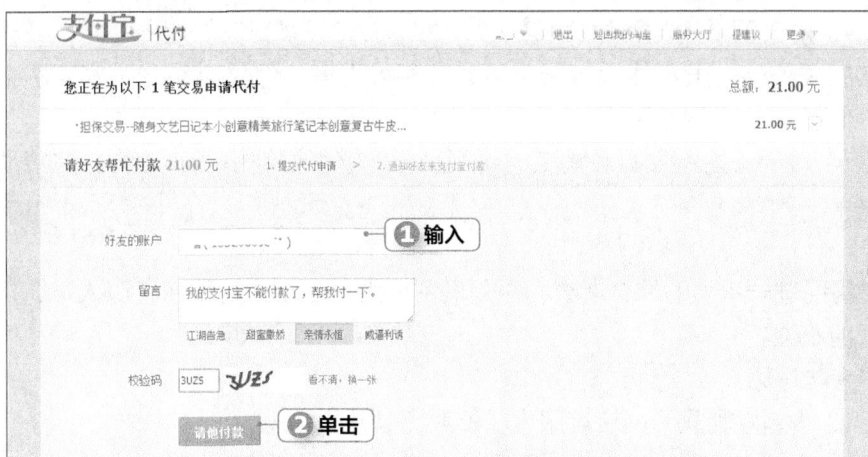

（3）系统弹出下图所示的提示页面，通知你的好友去帮你代付。如果好友阿里旺旺不在线，你也可以复制系统自动生成的链接分享给好友，请好友代付。

3.5 案例分析

小刘从进入公司后就兢兢业业地工作，努力熟悉公司的规章制度和业务流程，渐渐成为一名合格的客服。随着考查临近，小刘认真总结了自己在工作方面的一些劣势。

（1）网店后台的操作十分熟练，对买家的价格修改、地址修改、添加备注等要求都能顺利完成，且速度较快，让买家较为满意。

（2）掌握千牛工作台的使用方法，能够自主设置自动回复、快捷回复等短语，但短语内容太个性化，特别是个性签名几乎变成了他的心情专栏，一天一个样。

（3）能够快速回复买家的问题，并对产品进行详细解说。特别擅长从产品的细节打动买家，但当买家咨询同类商品时却言辞简略，敷衍买家。

（4）对公司最近的活动比较熟悉，能够在与买家交流的过程中融入各种优惠活动的相关信息。虽不能让每一位买家都买得更多，但也有部分买家表示十分受用，给他们带来了一些便利。

（5）对于一些不太熟悉淘宝的新买家，能够很好地引导其购物，并帮助他们成功下单。

……

最终经过一系列的综合考查，小刘顺利成为一名正式的网店客服人员，担任售前客服的职位。

思考与讨论：

（1）小刘顺利成为网店客服人员的原因是什么？

（2）小刘在哪些方面做得还不到位？具体改进措施是什么？

（3）与小刘相比，你有哪些优势和劣势？

第4章

正确接待客户，
客户也是朋友

本章导读

接待客户是客服人员最重要也是最主要的工作。在与客户沟通的过程中，客服人员需要对客户进店后的每一个环节进行把握，让客户在每一个环节都能享受到专业的、贴心的服务。这就要求客服人员掌握基本的用语标准，并熟悉交流沟通的方法。

本章将对接待客户的相关知识进行介绍，包括客服用语标准、接待客户的流程、接待客户的技巧和接待客户的禁忌等内容。

知识技能

※ 掌握客服用语规范
※ 熟悉接待客户的流程
※ 掌握接待客户的技巧
※ 掌握接待客户的禁忌

4.1 客服用语规范

客服与买家交流沟通的过程在很大程度上会决定买家是否购买一款商品，因此，客服人员要掌握基本的交流沟通用语规范。与实体店铺接待客户一样，网店客服人员也要遵循一定的用语规范，这样可以保证对客户的基本尊重，并向客户传达"客户至上"的服务态度。

客服人员熟悉客服常用的用语规范，并在日常交谈过程中严格按照规范去执行，将其转化为自己的一种习惯，才能更加熟练且自信地与买家交谈。客服用语规范一般有以下几点，客服人员需要熟记并严格遵守。

4.1.1 "请"字不离口，"谢"字随身走

客服人员首先要保证自己的服务态度诚恳，多用"请"来表示对客户的尊重与诚意。如"请问有什么能帮助您的吗？""请看这款宝贝，它与您的要求更加符合。""请不要担心，我们的产品都是7天无理由退换货的哦！"等。

其次，当买家提出有建设性的意见、表达自己会在店铺购买商品或交流结束时，客服人员应该随口说一声谢谢，表达对买家的感谢。这样不仅能体现客服人员的专业素质，还能让买家感受到被重视，给买家留下良好的印象。例如：

（1）谢谢您的光临！

（2）感谢您提出的意见，我们会认真思考并改进的，十分感谢！

（3）谢谢，慢走，欢迎您下次光临！

4.1.2 "我们"不离口，亲切一起走

客服人员与买家交流时可以多用"我们""咱们""您"等称呼用语，少用"我""你"等称呼，这样可以缩短与买家之间的距离，让买家既感觉亲切，又感觉受到了尊重。例如：

（1）您的眼光真好，这款宝贝是最畅销的呢！

（2）您太客气了，咱们都是老朋友了，这些都是小事儿。

（3）您还记得上次在咱们家买的衣服吗？实在不好意思，刚过了两天就打折了，您看给您退还差价可以吗？

4.1.3 多用亲切的礼貌用语，拉进与客户之间的关系

亲切的礼貌用语可以帮助客服人员快速拉近与客户之间的关系，让客户感受到服务的热情与真挚。如"欢迎光临""认识您很高兴""希望在这里能找到您满意

的产品"等。

如果客服人员在与买家沟通的过程中遇到一些矛盾，那么，客服人员要尽量将自己放在一个较低的位置，通过一些礼貌用语来表达自己的歉意，如"对不起""请原谅""很抱歉""麻烦""请多包涵""实在过意不去"等。

4.1.4 服务过程中尽量避免使用负面语言

负面语言是绝对不能出现在客服人员与买家交流的过程中的，这不仅会显得客服人员很没素质，还会引起买家的反感情绪，情况严重的，买家甚至会直接向淘宝投诉，因此客服人员要避免使用这类负面语言，如"笨死了""这你都不会""太简单了""蠢货"等。

4.1.5 婉转表达，留有余地

在与买家沟通的过程中，客服人员难免会遇到一些难以处理的问题需要请示上级或店长解决，此时，对买家不要一口拒绝，如"我不知道""我不会""我没有权限"等，而应尽量委婉地表达虽然自己没有解决的能力，但可以请示后再做回复。例如：

（1）这个问题我要请示一下，请稍等。

（2）我可以尝试向店长传达，您稍等。

高手支招

除以上内容外，在与客户交流的过程中，客服人员还可适当赞美客户，赞美语言可以满足客户的心理期待，让客户心情愉悦，这样对双方来说，交流沟通也会更加容易。

4.2 接待客户的流程

接待客户是一项非常重要的工作，为了做好接待，客服人员需要先熟悉接待的流程。

4.2.1 进门问好

进门问好是网店客服人员接待客户工作流程的第一个环节，这一环节看似简单却有着很深的学问。首先问好要得当，这样就会给客户留下良好的第一印象，从而决定本次交易是否可以顺利进行；其次，响应速度要快，客服人员响应时间的快慢将会直接决定客户的去留，一般首次响应在6秒之内最为恰当。

下图所示为两种不同的进门问好方式所带来的不同结果。

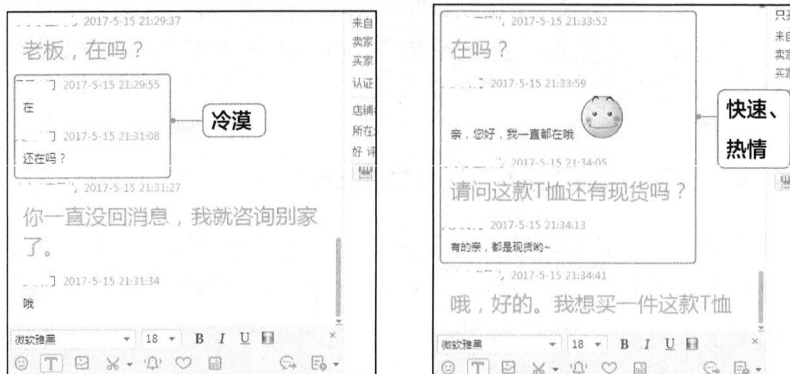

从以上两则对话中可以看出，第一则中的客服人员拖拉、冷漠，对买家的咨询不上心，导致买家投向了其他卖家的怀抱。第二则中的客服人员快速、热情，对买家的询问仔细回答，为后面的交谈奠定了基础。

在向客户问好时，除了上述案例用到的话术外，客服人员还可以回复一些个性化的内容，如"亲，提前祝您中秋节快乐""亲，请问有什么可以帮您的"；而对于老客户，则可以换种方式表述，如"宇宇妈，好长时间没见过您了，最近怎么样呢？"等。另外，客服人员还可以利用欢迎语、优惠活动、宝贝介绍等进行问好。例如，"您好，欢迎光临×××旗舰店，请问有什么可以帮到您的呢？""亲，现在店铺举行买一送一的优惠活动，喜欢的话抓紧拍下哦。"

客服人员也可根据客户的需求，针对宝贝做一些介绍，如宝贝的特征、功能、注意事项等，增强客户对产品的认知度，提高客户的购买欲望。

4.2.2　接待咨询

接待咨询的目的是让客服人员通过与买家的交流沟通，了解买家的真实需求，并为买家提供真实可靠的商品信息及服务承诺。在这个过程中，客服人员要分清楚轻重缓急，优先解决客户的疑问再进行相关信息的咨询，不要一开始就不顾客户的问题，以自我为中心，同时也不要一次问客户一系列问题，让客户反应不过来，这样会让效果适得其反。

其次，客服人员要注意聊天的时间，与客户的每一次谈话都是有目的性的工作行为，对于毫无购买兴趣的客户，客服人员可以在空闲时与其进行沟通，挖掘他们的潜在购买需求，但在繁忙时则不可花太多时间在他们身上，而应该去寻找更具有询单转化率的客户。

最后，客服人员还要适时确认客户是否清晰知道自己表述的意思，注意使用正确的讲话方式，帮助客户更加准确地找准自己的需求。

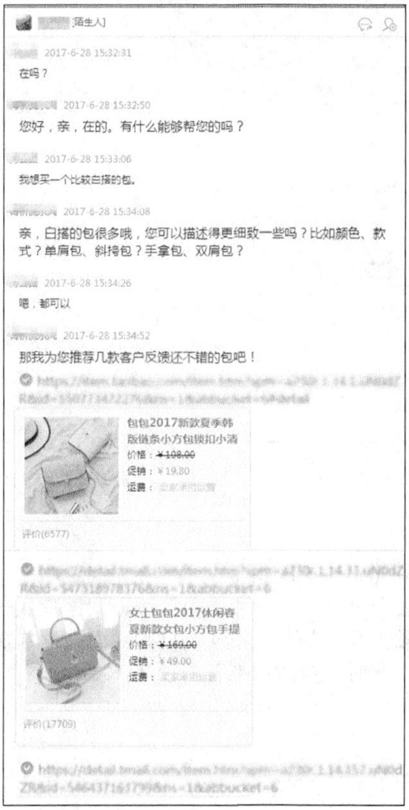

4.2.3 推荐产品

售前客服人员最重要的工作就是推荐产品。为什么要对产品进行推荐呢？因为通过产品推荐，可以帮助客户快速锁定所需产品，提高客服人员的服务效率，促成交易。

客服人员在向客户推荐产品时，首先应该瞄准客户的需求，可以看客户咨询的内容或者是看客户拍下的宝贝，然后立足于客户的兴趣点进行关联推荐，重视搭配推荐的理由，最后协助客户进行挑选促成交易，但要注意，最终选择权还是要留给客户。

1. 瞄准客户需求

客户需求是客服推荐产品的前提，客服人员一定要明确知道客户的需求，才能顺应需求推荐符合买家购买意愿的产品。客服人员需要通过与客户的聊天过程来挖掘客户的需求。根据下图所示的对话，客服人员可以初步判断出客户的需求：因天气冷了、空气干燥，客户皮肤出现问题，需要保湿的产品来进行皮肤护理。因此，客服人员可针对此需求推荐一些保湿效果好的产品。

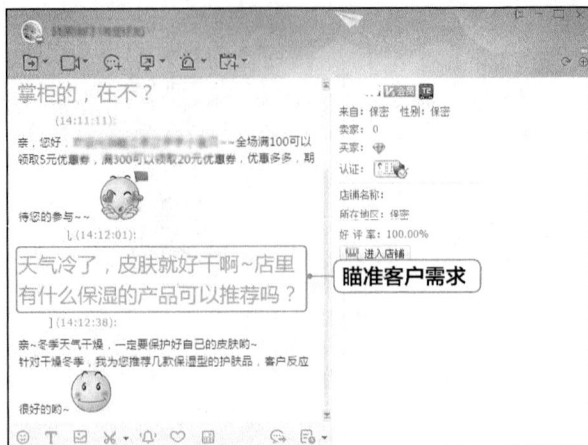

瞄准客户需求

客服人员可以在"接待中心"信息显示区的商品足迹里面查看客户曾在店铺里浏览过的产品，以此来了解客户的喜好。另外，在向客户推荐产品时，客服人员可以一次推荐几款商品，这样更有利于成交，因为对买家来说推荐一款产品，是买与不买的问题；而推荐几款产品，则是买哪个的问题。此外，客服人员在推荐产品时，要注意推荐的顺序。

2. 进行关联销售

了解客户需求后，客服人员要进一步对产品进行有效推荐，而且在成功推荐后还可以顺势进行其他相关产品的关联销售。当然，客服人员在推荐关联产品时，一定要搞清楚关联产品与所购产品之间的联系，如在实体店购买奶瓶时，导购人员都会相应地给客户介绍备用奶嘴和奶瓶刷等，这实质上就是一种关联销售，对于网店也同样适用。

需要注意的是，在对客户进行关联销售时，客服人员一定要把握好两个关键点。首先，关联产品的价值不能高于主力产品；其次，客户购买的关联产品在价格上要给予一定的优惠。下图所示为成功销售关联商品的案例。

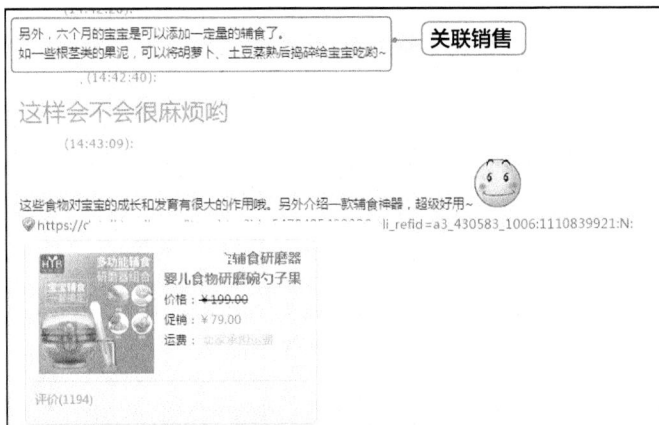

关联销售

3. 选择权留给客户

无论客服人员将产品说得多么经济实用，也必须要知道，最终的选择权是在客户手中。因此，客服人员每介绍完商品的某一种性能，都要及时与客户确认，确认客户明白自己讲解的意思，认同自己的解说，如果客户不认同，客服人员应当及时了解清楚客户的想法。

4.2.4 处理异议

客服人员在与客户沟通后，客户对产品产生一些异议是正常的，只要客服人员能够处理好异议并让客户满意，就能促成订单。因此，客服人员一定要学会处理异议。处理异议，就是针对客户的疑问和不满进行解答。

常见的异议体现在质量、包装、价格、色差、发货时间、礼品、尺寸、快递等方面。例如，客户对于店铺的优惠原则存在异议，客服人员一般可以介绍产品本身的优势打动客户，说明这已经是最大优惠。此外，还可以强调多买多优惠或者多买送小礼物。例如：

（1）帮您申请优惠（礼品）了，下次一定要介绍朋友过来光顾哦。

（2）您好，我最大的折扣权利就是×××元以上打××折扣，要不我给您打个××折扣吧，谢谢您的理解。

（3）价格真的没法再少了，我这边尽量申请一个神秘礼物吧！

客服在处理异议时要善于抓住本质和关键，具体可以根据以下3个方面进行分析。

● 站在买家的角度思考问题：当客户产生异议时，客服人员首先要明确异议的真正内容，然后站在客户的角度思考产生该异议的直接原因，并找出分歧点，最后利用数据和事实消除客户的疑虑、误解，与客户达成共识。

● 阐述产品的优势：对于客户来说，他们最关心的是产品质量、产品价格、生产技术水平、售后服务等。客服人员可以从这几个方面去阐述产品的优势。要把产品优势说清楚，首先客服人员要对产品本身有深入的了解，能说清楚产品的特征、原材料选料、制作工艺、包装，还有价格、服务等，同时还要对同行相关产品有透彻的了解，通过对比分析的方式向用户进行介绍，客户自然很容易就明白你的产品优势。

● 喊出买家的利益：当买家对产品的质量有异议时，客服人员除了向其说明产品的质保信息外，还可以突出买家所能享受的好处。如当客户问"质量有保证吗？"时，客服的回复可以是"这件T恤是纯棉的，吸汗透气，您穿着去打网球会非常舒适，对皮肤也是很好的"。

4.2.5 促成交易

成功解决客户的异议后，客服人员可以使用一些技巧来加快订单的促成。下表所示为常见的促成订单的技巧。

促成订单技巧表

技巧	例子
有条理地回答客户的问题	①先说有利于促成订单的内容 ②将FAB原则应用于聊天
多说强项，少说弱势	①低价产品突出价格优势 ②高价产品突出高性价比 ③强调自身产品的特点
增加下单紧迫感	①活动现在要结束了 ②马上要发货了
暗示引导客户	①现在订购可以优惠 ②早下单可以享受优惠
引导收藏加入购物车	①亲，收藏店铺可以领取优惠券 ②您好，先加入购物车，双十二自动改价优惠哦

> **提个醒**
>
> FAB原则，即属性、作用、益处法则，客服人员按照这样的顺序来介绍产品，达到的效果就是可以让客户相信你的产品非常好。例如，按FAB原则介绍一件T恤，可以这样说"该T恤是纯棉质地（属性），具有吸水性强、无静电产生的优点（作用），而且它很柔软，易处理，易干，不会刺激皮肤，耐用（好处）。关于FAB原则的内容将在第5章的5.2.3小节进行详细介绍。

4.2.6　订单确认

为了避免出现不必要的售后问题，售前客服人员需要对每一笔付款订单进行再次确认。订单确认可以分两步来执行。

1. 核对产品信息

个别客户在购买产品时，只看了产品图片的大致信息和价格，却忽略了其他因素，等到收货后才发现，并非是自己所要购买的产品。针对这一情况，在线客服人员一定要对客户订单内所购买的产品再次进行确认，同时对于附带的赠品、承诺的事项等进行确认。这样既可避免因客户疏忽、购买出现差错而造成退换货情况的发生，同时也可提醒在线客服人员检查对客户承诺的内容是否有备注，避免造成"违背承诺"的情况而招致投诉。客服人员可以按如下方式来和客户核对产品信息。

（1）您好，亲，这款宝贝的赠品的颜色是随机发送的哦！您有什么特别喜欢的颜色吗？

（2）亲，您好。您这款宝贝修改后的价格是××块，您确认无误后就可以直接付款哟！

（3）亲亲，您备注的这个款式的赠品颜色暂时缺货哦，麻烦您重新选一个，我这边好修改备注噢！

2. 核对收货地址

促成订单后，售前客服人员会对客户的地址信息进行核对，确保客户所选择的物流或店铺推荐的物流可以到达客户所指定的收货地址。如果在核对地址的过程中，客户提出对收货地址进行变更，客服除了接受地址变更要求并及时进行信息的修改外，还应仔细核对更换后的收货人姓名和电话号码，避免因出现差错而延误投递。例如：

亲爱的××，您的订单已经收到，您的收货地址为：

收货人：××

收货地址：××××××××××××××××

手机：××××××××××

请您核对一下收件信息是否有误，小店产品均是现做现发，大王敬请期待美味。

4.2.7 礼貌告别

当客户购买完商品后，客服人员要主动与客户告别，这不仅仅是一种礼貌，更是在为下一次的交易赢得更好的机会。下面为一些实用的礼貌告别用语。

（1）感谢您的惠顾，您的满意就是我们最终的目标，祝您购物愉快，欢迎下次光临哦！

（2）亲爱的，天气冷了，注意保暖哦，祝您购物愉快😊！

（3）亲爱的，天气热了，注意避暑降温哦，祝您购物愉快😊！

（4）感谢您的惠顾，若有问题可随时咨询，欢迎下次光临哦！

（5）那您先忙，有需要随时找我哦！祝您购物愉快😊！

4.2.8 下单发货

买家提交订单并付款后，客服人员应该按照规定准时发货。一般来说，除了预售商品、特殊说明需要延后发货的商品外，只要客户在当天18:00前成功下单，客服人员都应该在当天发货，并通过千牛或短信通知买家，使客户知晓商品已经正常发货，能够在最短的时间内到达买家的手中。其次，客服人员还要实时跟踪物流信息，当快递到达买家所在的城市时，也应通知买家，方便买家做好收货准备。

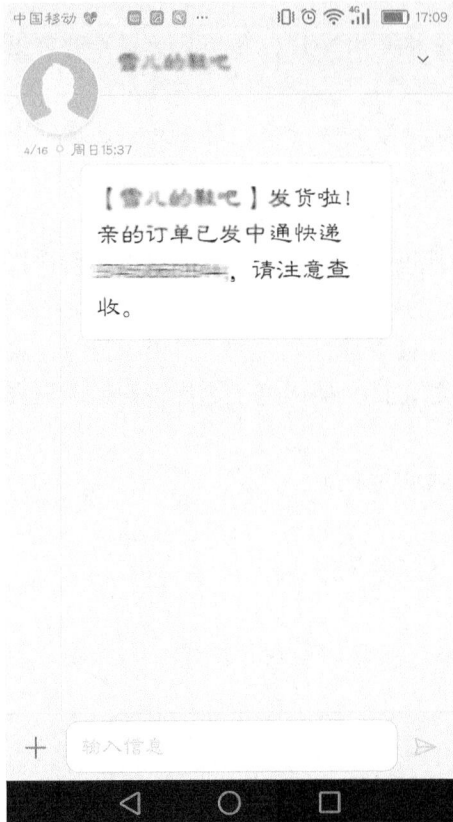

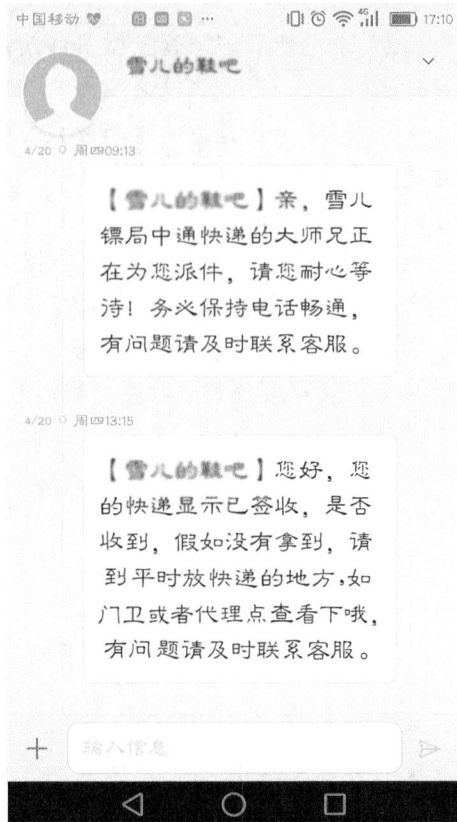

4.3 接待客户的技巧

　　作为网店客服人员，一定要掌握一些接待客户的技巧，这样才能在接待过程中顺利与客户交谈，掌握谈话的节奏，顺利引导买家购物。

4.3.1 待人真诚

　　客服人员每天面对的是形形色色的客户，这些客户有的理智，有的蛮横，有的犹豫不决，不管遇到怎样的客户，客服人员都要始终保持真诚的服务态度，竭尽全力获得买家的肯定和满意。因为，无论商品的外观、价格多么有吸引力，无论商品的详情页做得多么细致，许多客户在网上购买商品时，还是会通过聊天工具与客服人员直接进行沟通，向客服人员咨询自己对产品的疑问和困惑。

　　客服人员在面对客户的疑问或不解时，首先要摒弃自私、自我、自大的心态，然后主动关心客户的难处和需求，积极去解决他们的痛苦和难题，像朋友一样去关心和呵护客户，让客户能跨越距离感感受到客服人员的那份温暖和关怀。

【案例】小林从事网店客服工作半年了，随着业务能力的提高，小林的订单量一路攀升，今天她又搞定了一个挑剔的客户。早上10点左右，小林收到了一个客户的询问消息，客户说："你们不是旗舰店吗？为什么你家的相机比C店的还贵？"小林即刻回复："您好！首先非常感谢您关注我们的产品！我们的产品是厂商直销的，对于品质您不必有后顾之忧。并且，我们会提供发票、全国联保，可以为您今后的维修减少很多不必要的麻烦。"客户："C店也提供发票，也全国联保。"小林："亲，这么说吧，我们并不排除C店可能存在真的有品质好而且价格还更优惠的商品，我们是厂商，所以更加注重我们产品的口碑。"客户："但是，你们的产品贵了近200元呢！"小林："表面上我们的产品价格是高了一些，但实质上减去我们返给您的积分，再加上我们的赠品，您得到的优惠是比其他店铺还多的哟，而且积分可以在下次购物时当现金用哟！"听了小林的解答，很快客户就下单并完成了付款。

这位客户找小林了解相机价格比其他家贵的原因，显然是已经看重了这款相机，此时小林通过真诚的服务和专业的解说，成功打消了客户的疑虑，让他成功下单。

4.3.2　主动沟通

客户在购物过程中遇到的任何问题，客服人员都有责任主动帮其解决。客服人员要对客户的购物流程进行跟踪，当客户有任何疑问时，及时、主动与客户进行沟通，增强与客户之间信息的互动。

1. 主动支援

若客户在选购商品时出现疑惑，如不清楚产品材质，此时客服要主动支援，解答客户的疑问，促使交易继续进行。

【案例】小圆在一家服装店做客服工作已经一年了，由于工作极富热情、主动专业，很快成为同一批同事里最先晋升为客服组长的人。在指导一名新入职的客服人员时，小圆说道："接待客户一定不能拖拖拉拉，要主动、热情，不能出现长时间不回应问题的情况，也不能自顾自地长篇大论。"这位客服人员谨记在心，很快他便遇到了一个客户的咨询，小圆亲自示范以便他学习。这位客户提了一个问题："我观察了一下，你们家的衣服有亚麻和棉麻，它们一样吗？"小圆回道："亲，亚麻是植物的皮层纤维，棉麻是棉麻混纺，它们是不一样的哦！"客户又问道："那么它们有什么区别呢？"小圆回道："从功能上来说，亚麻材质比较接近人的皮肤，能够减少人体出汗，具有比其他衣料更强的透气性、吸湿性、清爽性和排湿性。棉麻则既有棉的优点，又有麻的优点，有环保、透气、舒适、垂感好，穿着舒服等优势。"接着小圆又说道："其次，亚麻和棉麻的线与线之间的间隔不同，棉麻的间隔很细，比较密集；亚麻间隔比较大。"客户继续问："那我怎么分辨你们家的是亚麻还是棉麻呢？"小圆说道："纯亚麻的观感粗糙度比棉麻强，线要比棉麻粗一些，因为生产工艺不同，纯亚麻会存在一定的杂质，有些线的颜色会有一些偏差。"客户问道："那岂不是棉麻要好一些？"小圆回道："亚麻透气、手感粗糙一点，但穿感舒适；棉麻贴身、吸湿透气，但易缩、易皱，穿前需要熨烫。它们各有优缺点，您根据自己的需求来选择就行！"客户回道："噢噢，好的，谢谢。那我选棉麻的吧！"小圆回道："好的哦，亲，感谢您对我们的信任！"

2. 主动反馈

客服要在第一时间向客户反馈信息，如客户咨询的一些问题，客服无法立刻回答时，要在弄清楚答案后第一时间为客户解答。例如：

> 客服：亲，您好，还在吗？抱歉让您久等了！您之前问的打折问题，我们经理已经同意了哟！
>
> 买家：哈哈，谢谢哦！
>
> 客服：不过您说的6折确实有点低，我们经理再三考虑后取了个折中，7.5折您看怎么样，这已经是我们的最低价了，亏本冲销量了呢！
>
> 买家：嗯，也可以。
>
> 客服：谢谢亲的体谅哦！您下单后先不要付款，等我这里给您改价后再支付哦！
>
> 买家：好的，那我先下单啦！
>
> 客服：好的哦，亲，喜欢的话可以介绍朋友过来哦，有惊喜小礼品可以赠送的哦！
>
> 买家：嘻嘻，好呀！

4.3.3　及时回复

一名合格的客服人员必须能及时回复客户的各种信息，在服务效率上使客户满意。一般客服人员的响应时间分为首次响应时间和平均响应时间，首次响应时间在6秒以内比较合理，而回复客户咨询的平均响应时间在20~30秒较为理想。

怎样才能让客服人员在规定的时间内做出回复呢？客服人员可以通过以下几种方式来提升回复响应速度。

● 熟悉键盘快捷键，并能灵活应用于聊天。如按"Ctrl+Shift"组合键切换输入法，按"Windows+D"组合键显示桌面，按"Shift+空格"组合键切换半/全角以及按"Ctrl+F"组合键查找等。

● 经常练习打字，闲暇时间多聊天。可以使用一些固定的打字测试软件进行打字练习。

● 遵守等待越久越要先回的原则。不要让客户一直处于等待状态，对于等待越久的客户，越要优先处理。

● 快捷语编码要简单，快速应用提高响应。对于客户经常会问的问题，如"产品是否有货？""质量怎么样？""尺码标准吗？""是正品吗？"等，可以将其对应的回答设置为快捷编码，以此提高响应速度。

4.3.4　巧用旺旺表情

在线沟通最大的局限就是不能用面部表情、手势等微观语言来表达我们的意思，客服人员想要表达对客户购买商品的感激之意，单单靠文字很难让客户感受到，此时，客服人员就可利用旺旺的表情来弥补这一缺陷。礼貌、热情、适宜的话术配上各种旺旺的可爱表情，一定会给客户的购物之旅带来不一样的体验。下表所示为常用的旺旺表情。

常用的旺旺表情

微笑	偷笑	爱慕	爱心	拜拜
加油	忧伤	安慰	亲亲	玫瑰
害羞	天使	鼓掌	花痴	对不起

4.3.5　不直接否定客户

接待客户的过程中，客户可能提出一些客服人员无法满足的要求，此时客服人员不能直接否定客户。但同时也要注意，不否定并不意味着同意客户的观点，客服人员应该在坚持自身原则、不损坏店铺利益的前提下进行回复。

不直接否定客户的方法主要有两种，一是以肯定的方式表达否定的意思，二是有条件地妥协。下面分别进行介绍。

1. 以肯定的方式表达否定的意思

当不能满足客户提出的要求时，客服人员不要简单地以"不能""不可以"等方式直接拒绝客户，可以换一种表达方式，让客户感觉到客服人员的真诚。以下为几则示例。

（1）买家：这个裙子可以优惠点吗？

客服：不能！——错误回答

客服：亲，现在满168减20元的哦！——正确回答

（2）买家：这套餐具太贵了，我再考虑一下。

客服：亲，不贵的哦，才200多。——错误回答

客服：是的哦，不过重要的是质量和效果，一分钱一分货哦。——正确回答

2. 有条件地妥协

在自身利益不受损的情况下，客服人员可适当对客户提出的条件做出妥协，当然，也不要无条件妥协，可加一些容易实现的附加条件，示例如下。

（1）买家：这个怎么不包邮啊！

客服：亲不包邮的哦！——错误回答

客服：如果亲拍两件的话可以给亲包邮的哦！——正确回答

（2）买家：这个衣服可以再优惠点吗？

客服：不可以哦！——错误回答

客服：亲，收藏店铺可以领取5元优惠券哦！——正确回答

4.3.6 尊重客户

尊重客户是接待客户时最基本的价值表现，只有充分尊重客户的自由选择权和人格尊严，才能让客户愿意购买我们的商品，进而赢得利润。尊重客户需要从以下4个方面来进行自我约束。

● 不与客户抵触：当买家提出与客服人员不同的观点或看法时，客服人员不应毫不留情地说客户的观点和看法不对，而可以大胆而肯定地承认他们的观点，先稳住客户，这样才能吸引他们聆听我们的观点和看法。如"您这样想，也不奇怪！"

● 包容他人的观点：表明自己同意或支持客户的观点或看法，这样客户就会觉得他们的观点值得细说，觉得有认同感和尊重感。如"您说的也有道理。"

● 不急于插话和抢话：客户发表自己的观点或看法时，不管是否同意，客服人员都不要急于插话和抢话，而应该等客户发表完后才发言。在客户发言的过程中，客服人员应该仔细倾听，同时组织好自己要发言的内容或是关键词语，在适当的时机发表自己的观点。

● 不戳穿客户的谎言：买家有时为了达到某种效果，会夸张表达或直接说假话，此时不管是善意还是恶意的语言，客服人员都不要去戳穿它，做到自己心中有数即可，否则容易伤害买家的自尊心。

4.4 接待客户的禁忌

除了掌握接待客户的技巧外，客服人员还必须熟悉接待客户有哪些禁忌，以免在交谈过程中触犯，造成客户的流失。

4.4.1 使用违禁用语

根据淘宝网虚假宣传管控公告和《中华人民共和国广告法》的规定，店铺不能在页面中使用以下宣传违禁用语。同时，客服人员也不能在与买家交谈的过程中使用这些词语，若遭遇买家投诉，会对卖家非常不利。

1. 极限用语

极限用语包括与"最"有关、与"一"有关、与"级/极"有关、与"首/家/国"有关、与品牌有关、与虚假有关、与欺诈有关、与时间有关等词语，如国家级、世界级、最高级、最佳、最低价、最正宗、最新鲜、最便宜、最牢固、第一、首个、顶级、最新、第一品牌、全网销量第一、全球首发、全网首发、世界领先、销量冠军、领袖品牌、独一无二、史无前例、万能等，如下为一则错误示例。

买家：这个冷吃兔正宗吗？

客服：亲，您放心，我们店铺是全国最正宗的！不好吃不要钱！

2. 绝对用语

绝对用语包含但不仅限于以下词语：比任何一家都好、不××不要钱、100%不反弹、不会产生任何副作用、永久、不××全额退款、零副作用、超越一切、一秒变××、彻底消除，永不复发、×次见效、×天见效、永不反弹、绝不反弹、根除、绝不过敏、神效、无任何副作用、绝无副作用××专供、××特供、××专用等。

3. 其他类

其他类包含但不仅限于以下词语：假一赔×××，如假一赔百、假一赔厂等；假一罚×××，如假一罚万、假一罚命等；假一关×××，如假一关店、假一关厂等。

4.4.2 漏回客户

接待客户时，客服人员要认真对待客户的每一个问题，不要等客户问了好几个问题后，才回答之前的一个问题。如果遇到客户咨询的问题较多，但实在比较忙不方便立即回复时，一定要与客户言明，并表达歉意。长久搁置客户问题、回复时间长都会让客户有不被重视的感觉，最终导致客户流失。以下为一则错误的示例。

从上面的对话中可以看出，买家对产品的尺码有很大的疑问，担心尺码太大不适合自己，并主动提供了自己的身高、体重，询问客服人员尺码是否合适。而客服人员在买家连问了好几个问题后才慢吞吞地回复买家关于衣服尺码是否偏大的问题，漏回了买家的其他问题。这种服务态度十分不可取，客服人员不仅回复速度慢，还忽视了买家的核心问题，没有将买家的需求放在心上，给买家一种不受尊重的感觉。其实，买家会问这样的问题，一般是对产品已经满意，但还有一些其他的小疑虑，只要客服人员耐心仔细地解决问题，买家基本上都会直接下单，而这位客服人员的服务显然会导致买家的流失。

4.4.3　答非所问

与客户交谈时，对客户所咨询的问题，要认真回答，不要敷衍。切忌出现答非所问的情况，这不仅会让买家觉得客服人员不专业，还会让买家觉得自己不受尊重，没有共同话题。以下为一则错误的示例。

从上面的对话中可以看出，客服人员对客户的问题回答得牛头不对马嘴，客户问是否为工厂直营，客服人员却以问候语回答；买家说想要进货，客服人员却说要转交给售后；客户询问电话、地址，客服却回答产品质量。这些回答与客户所要咨询的内容完全不相关，客户人员将客户的需求置之不顾，不仅显得自己不专业，还会在客户心中留下不好的印象，甚至可能会导致客户直接将店铺也列入黑名单，让店铺名誉受损，得不偿失。

4.4.4 过度承诺

在电子商务市场快速发展的背景下，淘宝网店越来越多，市场竞争也越来越激烈，为了在激烈的市场竞争中占据一席之地，提高自己产品的销售量，部分不良商家对客户夸大产品，或承诺给予客户某些特殊服务，如远远高于国家"三包"规定标准的服务。

【案例】淘宝网上某家售卖热水器的店铺为了吸引买家购买商品，将国家规定的整机"三包"期限1年定为5年，热水器内胆保修定为10年。由于这个规定超出其他卖家的售后时间规定而吸引了大量客户，并且经由客服人员向买家说明，这些售后服务都可以在商品资料的"包修金卡"中进行查看，客户需要维修时，按照"包修金卡"上的提示填写信息并联系客服人员处理即可。然而，当买家联系客服人员需要维修时，客服人员却要收取工时费和材料费。买家以"包修金卡"为证，拒绝交纳费用，并要求客服人员立即处理，否则便直接向工商部门投诉。但客服人员一再拖延，原来该店铺的合作商早已退出市场，原来的维修服务现在已无法实现。

该案例中的过度承诺是商家过度包装后的结果。承诺得太过夸张就会变成"虚假广告"，相当于在欺骗消费者，有时这种过度承诺甚至对消费者造成身体或者心理上的伤害。从法律的角度来讲，既然商家通过这种过度承诺的宣传语在竞争中获取了巨大的优势，就应该实现这种行为所允诺的服务，否则就要承担可能带来的赔偿和诉讼问题。

在广告宣传上不仅要"一诺千金"，在服务上也应该秉持一样的道理。客服人员在提供服务时，也千万不要对客户做出过高的承诺，给消费者巨大的期盼。一般来说，客服人员过度承诺主要包括以下2个方面。

1. 做出带时间性的保证

客服人员在回答客户与时间相关的问题时，不要将话说得太满。客服人员给了客户巨大的期待，但事后又不一定能够办到，这样不仅会打击消费者的情绪，还会给消费者留下十分不好的印象，甚至会让消费者直接将店铺划入黑名单。正确的表达方式如下。

（1）亲，您放心，两天就能到的！

（2）发票今天就可以开出来，并通过快递邮寄给您！

（3）今天就把报价发给您！

像以上几种带有明显的时间性的承诺，客服人员一定要在100%明确能够达到的情况下再做出，这样才能给客户留下高效率、好服务的印象。否则，承诺了却办不到，会使客服人员处于被动的位置，并引发客户的不满。正确的表述方式如下。

（1）亲，您放心，3~5天内应该可以到的！

（2）发票我们会尽快开出来，并通过快递邮寄给您！

（3）请您稍等，我核查完后立即把报价发给您。

总之，客服人员不确定承诺的内容明确能达到时需要谨慎用语。

从上面的对话中可以看出，客服人员在销售产品时曾承诺买家产品在某个时间内一定能够送到，但由于物流配送的原因，产品到达买家所在地后耽搁了一天，物流人员并未进行配送，这超出了客服之前所承诺的时间范围，引起了买家的不满。对于这种时间性的保证，客服人员一定要注意谨慎用词，可用"应该""可以""大概"等词对时间范围做出承诺。

2. 做出不在自己掌控范围内的承诺

客服人员接待的客户是否在店铺下单，关系着客服人员的业绩。有部分客服人员为了吸引客户下单，会做出一些承诺来吸引买家，但这种承诺可能不是客服人员自己所能掌控的。这种情况其实是在透支店铺的成本，一旦客户因得不到客服人员所承诺的服务而投诉，不仅店铺利益会受损，同时客服人员在老板那里也会留下不好的印象，长此以往店铺将得不偿失。

买家购买产品前，客服人员与买家沟通的聊天记录

从上面的对话中可以看出，客服人员在之前客户询问时曾承诺产品买一送一，在这种优惠下买家毫不犹豫地下单了。但收到货后，买家发现产品只有一个，店铺

并未赠送另一个。此时，买家找到客服人员，并提供了之前的聊天记录，客服人员却以该商品暂不能参加活动为由进行推诿，对客服人员来说，这不仅是承诺未曾履行，还是一种欺骗行为。此时，较妥当的处理办法是补发另一件产品或给予买家与另一件产品等同价值的金钱。若客服人员一直推卸责任，不采取任何措施，买家可能会直接找淘宝平台客服淘小二介入，这种情况对店铺是十分不利的。因为买家手中的聊天记录和收到货后的凭证，可以直接证明店铺并未做到所给出的承诺，店铺除了要赔偿买家相应的损失外，还会面临扣分的危险，因此客服人员一定不要做出这种损坏店铺自身利益的承诺。

提个醒

除以上两种情况外，对于其他不确定的事情，客服人员也不能想当然地给予承诺。因为只在脑海中构想就做出的承诺，没有实践结果的支持很可能出现问题。客服人员要想做好服务，就一定要言而有信，不要轻易给出承诺。

4.4.5　违背承诺

违背承诺，是指客服人员未按照约定向买家提供承诺的服务，妨害买家权益的行为。淘宝规定，卖家须履行消费者保障服务规定的如实描述、赔付、退货、换货、维修服务等承诺；卖家须按实际交易价款向买家或淘宝提供发票；卖家需向买家支付因违背发货时间承诺而产生的违约金。同时，淘宝对卖家违背承诺的行为将按照规定进行处理。

（1）淘宝将根据交易实际情况、会员的举证情况进行判定。

（2）若卖家做出的承诺违反《淘宝规则》或《淘宝服务协议》的规定，该承诺视作无效，淘宝不予受理会员就卖家违背该承诺而发起的投诉。例如，卖家在商品或信息中做了"好评返现""全5分返现""好评返红包""免单""全额返现""高比例返现"等类似承诺，结果未履行的，淘宝对该承诺未履行行为的投诉不予受理，但商品或信息违反"商品临时下架删除规则"规则的，淘宝会依据该规则做相应处理。

（3）若卖家做出的承诺存在歧义或矛盾，淘宝将本着有利于买家的原则进行处理（买卖双方另有约定的从其约定）。例如，买卖双方没有另行约定的情况下，卖家在发货合约中表明发货时间为3天，但是在标题或者详情中写明5天，淘宝处理时以3天为准。

违背承诺不管从哪个方面来看，都是一种违背道德的行为，不仅会受到淘宝网的相应处理，情节严重的甚至会引起买家的诉讼，若查证属实，卖家还需为此承受相应的处罚。因此，不仅客服人员，店铺的其他人员也要谨记"一言九鼎"，答应了客户的事情，就一定要做到，并尽量做好。这样才能提高自己在买家心中的形象。

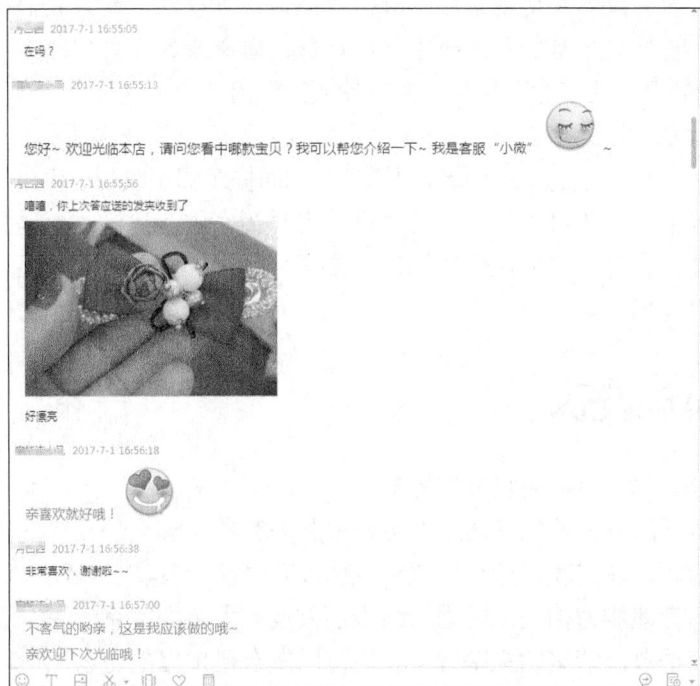

从上图所示的对话中可以看出，客服人员之前承诺赠送买家发夹，并如实履行承诺，买家收到所购产品后，发现不仅赠送了发夹，而且发夹十分漂亮。这让买家有物超所值的感觉，买家为此特意向客服人员表达谢意。

4.4.6　引导好评返现

为了规范遏制部分卖家通过返现、免单的方式，引导买家快速确认收货并做出好评的不良风气。淘宝网对商品或信息中出现免单、全额返现、引导好评（包含全5分返现、好评返现等）等类似字样的情形进行了管理。

标准处理方式：商家不能在宝贝详情页、旺旺对话、收货包裹里等以各种形式给买家有关"好评返现"的诱导暗示。即使是买家主动询问，商家也不能给出有关返现之类的允诺。下图所示为客服人员与买家对话时关于返现的错误沟通示例。

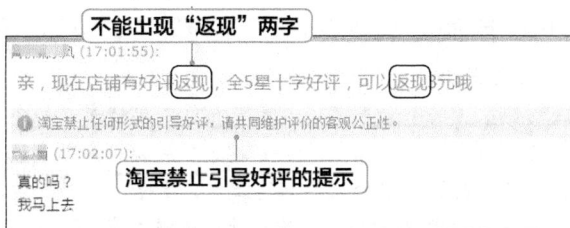

正确引导买家评价的用语如下。

"亲，收到货后如果使用过程中有问题的话，可以随时联系我们处理，如果使用不错的话，还麻烦您给我们一个中肯的评价，谢谢亲的支持！"

评价十分重要，但卖家不能以利益驱使买家做出评价，这种行为在淘宝网中是严厉打击的。其实，引导买家评价并不是直白地要求买家一定要去评价，客服人员可以通过旺旺或短信的方式告知买家货物已送到，侧面提示买家收货后可进行评价。

其次，客服人员还可以更加主动一点，先对买家进行评价，再提醒买家给你做出评价。总之，我们可以通过旁敲侧击、提醒、鼓励等多种方式与买家进行沟通，引导买家给出理想评语。

4.5 疑难破解

1. **客服人员怎么保持良好的情绪？**

客服人员要保持良好的情绪才能更好地服务客户。那么怎么管理情绪呢？很多人认为不能管理，说我就是这个脾气，我也没有办法。其实，情绪是可以管理的，而且与自己的管理能力相关，因为情绪跟别人没有太多的关系，完全取决于我们自己。因为我们是自己情绪的主宰者，我们可以做自己情绪的主人！所以，在管理情绪时，我们可以通过治标和治本两种方式来实现。

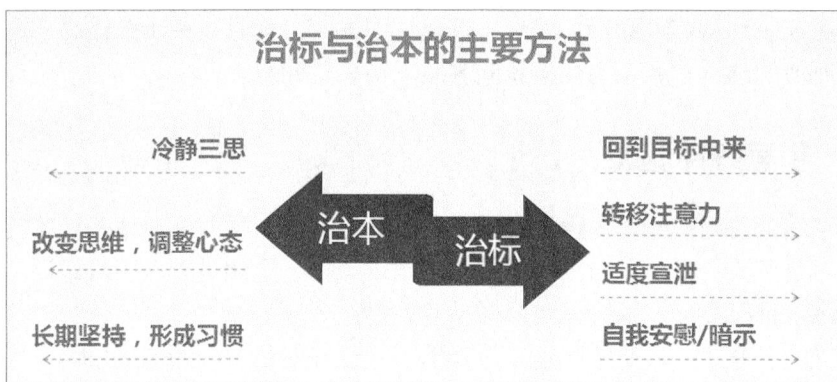

治标与治本的主要方法

冷静三思
改变思维，调整心态
长期坚持，形成习惯

治本 治标

回到目标中来
转移注意力
适度宣泄
自我安慰/暗示

2. **与客户交流的过程中还有没有其他的注意事项？**

一个店铺的销售情况和客服人员是密不可分的，客服人员要有良好的口才和较高的素质，在与客户交流时要注意有些话是不能说的，要不然很容易造成客户流失。那么，哪些是该注意的呢？

● **尊重买家，理解买家**：买家如果不买，客服人员不要强求。每个人的想法不一样，尊重买家的需求和观点，不要用过分的语言去和买家沟通，那是不尊重买家的表现。

● **千万不要打错别字**：打错别字会让买家猜疑你的水平，此外，也不要使用其他非汉字文字、繁体字，或者非主流字体之类的文字，尽量使用正规文字。

● **不要质问买家**：质问买家会遭到买家的反感，就算质问的结果是你赢了，买家也会对你这家店"另眼相看"，那样会失去生意。

● **不要命令客户**：命令只会让买家觉得是上级对下级的态度，客服人员要语气柔和、热情，懂得适时征询买家的意见。那样买家即使不买，也会觉得你的店铺服务不错。

● **不要一个字回复**："是""哦""在"等，这种用一个字回答客户询问的回答方式会打击客户的购物热情。虽然很多问题，客服人员只需要一个字就能回答，如客户问"有货吗？"，这个问题似乎一两个字就能直截了当地回复，但这样的回答方式只会让本来就隔着空间的服务显得更加遥远，适当多一些文字可以让计算机屏幕那边的客户感受到客服人员对自己的重视。

3. 怎样应对情绪激动的客户？

俗话说"林子大了，什么鸟儿都有"。客服人员每天面对的客户越多，碰到的客户类型也就越多。不同的客户具有不同的特点，他们或沉默或健谈，或友好或不够友好。面对各种各样的客户，客服人员就需要使用不同的销售技巧去应对。那么面对情绪激动的客户该怎么办呢？

首先，为客户提供选择。通常问题的解决方案都不是唯一的，给客户提供选择会让客户感到受尊重，同时，客户选择的解决方案，在实施时也会得到客户更多的认可和配合。

其次，诚实地向客户承诺。因为某些问题比较复杂或特殊，当客服人员不确信该如何为客户解决时，千万不要向客户做任何承诺，而要诚实地告诉客户，你会尽力寻找解决的方法，但需要请示掌柜，然后客服人员可以约定给客户回话的时间。作为客服人员，一定要确保准时给客户回话，即使到时仍不能解决问题，也要向客户解释问题的进展，并再次约定答复时间。你的诚实会更容易得到客户的尊重。

4. 被投诉承诺没做到怎么办？

如果卖家和买家未约定承诺发赠品（发票）、换货、维修商品，却被买家投诉承诺未履行，卖家需提供阿里旺旺聊天举证号，并在投诉页面中申诉。

若卖家承诺提供赠品（发票）、换货、维修商品服务，实际未履行，被买家投诉且成立，一般违规扣4分。在投诉处理中，卖家可以和买家协商撤销投诉，或者和买家协商履行当时的承诺，并提供相关服务，如二次补发发货面单，卖家和买家协商一致后可在承诺服务的阿里旺旺举证号记录申诉。

4.6 案例分析

小泉是一家床上用品店铺的售前客服人员，每天都要接待很多的客户，在与这些客户交流的过程中，小泉积累了很多经验。现在他已经是一名能够独当一面的优秀客服人员了，下面我们就来看一下他与一名买家的谈话记录。

买家：在吗？

小泉：您好，我是客服小泉。很高兴为您服务，请问有什么我能为您效劳的吗？

买家：你们家这个四件套是什么材质的？

小泉：这个是纯棉面料的哦！手感非常好的。

买家：现在是夏天，会不会不透气，比较热啊！

小泉：不会的哟，亲，这款宝贝吸汗透气，非常舒服，相信您一定会喜欢的。

买家：嗯嗯。

小泉：亲，如果您还想更凉快一点，可以选天蚕丝面料的哦！

买家：天蚕丝有什么好处？

小泉：天蚕丝的天然含水量很好，且吸湿性比棉质更优，环保亲肤，夏天盖丝滑凉爽，可以让您睡得香香甜甜的。

买家：好是好，会不会比棉的贵很多哦？

小泉：亲，一分钱一分货。而且现在我们正在做促销活动哦！满699元减300元，算下来和您看的这款纯棉的价格相比，只贵了几十块哦！相当划算呢！

买家：真的呀！太好了。还有吗？

小泉：亲，还有的哟！这是链接，你直接打开就可以下单哦！

买家：好的，谢谢！

小泉：不客气哟，亲。祝您购物愉快，下次再来哟！

思考与讨论：

（1）通过上面的对话，可以看出小泉使用了哪些接待技巧？

（2）如果是你，面对买家的这些问题，会采用什么方式进行回答？

第5章

不仅仅销售，
更为客户着想

本章导读

　　客服人员在接待客户时，还要做一项很重要的工作——销售，即向买家推销产品并成功说服买家下单支付。在线销售与面对面销售不同，在线销售需要更加准确地分析客户的购物需求，从与客户的交谈中挖掘出有用的信息并搭配一定的推销技巧，才能成功将商品推销出去。其次，销售过程中还可能遇到一些问题，如客户拍下不付款、讨价还价等。本章将针对这些知识进行详细介绍。

知识技能

※　熟悉分析客户需求的方法
※　掌握推销产品的技巧
※　学会催付订单的技巧
※　学会解决销售过程中出现的问题

5.1 分析客户需求对症下药

客服人员要想成功销售自己的商品，就一定要学会换位思考，站在客户的角度去看"我为什么要买这件商品""这件商品的优势在哪里"等问题。客户进店以后，除了对具体某个（或某些）商品的需求以外，还有其他一些常被我们忽视的需求，如受尊重需求、被理解需求等，这就要求客服人员能够学会分析客户，并对客户的心理和购物需求等进行准确把握。

5.1.1 了解不同的客户类型

俗话说"物以类聚，人以群分"。受不同环境和因素的影响，人会产生不同的行为模式。从销售的角度来说，客户会对符合自己行为模式的客服人员产生好感，并愿意从他们那里购买商品。因此，为了与客户建立起更加融洽的关系，增加有效销售的概率，客服人员有必要对不同的客户类型有一定了解，然后针对不同的客户类型采取不同的交谈方式。

1. 依赖型客户

顾名思义，依赖型客户比较依赖他人，缺乏主见，比较优柔寡断。在与这一类型的客户交谈时，客服人员要善于引导，可以通过提供合理的建议或"顾问式服务"来帮助客户做出决策。

客服：亲，抱歉打扰了！我看您在我们店铺停留时间挺长的，有什么能帮您的吗？

买家：嗯，你们家的太阳眼镜都还挺不错的。

客服：亲您眼光真好，我们的太阳眼镜都是最新热款哦！有没有喜欢的呢？

买家：看了好几款都还行。

客服：亲，我们的太阳眼镜都是防紫外线的哦！您对款式有什么要求吗？喜欢方形镜片还是圆形镜片呢？

买家：还是方形吧！

客服：那我推荐您选一款无框的哦！（商品链接）这款沉稳大气，可以上夹片，两用的哦！

买家：嗯，我看了确实还可以，就它了吧！

2. 尝试型客户

尝试型客户比较具有尝试精神，具有强烈的好奇心和旺盛的购物欲。要想打动这一类型的客户，首先产品需要有特色，先勾起他们跃跃欲试想要了解的心理，然后，客服人员可以通过营销话术来引导他们购物。这一类型的客户一般都具有较强的自主性，客服人员一定要有耐心。

3. 理智型客户

理智型客户比其他类型的客户更加成熟、理性，决策稳重并富有主见。与这一类型的客户交谈时，客服人员应该遵循实事求是的原则，以友好的服务、理性的劝购来引导他们。切忌夸大产品的功效，这样容易引起客户的反感。

买家：这款房门锁的样式挺精巧的，怎么卖啊？

客服：您好，这款房门锁确实十分美观，但它安装比较麻烦，必须严格地按照说明书进行安装，否则容易打不开锁哦！

买家：那会不会不好安呢？

客服：亲，您放心。说明书上的步骤非常详细。为了方便您更加直观地查看安装过程，我还会在您下单后给您发送一段安装视频，不用担心哟！

这位客服人员在为买家推荐房门锁时，并未夸大产品，而是实事求是，说明房门锁在安装上的问题。买家一开始已被房门锁的外观所吸引，再根据客服的坦诚而下定决心，最终痛快地买下了这款房门锁。

4. 烦躁型客户

烦躁型的客户性格比较冲动、易烦易怒，在向这一类型的客户推销产品时，客服人员要温和并富有耐心，并且要尽快对客户所提出的问题给出明确的答案。否则容易引起客户的焦躁感，使客户不耐烦，最终失去客户。

5. 挑剔型客户

挑剔型的客户往往喜欢追求完美，总是选来选去，甚至吹毛求疵，即使服务人员态度良好，反应十分迅速，也难以使其满意。客服人员在向这类客户推销产品时除了要保持足够的耐心外，还要善于为这类客户提供多种方案，并对他们的挑剔做出最具说服力的解释，这样才能使他们心服口服，促进其做出购物决策。具体的应对方法主要有以下6种。

● 转移客户对所提问题的注意力：当遇到挑剔型客户时，客服人员可以通过资料或产品来转移客户的注意力，使其不再坚持反对意见。如当客户挑剔指责产品时，客服人员可以呈上相关的产品资料，也可以让客户与其他产品进行对比，以此转换客户的注意力。

● 抢先提出问题：挑剔型的客户都有很多问题，甚至很多时候没有问题也要找问题，此时，客服人员可以先发制人，将客户可能会提出的问题先说出来。主动提问可以避免因纠正客户的看法或反驳客户的意见而引起争论。

● 委婉地否定客户的意见：当客户十分挑剔，甚至一直提出相反的意见时，客服人员大可委婉地否定客户的意见。当然，否定也应有一定的技巧，客服人员可以先肯定客户的意见，再陈述自己的观点。如"您说得对。但是，您没有想过另一方面……""经过很多客户的反馈，我们一致认为……"。同时还要注意：一定要保持冷静，坚持先听后讲的原则，不随意打断客户的话，在间隙时适当提问，以免引起争论。

● 拖延回答客户的问题：挑剔型客户可能在客服人员介绍产品的任何时候提出疑问，此时客服人员若没有组织好语言就开始回答，可能会失去主动权或答案不令人满意而与客户产生争执，引起客户不满。此时，客服人员可适当拖延回答，继续介绍产品，用有说服力的产品介绍来打消客户的疑虑。当然在继续介绍前应该先向客户说明，如"如果您不介意的话，我过一会儿再回答您。""您提出的这个问题，在后面的介绍中会提到，您介意我稍后一起回答吗？"但要注意，拖延本身会体现出对客户的不尊重，应该尽量少采用这种方式。

● 顺着客户的话应对客户：当客户说出一些表示拒绝的话时，客服人员可以顺着客户来说，将拒绝转化为购买的理由，这样可以直接转换客户的思路，让客户没有理由再提出问题。如客户说"这款宝贝好是好，就是太贵了！"时，客服人员可以回答："是啊，的确很贵！名牌产品哪有不贵的呢？"

其实，挑剔型客户购物的最大意愿是获得完美的产品，但是，我们都知道，不管是服务还是产品都不是百分之百完美的，重要的是，客服人员要通过合情合理的解说，让客户明白这已经是不可多得的完美选择，最终让客户接受产品。

5.1.2 客户购物心理分析

了解了客户的类型，还应该知道客户的购物心理，客服人员只有成功分析清楚客户的心理，知道他（她）在想什么，才能根据情况，有针对性地与客户进行有效沟通。客户常见的购物心理如下表所示。

客户购物心理分析表

客户心理	表现形式
求美心理	对产品的品质与外观要求较高，是完美主义者
求廉心理	物美价廉是这类客户考虑的主要因素，所以要尽量为客户省钱
求新心理	一般都比较前卫，他们喜欢尝试最新产品
求便心理	很讨厌烦琐的购物流程，喜欢简便、快捷
仿效心理	喜欢仿效别人买的东西，喜欢从众，例如亲戚朋友买过的
疑虑心理	缺乏自信，购买时疑心重重，反复挑选，事后容易后悔
服务心理	这类客户比较注重别人对他的态度，所以一定要热情、耐心对待这种客户
安全心理	注重产品的安全性，客服人员一定要推荐质量可靠的、信誉度高的产品

下面将对客服人员经常遇到的4种客户心理的应对策略进行分析和总结，包括求美心理、疑虑心理、仿效心理和求廉心理。

1. 求美心理

爱美是人的本能和普遍要求，这类客户在网购商品时，更关注商品的风格和个性，强调"艺术美"，而且关心商品的包装、款式、颜色等欣赏价值。因此，卖化妆品、服装的卖家，一定要注意在文字描述中写明"包装""造型"等信息。

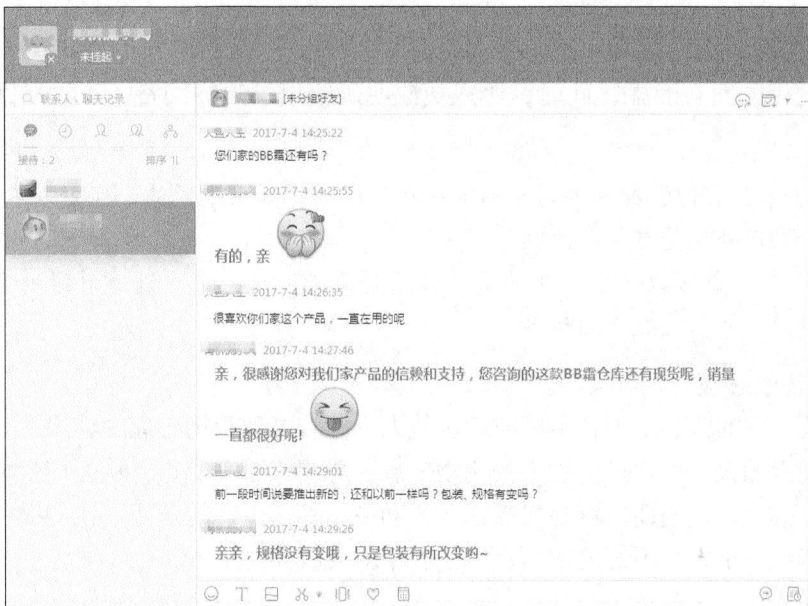

上图所示为客服人员和求美心理客户的一则对话，客服人员虽然说明了包装发生了变化，但没有说清楚具体变化的内容，这对求美心理的客户来说会造成一定的选择波动。正确的回复话术如下。

（1）亲，您选的这款产品规格没有发生任何改变，但外包装有一定的变化，变得更加精致、漂亮了呢。我可以把最新款的外包装图片发给您看下哦！

（2）亲，您选购的这款宝贝外包装比以前更加漂亮了，但规格是没有变化的。如果亲喜欢的话，可以先拍下哦，今天就能发货了。

2. 疑虑心理

疑虑心理的核心就是怕上当吃亏。这类客户在购买物品的过程中，对商品质量、性能、功效等持怀疑态度，怕不好使用，怕上当受骗，因此会反复向卖家询问，仔细地检查商品，直到心中的疑虑解除后才肯掏钱购买。客服人员和这类客户打交道时，一定要强调产品的质量经得起考验，如果出现质量问题可以退货等。

上图所示为网店客服人员与一名疑虑心理较重的客户的对话，客户对产品是否和专柜的相同而有疑虑，此时客服人员应明确给出具体的回答。正确的回复话术如下。

（1）亲，我们已经加入淘宝的假一赔三服务，如果是假的，您可以申请3倍的赔偿，这对您来说是有保障的呢！

（2）亲，您可以拿去专柜验货，如果是质量问题，您可以随时跟我们联系并退还给我们，我们承担来回运费。

3. 仿效心理

仿效心理的核心是不甘落后或胜过他人。拥有这种购物心理的客户平时总是留心观察周围的人，喜欢打听别人的购物信息，总想跟着潮流走，从而产生模仿和暗示心理。其次，他们还极容易接受别人的劝说，别人说好的东西，他们很容易动心而掏钱购买，别人说不好的东西，他们多半就会放弃。

4．求廉心理

求廉心理是一种少花钱多办事的心理，拥有这种购物心理的客户首先考虑的是产品是否"廉价"。其次，他们往往要对同类商品之间的差异进行仔细的比较，此外还喜欢选购折价或处理商品。对他们来说，只要价格低廉，其他的都可以不太在意。

具备这种心理的人以经济收入较低者居多，当然，也有经济收入较高而节约成习惯的人，他们精打细算，尽量让自己少花钱。对于这类客户，卖家只能利用低价来吸引他们，并做好讨价还价的准备。

5.1.3 挖掘客户需求

挖掘客户需求，就是有目的性地与客户聊天，或者是有目的性地关怀客户，在这个过程中，客服人员可以了解客户真正的想法和需求，从而减少销售过程中的障碍，使销售更易达成。挖掘客户购物需求的方法有很多种，常见的有询问、聆听、观察和判断4种。

1．询问

了解客户需求最直接、最简单的方式就是提问。通过提问可以准确地了解到客户的真实需求，并挖掘到客户自己没有意识到或无法用语言做出具体描述的需求。提问的方式有很多，在与客户交谈的过程中，客服人员可以针对不同的情况选择适当的提问方式。

（1）开放式提问

开放式提问是围绕谈话的主题，在轻松愉悦的环境下让客户根据自己的喜好畅所欲言。常见的开放式提问有以下几种。

①"……怎（么）样"或"……如何"。例如，"您平时喜欢使用哪种材质的勺子？""您觉得我们的服务态度如何？还有什么可以改进的吗？""您购买这款商品是自己使用还是送其他人？"

②"为什么……"。例如，"为什么您喜欢价格更贵的这个商品呢？""为什么要给我们差评呢？我们有哪里做得不好可以说说吗？"

③"……什么……"。例如，"您买它主要是做什么呢？""您在购物的过程中有什么问题吗？可以直接咨询我们哦！""您对我们还有什么建议吗？"

④"……哪些……"。例如，"您觉得这款商品的哪些优势最吸引您？""您在使用该商品的过程中有哪些问题？""对于该商品您有哪些看法？"

（2）封闭式提问

封闭式提问是指在某个范围内提出问题，让回答者按照指定的思路回答问题而不至于跑题，这样可以使回答者给出的答案具有一定的局限性和唯一性。

封闭式提问常用到"是"或"不是"，"有"或"没有"，"对"或"不对"

等简单词语。例如"您是想多买一点吗？""您是不是喜欢蓝色？""有没有您喜欢的款式？"等，这种提问方式的目的主要是缩小讨论范围，以获得特定的信息，或使交谈集中于某个特定的问题，但这样提问者难以得到提问以外的更多信息。

高手支招

在交流的过程中，封闭式提问也是很有必要的，因为它可以减少回答者往其他方向回答问题的可能性，使交谈趋于非个性化。但这种提问方式会使回答者变得被动、疑惑和沉默，因此不能多用。如询问买家关于快递的问题，"现在可以发货了，您希望发哪家快递？"这种开放式询问，与"亲，仓库已经将商品打包好了，给您发圆通可以吧？"这种封闭式询问相比，前者可以让用户自己选择发货的快递公司，后者则只需买家回复是否就可以。

（3）信息收集提问

客服人员在与客户谈话时，可以问一些关于客户身份的问题，如客户的职业、居住的地点等基本信息，但不要询问电话号码或银行账号之类的私密信息，这样很容易让客户产生警惕心，甚至认为你是骗子。

（4）针对性提问

针对性提问是指对需要了解的内容进行细节的提问，或对某个特别需要知道的内容进行提问。如针对商品的质量或售后服务等环节进行提问。在提问的过程中，要注意以下3点。

- 问题不能过于直接，以防引起客户的警惕心理。
- 不能只关注自己的提问，而忽视客户的回答。
- 问题要经过一定的设计，巧妙地进行提问。

高手支招

寻找需求提问的过程中，可以先了解客户的现状和背景资料，再对客户可能存在的问题进行挖掘，引导客户自己说出问题所在，最后再试探性地确定问题的解决方案。在这个过程中，提问者要注意仔细收集客户的答案，并让客户意识到自己的问题或需求会被解决。

2. 聆听

沟通是一个双向的过程，对于客服人员来说，需要通过陈述向客户传递相关信息，以达到说服客户的目的。同时，还需要通过倾听来接收客户的信息。这是因为客户需要通过一些陈述来表达自己的需求和意见，甚至还要倾诉一些自己遇到的问题。因此，客服人员必须认真倾听客户的谈话，尽量站在客户的角度去理解与回应对方所说的内容，使客户产生被关注、被尊重的感觉，这样客户才会更加积极地投入到沟通中。

在与客户沟通时，客服人员越是善于耐心聆听客户的意见，其推销成功的可能性也就越大。当然，在聆听客户意见时，也是要讲究方式方法的，客服人员切忌打断客户说话，而可以适时给客户恰当的赞许，或者表达出你的理解与共鸣。

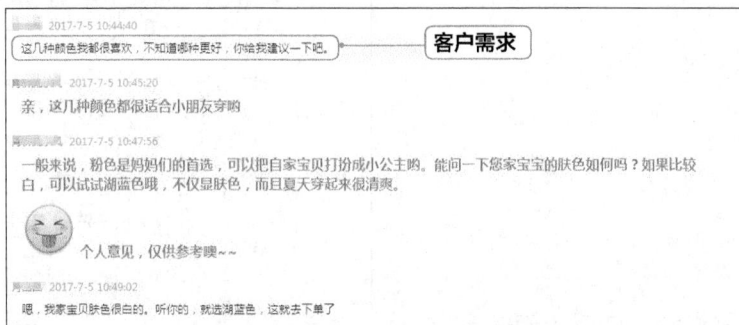

能听懂客户的言外之意，对客服人员来说也是很重要的。因为在销售沟通的过程中，好多客户并不"直言不讳"，而是通过旁敲侧击的方式表达自己的需求。还有一些客户的需求是隐性的，连他自己都可能不是很清楚，这时就需要客服人员认真聆听、深入挖掘，准确地理解客户的弦外之音。

3. 观察

观察主要是指观察客户与我们的聊天记录，然后通过后台查看客户在本店的购物记录等信息。

4. 判断

判断指通过买家的信誉度和注册时间的长短来分析买家的类型，一般可以分为以下4种情况。

● 买家信誉低，注册时间短：这类客户一般属于新客户，对平台的操作不熟悉，价格因素对其影响小。

● 买家信誉低，注册时间久：这类客户一般缺乏安全感，对价格敏感。

● 买家信誉高，注册时间久：这类客户一般属于成熟买家，熟悉规则，会比价，会相对理性些。

● 买家信誉高，注册时间短：这类客户一般属于冲动购物型。

买家的信用度累积是针对订单中的每一项宝贝的，即订单交易成功后，卖家可针对其中的每一项宝贝给买家做出如实的评价。买家的信用度分为以下20个级别，客服人员可以此为依据进行判断。

查看客户信用等级与注册时间的方法很简单，当与客户通过千牛工作台交流时，在千牛工作台右侧的"客户"页面中单击"基本信息"选项卡，即可查看客户的基本信息，包括所在地、买家信誉、好评率、注册时间等。

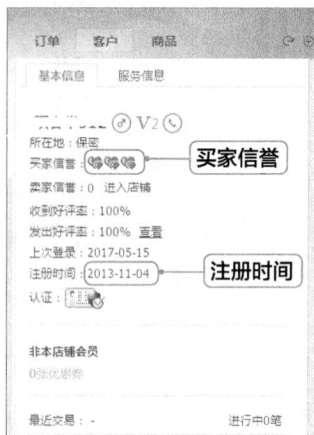

5.2 推销产品的技巧

了解客户的需求后，客服人员即可根据需求向买家推销产品。而在推销产品时，要掌握一定的技巧才能达到事半功倍的效果，下面分别进行介绍。

5.2.1 挖掘客户需求再介绍

从5.1.3小节我们知道挖掘客户需求可以从询问、聆听、观察和判断4个方面入手。至于选择哪一种方式，还需要根据客户的兴趣以及客户对产品的了解程度来判断。

● 客户如果是对某款宝贝感兴趣，那客服人员就先不用着急介绍其他产品，先促成该宝贝的成交，避免节外生枝。

● 客户如果对宝贝不了解而不知选择哪个，那客服人员可以根据客户的需求经客户介绍，如采取二选一、搭配套餐等方法帮助客户做出选择。

作为售前客服人员，一定要清楚客户的购买欲望和购买需求。在与客户的聊天过程中，客户咨询的问题往往是他们需求的直接反映。例如，根据右图，客服人员可以初步判断客户的需求是想买葡萄糖，通过聊天进一步可以发现客户可能是因为母乳不足或者是没有母乳。因此，客服人员可以有针对性地推荐关于奶的产品。

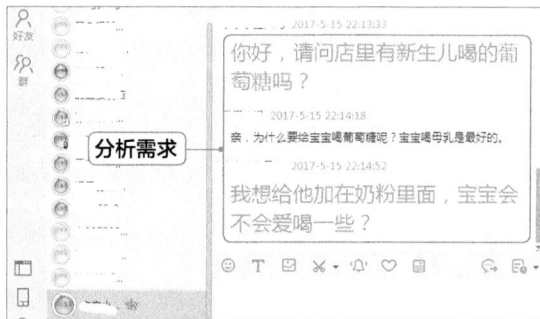

从右图中可知，客户的购物需求是赠送父母，此时客服人员就需要先收集买家父母的信息与喜好，再根据得到的信息给出推荐的产品。

有些客户喜欢自己查看产品，有了心仪的产品，在拍下订单未付款的情况下，再找客服人员了解产品信息，此时，客服人员就不需要直接询问客户需求了，只需根据客户所拍下的订单稍加询问，让客户觉得客服人员懂他们想要什么即可。

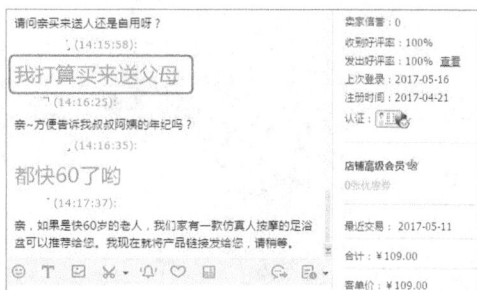

5.2.2　找到买家的兴趣点

很多客服人员可能有这样的疑惑：明明已经把产品的所有优点都讲了，客户也没有提出反对的意见，但客户就是不下单，后来还对自己的问题充耳不闻。这是为什么呢？其实，这是因为客服人员没有挖掘出客户的兴趣点。

客服人员在推销产品时，正确的做法应该是根据客户的类型，分析其购物心理，快速挖掘出客户的购物需求，再结合自己对产品的了解，判断出客户的兴趣点（一般1~2个），并且围绕这些兴趣点来展开推销，这样才能做到动之以情，晓之以理，打消客户疑虑，"撬开"他们的荷包。

【案例】小雅是一家卖家居日用品的店铺客服人员，在一次与客户的交流过程中，她百思不得其解，怎么自己按照客户的需求来介绍产品，还让客户不耐烦了呢？这次的客户是一名姓李的家庭妇女，想要一款方便使用的削皮器。小雅向李女士推销了店里目前销量较好的一款果蔬削皮器，并仔细说清楚了削皮器的使用和清洗方法。但小雅并没有进一步挖掘李女士的兴趣点，李女士回复说先看看，然后就再也没有下文了。等了一段时间，小雅再次敲响了李女士的旺旺，询问是否满意这款产品，却被李女士告知，她已在其他店铺中购买了。小雅有些受打击，虚心请教买家为什么没有在他们家购买。李女士告诉小雅，她想要一款专门削水果的削皮器，而且最好是自动的，小雅推荐的那款产品虽然也可以削水果、蔬菜，但要自己手动削皮，不方便，而且样式也不太美观。于是，她咨询了另外一家店铺的客服人员，问他们有没有不用自己削皮的削皮器，之前在另一家店铺看了一款手动削皮器，不太方便。那家店铺的客服人员马上给她推荐了一款功能比较丰富的自动削皮器。这马上就引起了李女士的兴趣，经过进一步的了解，李女士十分满意，爽快地下单付款了。小雅这才知道，原来是自己太急于求成了，没有彻底搞清楚买家的兴趣点就抢先向买家推销产品，错失了原本绝佳的成单机会，反倒给其他店家增加了成交率。

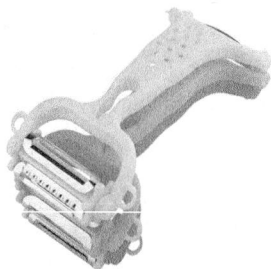

小雅推荐的削皮器

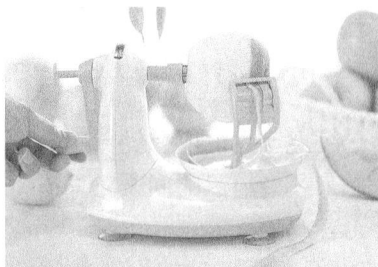

另一家店铺的客服推荐的削皮器

一般来说，买家的兴趣点有以下几种。

● 价值：商品的使用价值是大多数客户最关心的兴趣点，因此对产品功能的介绍必不可少，特别是对于求廉型的客户，可以通过强调商品的多种功能来引起客户的兴趣，让客户产生物有所值的感觉。以削皮器为例，一款既可以削水果，又可以削蔬菜，还能切菜的削皮器，肯定比一款只能削皮的削皮器更加受买家的青睐。

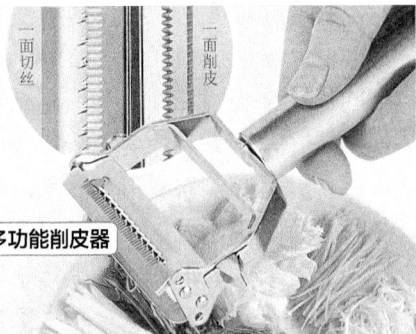

多功能削皮器

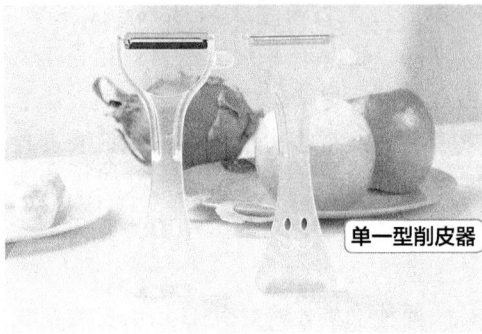

单一型削皮器

● 流行：流行是求美型客户的一个兴趣点，主要集中在服装、饰品、高档日用品等商品上。下图所示的几款"大号盘发夹"，第2款宝贝的款式正好是目前较为流行、美观的样式，因此销量更高，受到更多买家的喜爱。

● 安全：对于老年客户来说，一般比较看重产品的安全性。同时，食品、母婴、电器、医药等类目的产品要特别注重安全的介绍。

● 美观：青年、年轻夫妻比较重视产品的美观性，其中女性客户又比男性客户更加重视产品的美观性。如某个买家原本已经成功下单并付款，但过了一会儿又申请退款，客服人员询问后得知，买家觉得衣服下摆上的缝线间隙有点大，不美观，因此选择了退款。

5.2.3 主动介绍产品卖点

卖点是指商品具有的别出心裁或与众不同的特点、特色。这些特点、特色就是吸引买家继续咨询，激发买家购物欲望的重要信息。卖点一般会在宝贝描述页中进行展示，客服人员要熟悉店铺产品的卖点，这样才能在买家咨询时熟练向买家介绍产品，引起买家的兴趣。

一般来说，商品性能、特点、价格、质量、促销等都是买家想要了解的信息，都可作为卖点进行介绍，但客服人员与客户交谈的时间可能不会太长，因此要合理地对这些信息进行筛选，提炼出最能打动客户的卖点，并在交谈过程中展现给客户。

提炼产品卖点一般可采用FAB法则。

● F代表商品的特征、特点，主要从产品的属性、功能等角度进行潜力挖掘，如超薄、体积小、防水等。

● A代表商品特征发挥的优点及作用，需要从客户的角度来考虑，思考客户关心什么，客户心中有什么问题，然后针对问题从产品特色和优点角度进行提炼。如方便携带、电池耐用。

● B代表商品的优点、特性带给客户的好处、益处。可以以买家利益为中心，强调买家能够得到的利益，以激发买家的购物欲望。如视听享受、价格便宜等。

其实，也可以简单地将FAB理解为以下3点。

● F：产品有什么特点，特色是什么？

● A：产品的特点、特色所呈现出来的作用是怎么样的？

● B：具体能给买家带来什么利益？

一般来说，根据产品的属性来挖掘买家所关注的卖点是最常用的方法。每一个产品都能够很容易地发现F，每一个F都可以对应一个A和一个B。需要注意的是，买家最关注的往往是产品的作用和直接的收益。

下表所示为产品属性的一般介绍用语与FAB介绍用语的对比。通过FAB方式，可以更加清晰地表达出产品的特点，让买家感受到切实的利益。

一般介绍用语与FAB介绍用语对比表

一般介绍用语	FAB介绍用语
这四件套是纯棉面料的	纯棉面料，手感非常好，吸汗透气，夏天盖了非常舒服，相信您一定会喜欢的
这个空调被是天丝面料的	这款采用的是天丝面料，环保亲肤，夏天盖丝滑凉爽，让您睡得香香甜甜的
我们这个蚊帐是加宽门帘设计的	加宽门帘重叠设计，用料十足，可以有效防止蚊虫侵扰，让您睡得踏实安心
蚊帐是加高加大，超大空间设计的	普通的蚊帐一般只有1.7米，我们的有2.1米，空间更加宽敞，不会感觉压抑，睡得更加舒适
这个枕头是可以水洗的	这款是可以水洗的羽丝绒枕头，可手洗也可机洗，非常方便。而且非常透气，可以有效预防螨虫细菌的滋生，没有任何异味，更加环保，非常有助睡眠和身体健康
这款凉席是采用天然再生植物纤维制成的	亲，我们这款冰丝席，采用天然竹纤维，细腻、环保、亲肤；采用网眼设计，舒适透气。夏天睡无比凉爽、舒适

卖点是非常重要的，在同质化严重的市场环境中，你的产品可能与竞争对手的产品相同，也可能有所差异。那么你的产品卖点有哪些？与竞争对手的产品有哪些差异？这些就是客服人员要向买家解释的内容，这样买家才会知道你的产品究竟与别人的区别在哪里。当买家知道为什么你的产品比竞争对手更胜一筹后，即使你的产品价格比竞争对手的价格更高一些，买家也会认为你的产品所能提供的价值更多，你的产品更值得购买，这是因为你拥有竞争对手所缺乏的独特卖点，而这些独特卖点正好就是决定买家是否购买的关键。

下图所示为一则客服人员与买家的对话，由于店铺所售产品为冷吃牛肉，为即食型食品，买家对产品的口味、保鲜、卫生等比较在意，所以客服人员采用FAB卖点提炼法来回答买家的问题，消除了买家的疑虑，成功将产品推销给了买家，最后再通过优惠活动成功吸引买家下单。

2017-7-5 16:33:56

你们家这款冷吃牛肉辣吗？

2017-7-5 16:34:45

亲，我们有麻辣味和五香味哦！

2017-7-5 16:35:05

哦哦，麻辣味有多辣呢？

2017-7-5 16:36:52

亲您对辣的接受度怎么样？我们有特辣、中辣和微辣哦~~如果您特别能吃辣，建议您选特辣，特辣味道霸道，十分爽~

2017-7-5 16:38:09

特别喜欢吃辣的，越辣越好

2017-7-5 16:38:52

那特辣非常适合您哦~ 很多买家吃了之后都说非常过瘾

FAB 卖点

2017-7-5 16:40:25

什么时候能到呢？到了还新鲜吗？

2017-7-5 16:41:18

亲，您放心，我们都是现做的，而且使用冰袋保鲜，发顺丰，2天就到的~~
保证您吃到的是正宗、新鲜的冷吃牛肉哟

2017-7-5 16:44:37

亲，您看

2017-7-5 16:45:48

我们的厨房卫生、整洁、规范化，保证商品的新鲜和味道哦

2017-7-5 16:45:54

看着还可以

2017-7-5 16:47:47

亲亲，喜欢的话可以带一点哦。而且，现在正好在搞促销活动，满50元减5块，满100减10块，满200减50块哦

2017-7-5 16:48:34

恩嗯，先去下单了

5.2.4 以产品质量打动买家

产品质量是买家决定是否购买商品的最基础的因素，因为不管商品如何便宜、如果产品本身存在质量问题，买家也不会下单。因此，客服人员在销售产品时，还要向买家展示自身产品的优质。所谓优质产品，就是指高质量并能够带给买家超出产品使用范围以外的身心愉悦、顺畅感受的产品。那么怎么才能向买家展示出产品的优质呢？可通过说明以下内容来打动买家。

● **店铺资质**：一般来说，店铺信誉度越高，开店的时间越长，售出的产品越多，店铺的资质越深厚，那么店铺展现出的实力也越强，越能获得买家的信任。其次，不管是什么等级的店铺，店铺动态评分（DSR）也是买家十分看重的一项内容。DSR包括描述相符、服务态度、物流服务3个方面，最低要求与同行业持平，否则买家会认为店铺产品质量、服务等不好。DSR高于同行业时，以↑表示，持平以═表示，低于同行业以↓表示。

● **产品价值**：产品的用途、功能是产品价值的最直接体现，一定要通过FAB的方式来介绍，要清楚地告诉买家购买你的产品有哪些好处。特别要注意与同类产品的对比，体现出自己产品的不同。如同样是无线路由器，向买家介绍时说"这款宝贝穿墙能力很强"远不如说"这款宝贝信号可以穿5堵墙，信号覆盖200m，不掉线"。

● **售后服务**：在同类产品质量与性能都相似的情况下，买家一般都更愿意选择拥有优质售后服务的店铺。售后服务的内容主要包括产品安装、调试、技术指导、维修服务，以及定期维护、定期保养、定期回访、"三包"（包修、包换、包退）、客户信息反馈及投诉、意见等。特别是家具、数码电子产品、厨卫用具等产品，客服人员更应注重售后服务的内容，并在与买家交谈时清楚告知。

5.2.5 以产品人气征服买家

产品人气越高，说明产品在同类商品中的竞争力越强，越受买家的欢迎。这样的产品在质量、价格、服务等方面肯定有优势，是大部分买家都比较倾心的产品。产品的人气通常以下面两种方式表现出来。

● **产品销量**：销量是产品人气最直接的证明。销量高，说明产品卖得好，产品受到大部分买家的认同。客服人员在与买家交谈时，可以适时告诉买家，自己店铺的产品销量很高，并附以直接的数据，让买家信服。如"亲，这款休闲女包是目前很畅销的噢！月成交量8000多呢！"

● 买家评价：买家评价是产品人气的间接说明。当然评价的内容得是好评，否则不能说明产品受买家欢迎。推销产品时，客服人员可借用买家的好评来间接说明自己产品的特点，这样买家会更加有认同感，也更容易接受你的观点。如使用"亲亲，这款包包十分柔软，不硬的！而且还送一个小包哦！"这样的话语，而且还可以以买家的角度来介绍产品，如"很多客户都反馈说包包材质柔软，大小适中，物美价廉噢！"然后再配上一张买家的评价图即可。

5.2.6 以优惠措施吸引买家

产品质量过关已经打消了很多买家心中的疑虑，此时若再辅以一些优惠措施，则会加速买家的购买决定。优惠措施有很多，客服人员需要向买家说明具体的优惠措施、使用条件等，如店铺红包、优惠券、满减、赠送礼品、赠送服务等。客服人员可以使用这样的话语，如"亲亲，今天周年大庆，所有产品8折后再享满减，满229元减30元，满339元减50元哦！""亲，现在下单还有精美小礼品赠送哦！""这件宝贝今天买一送一哦！2件才69元哦！""买路由器赠送一根3米长的网线和2年保修服务哦！"

5.2.7　推荐关联产品

为了提高店铺的访问量和提升客单率，许多卖家都在店铺里设置了产品的关联销售活动。那作为客服人员应该怎样做好关联营销呢？我们可以通过"说"和"问"两种方式来实现关联营销。

（1）关于"说"：指通过与客户的交流，及时发现客户的喜好和需求，同时，还要解决客户的疑惑和担心，最终站在客户的角度喊出利益。我们来看一个牛肉干关联推荐的案例，客服人员通过"说"促成了客户的购买，如下图所示。

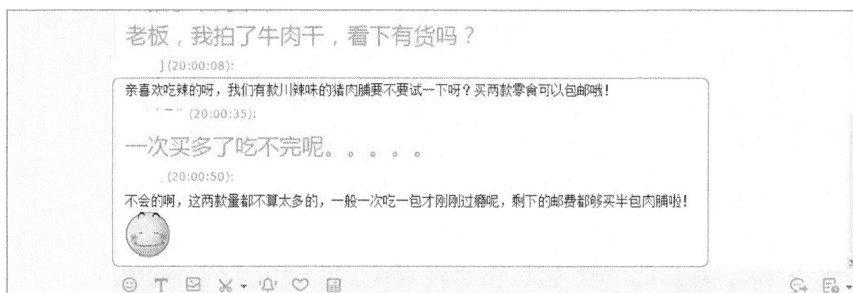

（2）关于"问"：提问也是一种服务，客服人员在"问"之前，需要对自己产品的特性了解透彻，并站在客户的角度"问"，把客户利益喊出来。此外，客服人员还要时刻体现诚信的服务态度，有优惠活动的时候及时告知。下图所示为客服通过"问"的方式实现关联营销的案例。

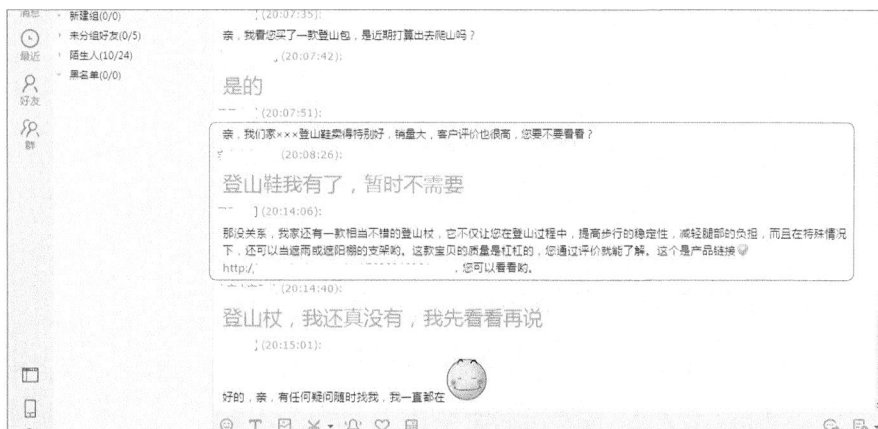

高手支招

一般可以通过主次产品进行关联。客户通过单击主产品进入网店，消费水平大概与主产品的价格相差不远。所以，一般情况下，推荐产品的价格最好不要超过主推产品的30%。如果主产品属于低价产品类的话，建议推荐比其更低价的宝贝为主，向上浮动的幅度也不宜太大。例如打底裤、袜子之类的产品，如果又是不包邮的低价位产品，客户一般一次性会购买两件以上，可以向客户推荐同等价位的不同款式或者类似款式的产品或互补产品。

5.3 催付订单促成交易

在销售过程中，买家拍下宝贝但却迟迟不付款的情况时有发生，为了顺利完成订单，提高销售额，网店客服人员应该采取一定的方法进行应对。首先，要分析客户不付款的原因，找到原因后再见招拆招，从容应对客户拍下不付款的行为。此外，客服人员还可以借助千牛、短信、电话等工具协助催付。

5.3.1 分析客户未付款的原因

出现未付款订单之后，我们首先应该分析买家迟迟未付款的原因，然后对症下药，不能盲目地催买家付款。所以，客服人员与买家沟通时要尽可能地去了解买家遇到的问题，然后帮助买家解决该问题。买家遇到的问题，一般可以将其归纳为主观原因和客观原因两类。

1. 主观原因

主观原因可以总结为3类，一是买家与客服人员对商品价格无法达成一致；二是买家对商品持怀疑态度；三是买家想货比三家。针对这3种原因，我们总结了相关的解决方法。

● 议价不成功：买家议价，一般不外乎占便宜的心理和心理价位的问题，此时，客服人员可以采用赠送小礼品或升级为店铺VIP等方式来满足客户占便宜的心理，也可以试探客户的心理价位，以便提高催付成功率。

● 有所疑虑：如果买家未付款的原因是心里有疑虑，那么，客服人员就要为买家排除疑虑，尽快下单。如买家有产品质量的疑虑时，客服人员就要在交流时准确地描述产品的工艺、材质、使用技术等，甚至可以为客户提供相关的质检报告和客户评价。如果是七天无理由退货的卖家，还可以给买家说明这一保障，让其放心购买。

这个产品质量杂样？

● 货比三家：如果是货比三家的买家，我们可以从产品本身以及服务上去寻找差异，客服人员可以将这些卖点以及差异展现给买家，为本店铺的产品加分，吸引买家付款。

2. 客观原因

除了主观原因外，买家迟迟未付款也可能是由一定的客观原因引起的。如淘宝新手，对于操作不熟悉，忘记了支付密码，或支付宝余额不足等。对于这些客观原因，我们也有相应的应对措施。

● 操作不熟：客服人员在接单过程中，难免会遇到一些新手买家，这类买家对购物的流程不太熟悉，在第一次支付时，可能会遇到插件下载、密码混淆等问题，最终导致订单支付失败。此时，客服人员就要积极、主动地询问原因，慢慢引导买家一步一步地完成支付环节。

● 忘记支付密码：有些买家可能会忘记支付密码。此时，客服人员需要熟悉重置密码的方法，并帮助买家找回支付密码，最终完成付款操作。

● 支付宝余额不足：当买家说支付宝余额不足不能付款时，客服可以建议买家使用其他支付方式进行付款，即在付款页面中选择"其他付款方式"，然后根据需要选择相应的支付方式完成付款。

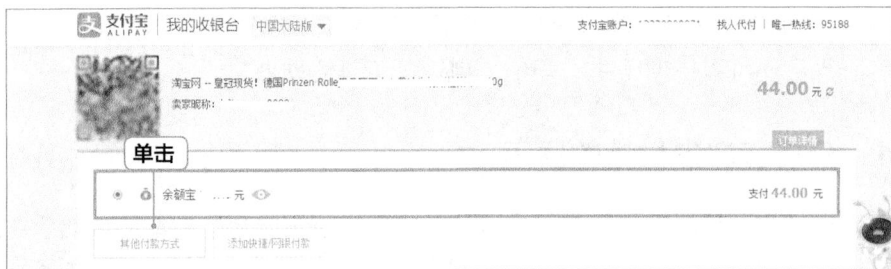

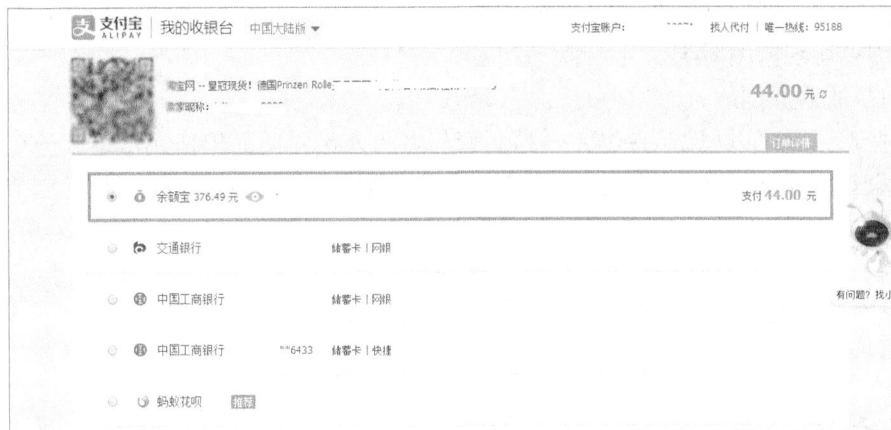

5.3.2 采取合适的催付策略

在催付的过程中，如果客服人员能够运用恰当的策略，则可以起到事半功倍的效果。催付时告知买家付款后带来的好处，这是最常用的策略。此外，还可采用以下策略。

● 强调发货：如"亲，我们已经在安排发货了，看到您的订单还没有支付，这里提醒您现在付款我们会优先发出，您可以很快收到包裹哦。"

● 强调库存：如"亲，看到您在活动中抢到了我们的宝贝，这款宝贝库存很少，您真的很幸运呢。但您这边还没有付款，不知道遇到什么问题呢，再过一会儿就要自动关闭交易了。别的买家会拿走这个订单哦，那您这边就失去这次机会了。"

● 强调售后：如"亲，看到您这边没有支付，我们这边是7天无理由退还，还都您购买了运费保险，收到包裹后包您满意，如果不满意也没有后顾之忧。"

5.3.3 使用催付工具进行催付

当客服人员在联系买家催付时，必须先选择好催付的工具，一般有千牛工作台、短信、电话3种工具可供选择。其中，千牛工作台是最常用的，当然，短信和电话也可以起到不错的效果。

1. 千牛工作台

千牛工作台是客服人员最常用的工具，使用千牛和买家沟通是完全免费的，沟通成本低，效率高。在沟通过程中，客服人员可以快速发送订单链接给买家，方便买家进行付款操作。

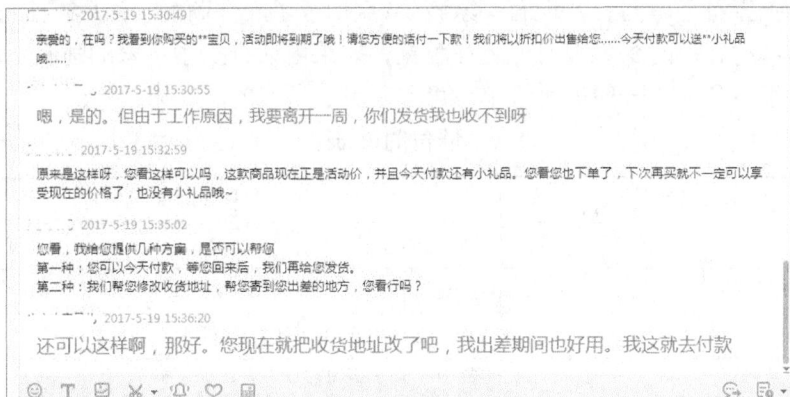

千牛催付也有不足之处，当买家不在线时，客服人员发送的信息买家不能及时收到，此时，客服人员就只能给买家留言，或者换用其他的催付工具直接进行沟通。

2. 短信

短信与千牛工作台不同，通常卖家发送的短信，买家基本不会回复，因此，客服人员编辑的短信内容一定要全面清晰。其次，短信有字数限制，短信内容还要短小精干，让人一目了然。客服人员在给买家编辑短信时，短信内容一般应包含以下4个要素。

● 店铺：一定要让买家知道是哪个店铺发来的信息。

● 产品：提醒买家所购的产品，在短信内容中注明所购产品的名称。

● 时间：提醒买家在什么时候购买的产品，进一步加深购买记忆。

● 技巧：可以在短信中适当给买家施加紧迫感，如活动即将结束，暗示其抓紧时间付款；也可以告知买家所享受的特权，如您是我们的VIP客户，现在购买可以享受8.5折优惠等。

3. 电话

除千牛工作台和短信外，电话也是常用的催付工具。对于订单总额比较大的客户，推荐使用电话催付的方式。电话沟通的效果更好，买家的体验度也更高，但在电话催付时，客服人员应注意以下3点要素。

● **自我介绍**：首先自报家门，让买家知道你是谁，为什么打这个电话。

● **礼貌、亲切**：在谈话的过程中，要以买家为中心，不能一味地催促买家付款。另外，打电话的时间也要恰当，不能影响买家的日常生活。

● **口齿清晰**：注意说话的语速，要让买家能够听清你说的内容。

5.3.4　催付的技巧

在催付的过程中，客服人员要掌握好催付时间和催付技巧，以避免引起买家的反感，导致催付失败。

1. 催付时间

理论上是越早越好，但不一定是买家拍下产品后，而要看具体情况。例如，客服人员早上查看订单时，发现有买家凌晨1点拍下了一件商品，然后早上8点客服人员打电话催付，那时买家很可能还在睡觉，如果电话打扰了买家的睡眠，对接下来的催付是很不利的。一般催付订单，可参照下表所示的时间来执行。

催付时间表

下单时间	催付时间
11：00前	当天15：00点前
15：00前	当天发货前
22：00前	第二天中午前（下午上班前）
00：00以后	第二天12：00以后
两次以上购买的买家	拍下商品48小时后

提个醒

注意，两次以上购买的买家通常对店铺有信任感，并且了解商品，所以客服人员不必太着急去催付。如果是日常交易，最好是在交易关闭前24小时进行催付。催付之前可以先询问一下买家对产品的使用感受，再次增加用户黏性。

2. 催付频率

不要用同一种方法重复催付，并且催付频率不要太高，要把握好分寸。如果买家实在不想购买，千万不要强逼，选择退让可以给买家留下一个好的印象。下图所示的对话便充分说明了退让的价值。

哦，亲是什么原因不想要了呢？是对我们的产品或服务不满意吗？亲，一定要帮忙指出，帮助我们提升。

2017-5-19 22:10:35
是我妈妈已经在超市买好了，再买就会太多了。

2017-5-19 22:11:23
哦，原来是这样呀，我们现在搞活动真得很便宜，不买真是太可惜了。

2017-5-19 22:12:36
嗯，确实比超市便宜，但实在是抱歉了，买多了家里也放不了，这次就不要了，下次需要时再来找你们。

2017-5-19 22:13:16
好吧，亲，不管怎样都要谢谢您，您可以收藏一下我们的店铺，下次需要可以和我们联系哦~

2017-5-19 22:14:03
好的，已经收藏了。不知道下次还会不会搞活动呢？

2017-5-19 22:15:09
谢谢您，已经添加您为好友了，麻烦您通过一下，您下次可以直接找我，我会帮您申请最大的优惠力度。 **学会退让**

2017-5-19 22:15:45
好的，谢谢。你可真贴心，下次一定找你。

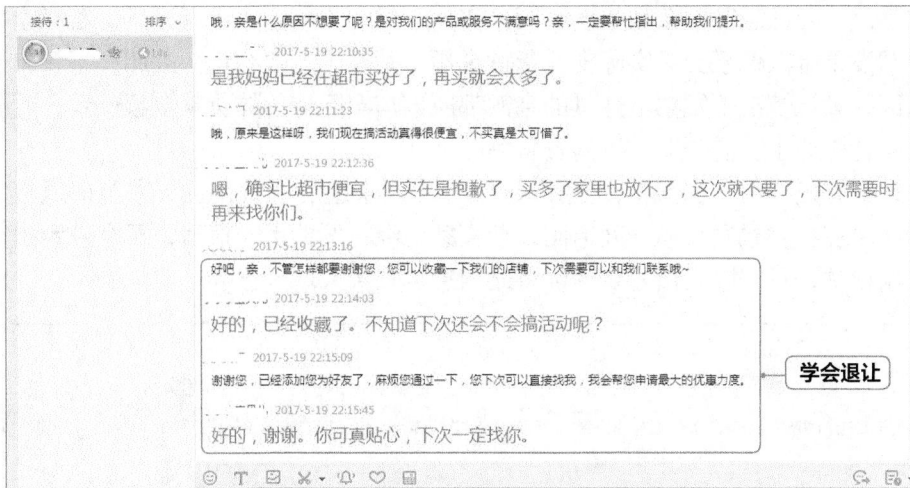

5.4 解决销售中出现的常见问题

在销售的过程中，客服人员可能会遇到买家提出的各种问题，如要求开具发票、买家不知道尺寸、担心质量问题、要求无色差、讨价还价等。下面就对这些问题的解决方法进行介绍。

5.4.1 买家要求发票

淘宝网规定：消费者在天猫或淘宝平台上购买商品，买家有权向卖家要求获取相关购货凭证，如发票、服务单据等。若买家要求购物发票，客服人员一定要与买家明确发票抬头、金额、数量、商品名称、发票公章、票据税点等关于发票的详细内容，且双方可以通过阿里旺旺确认信息一致，以避免后续产生不必要的纠纷。

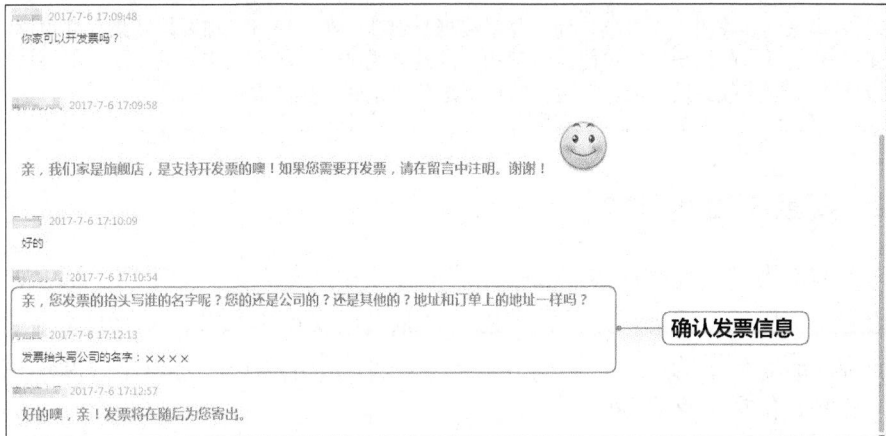

2017-7-6 17:09:48
你家可以开发票吗？

2017-7-6 17:09:58
亲，我们家是旗舰店，是支持开发票的噢！如果您需要开发票，请在留言中注明。谢谢！

2017-7-6 17:10:09
好的

2017-7-6 17:10:54
亲，您发票的抬头写谁的名字呢？您的还是公司的？还是其他的？地址和订单上的地址一样吗？ **确认发票信息**

2017-7-6 17:12:13
发票抬头写公司的名字：××××

2017-7-6 17:12:57
好的噢，亲！发票将在随后为您寄出。

其次，要注意发票金额要按照买家实际支付的货款金额进行开具，若卖家单方面声明发票金额低于交易实际支付货款金额，则属于无效约定。因此，不管出于什么原因，默认情况下发票上开具的金额都应该与实际支付的货款金额一致，若买卖双方有特殊要求，需要双方协商妥善解决。

开具好发票后，如果商品适用7天无理由要求退货退款，且买家申请退货退款时，买家应将发票同商品一同退回，若买家已经将发票用于报销，买家应承担相应的发票税款，且客服人员需要明确将此信息告知买家。

最后，若当月发票已用完，客服人员还应告知买家，先为买家发货，待下月补充发票后第一时间为买家补发发票，补发发票的运单号可以通过旺旺留言通知买家。

提个醒

若卖家向买家提供了发票，而交易最终退货退款，买家退货时需要将发票一并退回。若未退回，根据实际情况买家可能需承担相应的发票税款。若卖家承诺开具发票，但因卖家的原因导致买家未收到发票的，淘宝支持退货退款，来回运费由卖家承担。

5.4.2 买家不知道尺寸

作为客服人员，为客户推荐衣服或裤子的尺寸是必不可少的工作。那么，如何才能给客户提供最合适的尺寸呢？首先，客服人员要熟知衣服、裤子的尺寸，熟悉自家店铺衣服、裤子的码型，然后引导客户尽可能多地提供一些数据以便推荐，如性别、身高、体重、喜好等。

> **提个醒**
>
> 一般来说，标准的身高、体重可以直接对应服装的尺寸，但有些买家可能比较特殊，如特别瘦的买家，最小号的衣服还是很大，此时卖家就需要对买家言明衣服的尺码情况，不能为了推销产品而欺瞒客户。其次，还有一些买家喜欢穿得宽松一些，因此向这些买家推荐时就要大一个尺码。

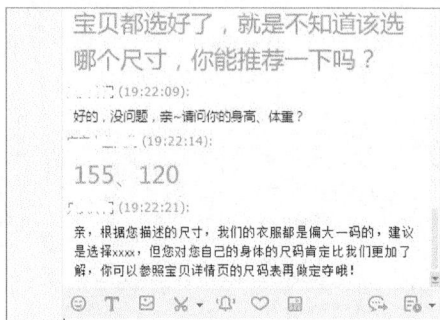

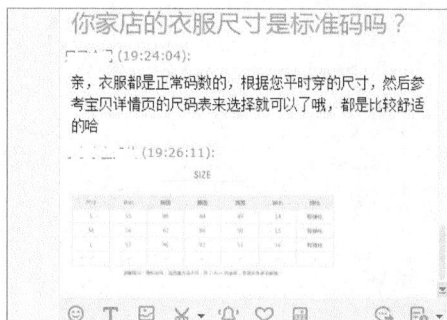

5.4.3　担心质量不过关

质量始终是买家较关心的内容，客服人员在回复买家提出的质量异议时，可以从生产流程、监督流程、查货流程、售后服务等方面去强调，但是要把控好尺度。如果店家提供了"支持7天无理由退换货"服务，那么客服人员在回复时，也可以从这一服务点入手。

买家：你家的产品怎么样？质量有保证吗？

客服：亲，我家产品都是经过市场检验的，请放心购买。　——● **错误回答**

正确的回复可参考如下。

客服：亲，我们家的宝贝都是自家生产的，生产流程严格监督，出现问题的宝贝是不允许出售的，您大可放心购买哦！如果还是担心质量问题，我们支持7天内无理由退换哦！

客服：亲，您放心，我们的衣服在发货之前都是有做检查的，保证质量无碍，您也可以查看买家的评价。如果还是担心质量问题，我们支持7天内无理由退换哦！

5.4.4　买家要求无色差

色差是大部分买家都比较在意的、不可避免的问题。若买家对色差要求较为严格，卖家应在交谈时对买家说明，不同材质的商品在不同的拍摄设备、拍摄环境，以及显示器下会出现轻微色差，但商品实物与宝贝详情页中展示的颜色差距不会太大。若买家仍然十分介意，卖家可退一步，建议买家放弃购买。因为这种买家一般都要求十分严格，十全十美，收到商品后也很可能因为色差的问题而申请退换货，这样虽然提高了成交量，但同样增加了退换货的数量，不仅产品没有卖出去，还会影响店铺的评分和排名。

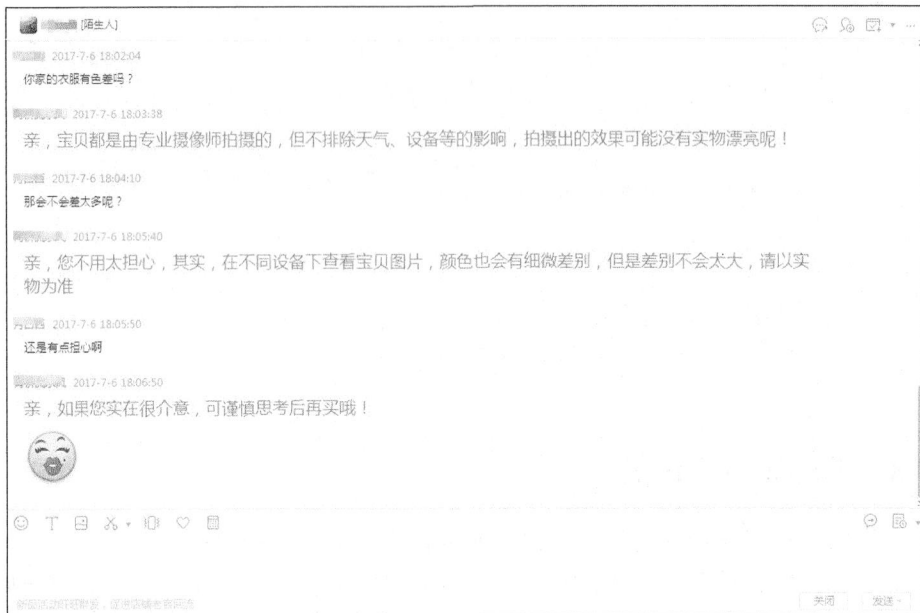

5.4.5　买家讨价还价

议价、砍价是每个客服经常会遇到的问题，也是询单流失的一部分原因。对于议价客户，我们首先要分析客户类型，如对比型、武断型等，然后再总结出解决问题的话术进行回复。针对不同类型的客户，有不同的回复方式，下表所示为解决客户议价问题的处理技巧。

解决客户议价问题总结表

客户类型	买家提出问题	客服回复参考
允诺型	太贵了，第一次买便宜点？以后还会带很多朋友来买	非常感谢亲对小店的惠顾，不过，初次交易我们都是这个价格哟，当然交易成功后您就是我们的老客户了，那么以后不论是您再次购买还是介绍朋友来购买，我们都会根据不同金额给予优惠的

客户类型	买家提出问题	客服回复参考
对比型	其他家的东西都比你这个便宜，你便宜点吧	亲，同样的东西也是有区别的哦，都是汽车，QQ只要几万，而法拉利要几百万呢。就算是同档次的东西，也会因为品牌、进货渠道等因素而有区别。我不否认您说的价格，但那个价格我们这个品牌没法做的，我也不介意您再多比较比较，如果您能选择我，我们会在我们力所能及的范围内给您优惠的
武断型	其他的什么都好，就是价格太贵	亲，我们都知道好货不便宜，便宜没好货，其实我们可以换一个角度来看，最好的产品往往也是最便宜的，因为您第一次就把东西买对了，不用再花冤枉钱，而且用的时间久，带给您的价值也更高，您说是吗
威逼利诱型	就按我说的价格啦，行我现在就拍，不行我就去别家了	这样的价格亲也能开得出来，让我真是佩服佩服，看来我们合作的可能性是比较小了，还请多多见谅。如果您一定要走，真是非常遗憾，不过我们随时欢迎您再次光临
博取同情型	我还是学生（刚参加工作），掌柜你就便宜点咯	现在淘宝的生意也难做呀，竞争也激烈，我们这个月的销售任务还没完成呢，其实大家都不容易，何苦彼此为难呢，您再讲价的话，这个月我们就要以泪洗面了，请您也理解一下我们的苦衷吧，行吗
借口型	哎呀，我的支付宝里钱不够，支付宝里刚好就只有这么多钱（正好是他讲价时愿意出的金额）	真是巧呀，亲，您看这样行不行？反正您差得也不多，那要不就按您支付宝里的余额来付款吧，我们也不想让您太麻烦，少赚一点却能让您尽快使用到我们的产品也是我们很乐意看到的事情
考虑型	行，我再看看其他的，我再考虑一下	亲，网购之前考虑清楚是非常有必要的，这样可以避免很多不必要的麻烦，那么我们可不可以了解一下您需要考虑些什么呢

5.4.6 买家要求更换快递

一般来说，每家店铺都有自己默认发货的快递公司，若买家有特殊要求，卖家默认的快递公司不能达到条件，如货物要得很急，地方比较偏远等情况，就需要更换快递，此时卖家要根据实际情况向买家说明。一般来说有以下几种情况。

若买家要求更换的快递公司在卖家经常发货的快递公司名单中，可直接答应买家更换。

买家：你们是哪家快递公司发货呢？

客服：亲，您好，我们默认发圆通，中通、韵达也可以发的！

买家：那给我换一下吧，中通就在我家楼下，方便取。

客服：好的哦，亲。您下单后我帮您备注就可以的。

若买家要求更换的快递公司不在卖家的发货公司的名单中，可与买家商量，若产生了多余的费用，需要买家自理。

买家：你们能发顺丰吗？

客服：亲，您好，我们默认发圆通、中通、韵达，不发顺丰的！如果您要发顺丰，需要补差价的！

买家：差价多少钱呢？

客服：亲，顺丰起送价23元，您要补差价11元！

买家：好的，我急用。

高手支招

若已经发货了，买家再要求更换快递，分为两种情况：一是快递公司还未发货，可打电话给快递公司追回商品，重新投递；二是快递公司已经发货，则需要告知快递公司，请快递公司帮忙转到买家希望的快递处，但更换快递所产生的额外费用需要卖家和买家协商后支付。同时，还需将更换后的快递单号重新发给买家，方便买家查看物流进度。

5.5 疑难破解

1. 客户的消费心理是如何变化的？

销售产品时需要时刻关注客户的心理变化，根据客户文字间透露出来的信息来整合并应对，这样才能更贴合客户的需要，同时让自己的服务方向更加明确，达到推销成功的效果。其实，客户的购物心理会随着购买环节的推进而产生变化，并呈现一定的规律，一般来说，商品购买的过程分为5个阶段。

| 形成消费动机 | → | 了解产品信息 | → | 选择合适的商品 | → | 购买商品 | → | 使用和评价 |

通过这5个阶段，我们可以看出，客户的消费行为是从客户需求的，这就是说只有当客户对某一个产品产生需求，才会激发形成相应的购买动机，客户才会通过一些渠道去了解商品信息。客户了解商品信息的过程就是客服人员推销产品最好的时机，这时客户会将自己心中收集到的信息与客服人员的介绍进行对比，形成一个确定的标准，并在该标准下进行产品的挑选。这个标准就是影响客户购买行为的关键因素，可以使客户的购买意向直接转化为购买行为。当客户使用购买的商品后，会对商品进行评价，并将这种评价传递给他人，间接影响他人的购买心理和购买行为。因此，可以将客户的购物心理过程大致概括为认识过程、决策过程和使用评价过程。这三大心理过程始终贯彻于客户的整个购物过程，是影响客户消费行为的关键。

| 认识过程 | → | 决策过程 | → | 使用评价过程 |

2 不同消费群体的消费心理有什么差异？

客户的购物习惯、购物倾向会由于社会因素，如年龄、性格、职业等因素的影响而呈现不同的特点，其中，最为主要的因素是年龄和性别。

（1）年龄对客户消费心理的影响

年龄在很大程度上影响着客户的消费心理，年龄偏小的客户，容易对新奇的商品产生兴趣，购买意愿就很强烈。而年龄偏大的客户，心智成熟，购物目标十分明确。一般来说，可以根据年龄将客户分为少年儿童时期、社会青年时期、中年人时期和老年人时期。

● 少年儿童：少年儿童（0~15岁）的自主决定权十分有限，因此购买商品一般由父母提前确定。其特点是目标明确，购买迅速。少年儿童容易受到周围人群的诱导，相互间容易进行比较，如"谁的鞋子好看我也要买""你买了这个玩具我也想要"等，并因此要求父母购买相同的商品。

● 社会青年：青年消费群体（16~35岁）是占比最多的一部分人群，也是店铺互相争夺的主要消费目标人群。青年消费者的需求主要有3种：一是追求时尚和新颖，愿意尝试新鲜的事物；二是表现自我个性，提倡独立自主、彰显个性；三是冲动消费，容易因为个人兴趣的改变而更换喜好，购物时往往以商品是否能够满足自己的情感来判断商品的优劣。

● 中年人：中年人（36～60岁）的个性和心理已经相当成熟，不会像青年时期那样以感情来判断事物，而是更加理智地进行消费。中年人购物时很少从外观、时尚等角度去考虑商品，而是更注重商品的质量和性能。他们购物前会对商品的品牌、价格和性能等进行分析，并计划购买的时间或地点，以求做到心中有数、安排有序，他们更关注商品是否使用方便、经济适用、结构合理，是否能够对自己的日常工作和生活产生帮助。

● 老年人：老年人（61岁以上）具有经验丰富、情绪平稳和富于理智等特点，他们消费时往往按照自己的实际需求出发，对商品的质量、价格和用途等都会仔细考虑，很少盲目购买。并且随着年龄的增长，老年人可能会有健康或体力等方面的需求，因此商品是否便利、服务是否优质也是他们所关心的。

（2）性别对消费心理的影响

不同性别的客户，其购物心理也有所不同。男性客户一般具有较强的理智与自信，属于理智型消费者。善于控制自己的情绪并能够冷静地处理各项事宜，不喜欢喋喋不休的推销。他们的购买动机较为被动，可能因为家人的嘱咐、同事朋友的委托或工作需要等采取购买行动，且喜欢事先做好商品的调查。男性客户一般不喜欢斤斤计较，比较注重商品的性价比，并且稳定性较好，不容易反复发生变化。

女性客户中冲动性消费的人较多，喜欢追求时髦和潮流，容易受外界影响而改变购买决策。女性客户挑选商品时比较细致，对商品的价格、色彩、外观和包装等都有一定的要求。

3. 遇到自己不熟悉的产品怎么办？

当遇到自己不熟悉的产品时，客服人员可以巧妙地把客户引到宝贝详情页，让客户自己先看看，并说明上面写得比自己说得更清楚，同时立即找熟悉产品的同事接着往下聊。或者和客户聊些自己会的东西，尽量拖住客户，但不可以怠慢客户，要知道在我们不懂的情况下也要充满热情，最好和客户用心交谈。如果你在不熟悉的情况下又找不到人请教时，可以跟客户说明情况，不要以不理睬的态度去对待客户。记住，服务态度也可以弥补某些缺陷。

5.6 案例分析

小林是一家保健用品店的客服人员，经常遇到形形色色的用户，有想要增强免疫力的；有想要降血脂的；有想要降血压的；有想要减肥的；有想要改善营养性贫血的；有想要祛痤疮的……这些客户的目的性都比较明确，知道自己想要达到的最终效果，但不知道哪种产品适合他们，也不知道通过什么方式能够更好地达到效果。因此，往往需要小林来帮他们了解这些信息，帮助他们确定需要的产品。这天，小林就遇到一位想要快速减肥的客户，通过与客户的交谈，小林快速了解到客户的需求，为客户推荐了一款适合的产品，成功地进行了产品的销售，保证了店铺转化率的稳定增长。下面我们来看一看小林与客户的谈话。

买家：在不在呀？我都要胖死了，急需减肥！

小林：亲，您好。在的呢！您对减肥有什么具体的要求吗？

买家：能不能给我推荐一款产品！2个月之内就有效果的！我2个月后就要结婚啦，想快点瘦下去😊。

小林：可以的呀！😊请问您的身高、体重是多少呢？

买家：165cm、130斤。我想要减到100斤以下，这样穿婚纱漂亮😊。

小林：可以的。我想问您一下，您以前吃过减肥药吗？

买家：吃过的，不过以前吃的那个牌子没什么效果，就瘦了几斤，不明显😊。

小林：您想要减哪些部位呢？脂肪主要集中在哪里？

买家：大腿和肚子好多肉的！喜欢吃吃吃😊！

小林：美食的诱惑力很多人都抵挡不住！😊不过要想减肥还是要适当控制饮食哦！

买家：嘿嘿。我看你们家的这款宝贝卖得很好，评价里好多人都说效果好，我用它合适吗？

小林：亲，是这样的。体质、饮食方式、生活习惯、减肥史等都是导致肥胖的原因。所以您要先知道自己是什么类型的肥胖，才能对症下药找到适合自己的产品哦！

买家：啊？我不知道自己是什么类型的呀！

小林：亲，别着急。😊我之前问的问题就是在帮您分析您是什么类型的。您主要是没有控制饮食而引起肥胖，这款产品很适合您，搭配这款产品可以很快瘦下来哦！

买家：太棒了！那我需要控制饮食嘛？

小林：可以不用。但是您如果想要效果更快一点，可以注意控制一下，一日三餐正常吃饭，夜宵、零食等减少甚至不吃，再做一点适量的运动会更好。

小林：其次，要多喝水噢！早上喝温水、蜂蜜水或柠檬水，可以加速排便，加快身体的新陈代谢。

买家：啊？我没有蜂蜜耶！

小林：没关系的，您看看这个，这是天然的野生农家蜂蜜，口感好，而且现在正在促销呢！和您刚刚看的那款减肥产品搭配购买，买二送一哦！机会难得，错过就没有了呢！

买家：嗯嗯，确实很划算。就这个，我一起买了！先买两套试试。

小林：谢谢亲！效果好可以推荐给朋友哦😊！

买家：可以哒！现在就期待快点收到啦！

小林：亲亲您放心，您下单后我们会第一时间为您安排发货，一般4天内就可以收到的！

买家：嗯嗯好的。我下单啦！

小林：好的！😄欢迎下次光临！

思考与讨论：

（1）小林挖掘客户需求主要采用了哪种方法？你有更好的方法吗？

（2）小林在推销产品时，使用了哪些技巧？

（3）小林的哪些推荐产品的方法值得学习？

第**6**章

售中、售后服务，
留下五星好评

本章导读

　　网店客服人员成功销售产品并引导买家下单后，并不意味着服务就结束了。此时，客服人员还需要继续提供客服服务，包括打包发货、物流跟踪等。同时，买家签收商品后，可能对商品的使用或产品维护等方面存在疑惑，这就需要客服人员再次与其进行沟通，帮助买家解决收货后的种种疑问。

　　本章将对客服售中、售后服务的相关工作进行介绍，包括物流、打包、发货、投诉及维权处理、正常换货和退货、退款纠纷处理、售后维修和中差评处理等。

知识技能

※ 熟悉并掌握售中服务的操作
※ 掌握普通售后问题的处理方法
※ 掌握投诉的处理技巧
※ 掌握中差评的处理技巧

视频讲解

（视频讲解：2分钟）

6.1 做好售中服务

从买家进店拍下产品开始，会出现很多个订单节点，也就是我们常说的订单状态。订单状态分为等待买家付款、买家已付款、卖家已发货、交易成功4个环节，每一环节都需要客服人员去做相应的工作。而售中服务的内容主要是从买家已付款后开始的，主要包括订单确认、物流选择、商品打包、及时发货和物流跟踪5个方面。

6.1.1 订单确认

买家进店拍下商品并成功付款后，下一个环节就是等待卖家发货。在网店交易过程中，有不少订单是因为买家地址错误或是商品拍错，导致退换货情况的发生，所以，客服人员在发货前与买家确认订单详情是非常重要的。

售中客服人员与买家确认订单信息的方法很简单，直接在千牛聊天窗口中输入需要确认的信息，单击 发送 按钮将信息发送给买家，待买家确认即可。若信息有误，则需要及时修改；若信息正确，则应及时联系物流公司发货。

其次，除了可以在千牛聊天框中输入信息外，客服人员还可通过千牛工作台右侧的"订单"选项卡中提供的"发送地址"功能进行订单信息发送，其方法已在第3章的千牛工作台操作中进行了介绍，这里不再赘述。

【案例】小媛刚刚搞定一名难缠的客户，这位客户想送朋友礼物，但又有诸多条件，实在难以应付。看着客户下单、付款，小媛心理松了好大一口气。随后，小媛就给同事吹嘘自己怎么解决客户的各种刁难提问，好不得意！然而没想到，一周后，这位客户找到小媛，质问她怎么还没收到产品，就显示已经签收了！小媛这才再次找到订单，和客户核对信息，发现原来客户这次填写的地址是他朋友的，而客户不小心写错了一位电话号码，导致快递人员将产品送给了别人。在这种情况下，虽然的确是由于客户不小心填错了信息，但小媛也没有及时与客户核对信息，双方都有责任。最后经过协商，双方各负一半的责任。小媛也因此被记过。

6.1.2 联系物流公司

物流是联系卖家和买家之间的纽带，淘宝开店离不开物流的支持，所以，物流十分关键。物流的安全、速度的快慢是买家非常关注的问题，也是卖家要特别注意的问题。那么作为卖家如何选择适合自己的物流公司呢？

● 了解自己所在区域有哪些快递：一般来说，中通快递、顺丰速运、圆通快递、天天快递、中通速递、韵达快递等，是做淘宝的几家主流快递。

● 选择安全性高的快递：在商品运输过程中，最让买卖双方担心的就是快递出现掉件和损坏的问题，所以网店在挑选物流公司时最好选择具有一定规模、网点分布较广的公司。这类物流公司发展较为完善，可以减少很多后顾之忧。

● **选择费用合理的快递**：对卖家来说，物流成本也是一块不小的成本支出。因此要选择适合自己且费用合理的快递。"三通一达"价格相差不大，价格中等；其次EMS价格较高，顺丰价格最高；天天、优速等快递价格比较便宜。

● **选择发货速度较快的快递**：在网上购物的客户，通常对物流的速度非常在意，物流速度快，会非常容易赢得买家的好感，留住客户，将新客户培养成老客户。反之，则容易引起客户的不满甚至投诉。物流公司的时效体现在取件和配送两个方面。就目前来说，顺风速度最快，大多采用航空运输的方式，但由于顺丰价格较高，所以在买家不要求的情况下，淘宝发件最好不发顺丰。

● **选择服务质量较好的快递**：客户在购物的整个过程都应享受优质的服务，包括物流服务，所以，网店在选择物流公司时要偏向于对快递员工作监管较为完善的公司，要选择具备服务行业精神、遵守服务行业准则的物流公司。质量好的物流服务，会给买家带来舒适的购物体验，可以增加买家对网店的好感度。

根据以上内容选择1~2家经常合作的快递公司，并根据买家的实际需要进行考虑，若买家处于较偏远的地区或买家指定某一家快递公司，卖家应在不损害买家利益的前提下与买家共同协商，确定最终发货的快递公司。

确认好快递公司后，客服人员即可致电通知快递公司前来取件，向快递人员说明取件的内容，包括产品名称、重量、是否容易破损、变质等，方便快递人员判断取货应该使用的工具，携带的面单数量，是否需要包装等。

同时，为了保证商品及时送达买家手中，对于加急件，卖家应该明确告知快递人员，并在快件上加以备注。为了保证商品的安全，对于贵重物品可以选择EMS，并进行保价，从而保障货主的利益。在选择其他快递服务时，要有购买保险的意识，同时需要了解理赔服务。此外，卖家还可对物品进行保护安装，在包装箱上标注易碎、轻放等字样，叮嘱快递公司注意保护等。

高手支招

保价是快递的一项增值服务，若快递丢失、损坏，将得到保价范围内的赔偿，若没有保价，赔偿的费用较低，往往只赔偿几倍的快递费用。因此，贵重货品建议保价。

6.1.3　打包商品

打包商品是指对商品进行包装，然后交给取件的快递人员。打包的重点是商品包装，商品包装不仅可以方便物流运输，同时也是对商品在物流运输过程中的一种保护。商品包装一般需要根据实际情况而定，不同类型的商品，其包装要求也不一样，当然，卖家可以对商品包装进行美化，增加买家对商品的好感度。

1. 包装的几种形式

商品包装是商品的一部分，反映商品的综合品质，商品包装一般分为内包装、中层包装、外包装3个层次。

● **内包装**：内包装即直接包装商品的包装材料，主要有OPP自封袋、PE自封袋和热收缩膜等。一般商品厂家已经做好了商品的内包装。

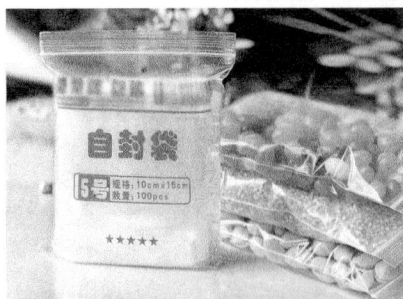

● **中层包装**：中层包装通常指商品与外包装盒之间的填充材料，主要用于保护商品，防止运输过程中商品损坏，报纸、纸板、气泡膜、珍珠棉、海绵等都可以用作中层包装。在选择中层包装材料时，可根据实际情况进行选择，灵活使用各种填充材料，如包装水果的网格棉也可用于其他小件商品的包装或作为填充材料使用。下图所示为珍珠棉和报纸的使用。

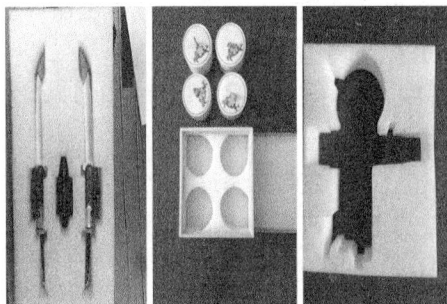

● **外包装**：即商品最外层的包装，通常以包装袋、编织袋、复合气泡袋、包装盒、包装箱、包装纸等为主。

高手支招

在包装商品时，有心的卖家可以使用个性化包装，或在包装箱上做一些贴心小提示，这样不仅可以迎合目标消费群，还可以提醒快递员注意寄送，此外，还可以趁机宣传一下自己的店铺。

2. 不同类型商品的包装技巧

不同的商品其包装方式也不相同，客服人员在包装时要根据具体的商品来选择对应的包装方式，下面分别对常用类型的商品的包装技巧进行简单介绍。

● 服饰类商品：服饰类的商品在包装时一般需要折叠，多用包装袋进行包装，为了防止商品起皱，可用一些小别针来固定服饰，或使用硬纸板来进行支撑，为了防水，还可在服饰外包装一层塑料膜。

● 首饰类商品：首饰类商品一般直接用大小合适的首饰盒进行包装，如果是易碎、易刮花的首饰，还可以使用一些保护材料对首饰单独进行包装。

● 液体类商品：化妆品、酒水等液体类商品都属于易碎品，必须非常注意防震和防漏，必须严格检查商品的包装质量。在包装这类商品时，可使用塑料袋或胶带封住瓶口以防止液体泄漏，可使用气泡膜包裹液体瓶子或在瓶子与外包装之间用填充物进行填充。

● **数码类商品**：数码产品一般价格比较昂贵，因此一定要注意其包装安全。一般需要使用气泡膜、珍珠棉、海绵等对商品进行包裹，同时还需使用抗压性较好的包装盒进行包装，避免商品在运输过程中被挤压而损坏，建议对数码商品进行保价，提醒买家验货后再确认签收。

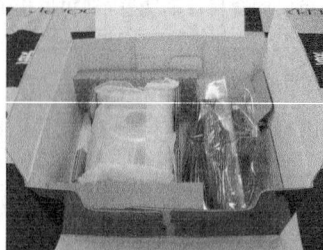

● **食品类商品**：食品类包装必须注意包装材料的安全，即包装袋和包装盒必须干净、无毒。部分食品保质期较短，对温度要求也较高，包装这类商品时要注意包装的密封性，此外，也可抽真空后再进行包装，这类食品在客服人员收到订单后应尽快发货，尽量减少物流时间。

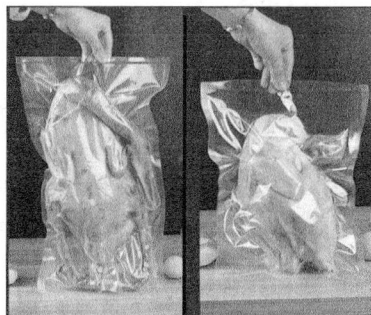

● **书籍类商品**：书籍类商品的防震防压性都比较好，主要需注意防水防潮的处理，一般可使用包装袋或气泡袋进行封装，再使用牛皮纸或纸箱进行打包。

● **特殊产品包装**：某些特殊的商品，如海鲜、植物、肉类、水果、奶类及医药化学类产品，需要为其进行保鲜，这类产品对包装和运输环境的要求很高。一般会交予专业的快递人员进行包装，以保证产品的使用价值。一般情况下，会采用可保持产品于指定温度范围内的冷冻材料进行包装，如需冷冻产品，则会使用干冰。同时，还会使用防漏塑料袋和塑料包装箱等进行加固，保证产品运输的安全。

6.1.4 及时发货

客服人员联系好物流公司并打包好商品，待快递人员取货成功后，即表示产品已进入物流运输阶段，此时客服人员要在网店后台设置商品状态为已发货，告知买家商品已经正常发货。淘宝要求，买家付款后卖家要在72小时内完成发货，特殊情况下，如双十一期间，卖家需要告知客户延时发货，否则淘宝会认为卖家妨碍买家高效购物的权益，对卖家处以扣3分的处罚，并要求卖家向买家赔偿商品实际交易金额的百分之五（最高不超过30元）。在淘宝网后台设置发货的具体操作步骤如下。

扫一扫

及时发货

01 在"卖家中心"页面中单击"已卖出的宝贝"超链接，打开"已卖出的宝贝"页面。

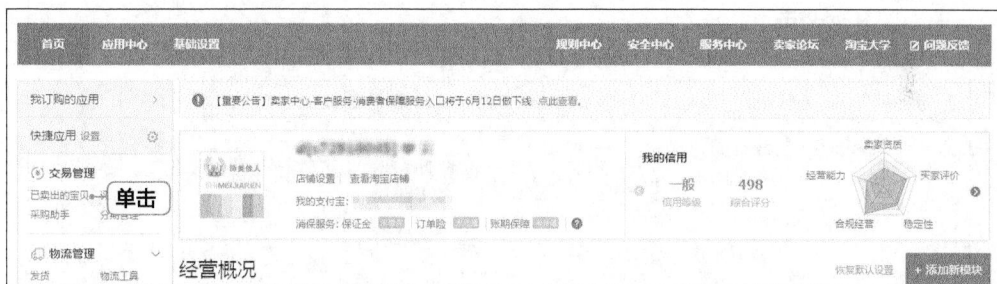

02 在其中可查看所有的订单，在交易状态为"买家已付款"的订单中单击 发货 按钮。

03 打开"发货"页面，在第一步和第二步中确认收货信息及交易详情、发货/退货信息无误后，在"第三步 选择物理服务"栏中选择一种发货方式，这里单击"自己联系物流"选项卡，在打开的页面中输入运单号，并选择快递公司，然后单击 发货 按钮即可。

04 此时将提示"恭喜您，操作成功"的信息，表示发货成功。

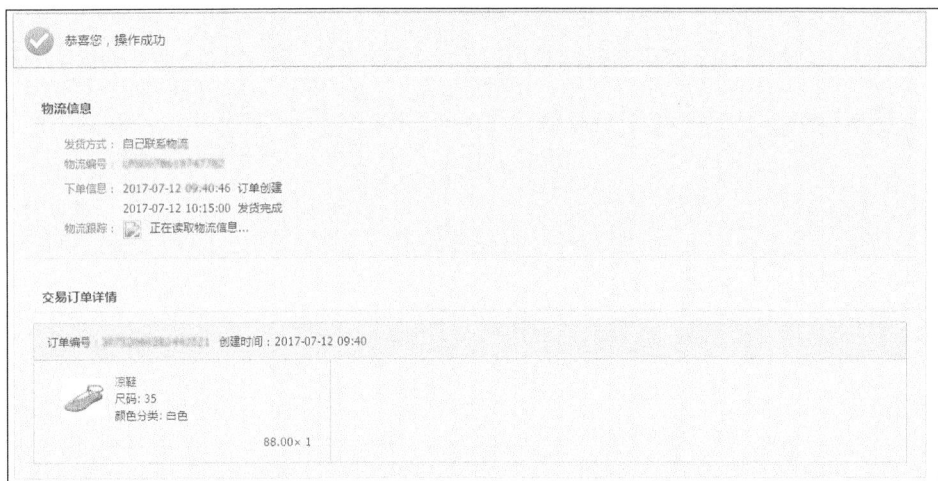

05 返回"已卖出的宝贝"页面，可看到订单的交易状态已变为"卖家已发货"。

近三个月订单	等待买家付款	等待发货	已发货	退款中	需要评价	成功的订单	关闭的订单	三个月前订单

全选　批量发货　批量标记　批量免运费　　☐不显示已关闭的订单　　　　　　　　　　上一页　下一页

宝贝	单价	数量	售后	买家	交易状态	实收款	评价

状态变为"卖家已发货"

☐订单号：　　成交时间：2017-07-12 09:40:31

凉鞋　颜色分类：白色 尺码：35　　¥88.00　　1　　　和我联系　　卖家已发货 详情 延长收货时间　¥96.00 (含快递：¥8.00) 查看物流

☐订单号：　　成交时间：2017-06-19 16:51:28

凉鞋　颜色分类：灰色 尺码：38　　¥88.00　　1　　　给我留言　　交易关闭 详情　¥70.40 (含快递：¥0.00)

提个醒

淘宝提供了"在线下单""自己联系物流""无纸化发货"和"无需物流"4种发货方式。若店铺不想自己费心选择物流，可选择在线下单方式，通过大数据运营和分析为自己推荐时效、服务等综合指标最优的快递公司；若店铺有自己熟悉的物流公司，也可以选择自己联系物流，避免在线下单的等待时间过长，以节约时间成本；若不想手写面单，可选择无纸化发货方式获取实时单号，然后在包裹上标识揽件码即可；若店铺所售商品为虚拟产品，如话费、游戏点卡等，可选择"无需物流"的方式进行发货。

6.1.5　物流跟踪

货物已经出库，当买家询问快递情况时，客服人员可以通过网店后台查看订单的物流信息并告知买家，其具体操作步骤如下。

01 打开"已卖出的宝贝"页面，在需要查看物流信息的订单中单击"详情"超链接。

扫一扫

物流跟踪

近三个月订单	等待买家付款	等待发货	已发货	退款中	需要评价	成功的订单	关闭的订单	三个月前订单

全选　批量发货　批量标记　批量免运费　　☐不显示已关闭的订单　　　　　　　　　　上一页　下一页

宝贝	单价	数量	售后	买家	交易状态	实收款	评价

☐订单号：　　成交时间：2017-07-12 09:40:31

凉鞋　颜色分类：白色 尺码：35　　¥88.00　　1　　　和我联系　　卖家已发货 详情 延长收货时间　**单击**　¥96.00 (含快递：¥8.00) 查看物流

☐订单号：　　成交时间：2017-06-19 16:51:28

凉鞋　颜色分类：灰色 尺码：38　　¥88.00　　1　　　给我留言　　交易关闭 详情　¥70.40 (含快递：¥0.00)

02 打开"交易详情"页面，单击"收货和物流信息"选项卡，在其中即可查看当前订单的物流信息。

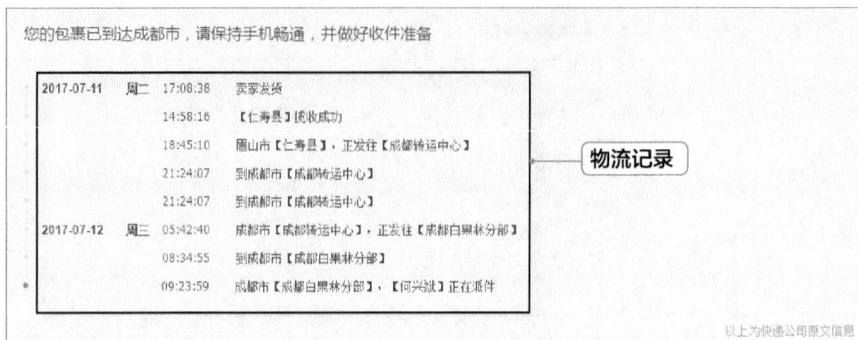

客服人员知悉物流进度后，即可回复买家。回复话术如下。

（1）亲，宝贝已经到达您所在的城市，现在正在进行派送哦！

（2）亲，宝贝已经在路上了，请耐心等待，不日将会送到您手中。

（3）亲，宝贝物流一切正常，2天内应该可以收到噢！

6.2 普通售后问题处理

普通售后处理是指在正常交易下，客户由于某些主客观原因，对商品或服务表示不满，但愿意用沟通协调的方式去解决的售后问题。普通售后处理是售后客服人员每天处理最频繁的工作内容，也是售后客服的主要工作之一。下面我们就来了解一下普通售后问题的具体处理方法。

6.2.1 降价处理

淘宝网店中某些商品偶尔会出现降价的情况，降价原因可能是参加了促销活动、节庆日打折，或者之前活动力度较小，效果不明显，因而加大了活动力度等。如果短期内同种商品出现两种不同的价格，部分高价购买的客户就可能要求补差价，此时客服人员可先安抚客户，然后阐述价格下降的原因，接着可以给予客户适当优惠或者赠送小礼物，实在不行可以给客户申请补差价。参考话术如下。

买家：不是吧！这个产品我才买两天就降价50块，这不是坑我吗？

客服：您好亲，我们近期刚好参加了淘宝官方活动，所以价格相对之前要便宜一些。亲如果感觉产品不错的话可以再购买，我这边帮您申请优惠和小礼物，您看怎么样？😲

买家：我考虑一下吧！

提个醒

售后客服人员在回复客户提出的补差价请求时，首先要看店铺之前是否做出降价退差价之类的服务承诺，如果有，则按照服务承诺执行；如果没有，可以给予客户优惠券进行补偿，但是别忘记提醒客户优惠券的使用范围和时间。

6.2.2 正常换货、退货

正常退换货是指客户在收到商品后，由于商品质量、商品发错、7天无理由退货等原因，要求店铺在不低于原价格的基础上退换商品，分为同款退换和不同款退换。一般来说，正常退换货的相关信息在宝贝详情页必须有所说明，尤其是运费方面的说明，如下图所示。

1. 换货

如果售后客服人员遇到发错货、产品质量问题、7天无理由退换货等原因导致的换货问题，可根据客户要求先查明原因，符合换货条件则立即给客户换货，与此同时，一定要备注跟进。例如：

买家：我要的是蓝色的，怎么给我发成紫色的呀？

客服：亲，真是抱歉😭！您先拍个照片给我看一下，如果发错的话，我这边马上安排今天帮您把紫色发出去，您先把蓝色退回来可以吗？麻烦您了🙏！

买家：好的，我先拍个照。

从上述对话可以看出，造成换货的原因是卖家发错货，此时客服人员需要先确认商品是否发错，确认发错后应先表达歉意，然后根据买家的需要进行换货处理。

买家：在吗？今天收到货了。我还是觉得这个黑色的牛仔裤和我的衣服不太配，给我换成蓝色的吧！

客服：好的亲。请保证包装、吊牌完好，没有清洗噢！同时写清楚您的旺旺ID、联系方式、换货原因，然后寄到×××××××。我们为您的宝贝投付了运费险，但需要您先行垫付运费！拒收货到付款噢，谢谢😊！

买家：好的。

从上述对话可以看出，换货的原因是买家想要另一个颜色的商品。这种情况下，客服人员应该同意换货，并说明换货的条件。

2. 退货

淘宝退货是卖家经常遇到的比较头疼的问题，退货理由和原因也多种多样。合理而及时地处理和跟进，通常有20%的退货问题可以避免。当售后客服人员遇到退货客户时，应根据客户要求先查明原因，及时为客户解决，尽量引导客户取消退货，与此同时，一定要备注跟进。例如：

买家：这什么质量啊！才穿了2天就破了，赶紧给我退了！

客服：亲，麻烦您提供下照片方便我核实哦！可能是由于缝制时不太精细，您看这样行吗？您自己缝制或去当地裁缝师那里缝制，我这边给您做下补偿。

买家：嗯，等下。

从上面的对话可以看出买家所购商品质量出现问题，买家要求退货。客服人员在处理时，先要求买家提供证据，再给出处理的方案。这个方案的目的是给客户提供一个其他的处理方法，引导买家取消退货。若买家同意，则这个订单会正常完成；若买家不同意，仍旧坚持退货，此时客服人员也一定要满足买家的需要。

6.2.3 退款

淘宝为卖家提供了退款处理的办法，现将退款问题归纳为6类，并针对每一类问题给出相应的处理办法和后续建议，如下表所示。

退款原因和处理方法总结表

常见问题	售后客服处理办法	后续跟进
货物破损、少件等问题	①联系买家提供实物照片，确认商品情况 ②向物流公司核实是谁签收的包裹 ③如果非本人签收，且没有买家授权，建议客服人员直接给买家退款，并联系物流公司协商索赔，避免与买家产生误会	①发货前严格检查产品质量 ②选择服务品质高，尤其是对签收操作严格规范的物流公司 ③提前约定送货过程中，商品破损、丢件等损失由谁承担
质量问题	①联系买家提供实物图片，确认问题是否属实 ②核实进货时商品质量是否合格 ③如果确认商品有问题或无法说明商品是否合格，可直接与买家协商解决，如退货退款	①重新选择优质的进货来源 ②进货后保留好相关的进货凭证

常见问题	售后客服处理办法	后续跟进
描述不符	①核实宝贝详情页的描述是否有歧义或者容易让买家误解信息 ②核实是否发错商品 ③如果描述有误或者是发错商品，可以与买家协商解决，如换货、退货退款等，避免与买家发生误会	①确保商品描述内容通俗易懂，会产生歧义 ②确保发出的每一件商品与买家购买的商品一致
收到假货	①核实进货时的供应商是否具备相应资质 ②如无法确认商家资质，可直接联系买家协商解决	①选择有品牌经营权的供应商 ②进货后保留好相关的进货凭证或商品授权书
退运费	①核实发货单上填写的运费是否少于订单中买家所支付的运费 ②如果有误，将超出部分的金额退还给买家	邮费模板要及时更新，如果有特殊情况，应及时在旺旺中通知买家

当售后客服人员遇到退货退款客户时，应该根据客户要求先查明原因，了解买家的实际意图，找到问题，解决问题。对于可退可换的客户，联系沟通后可将退款转化为换货，以减少退款率。例如：

买家：这颜色怎么没有图片上亮😭，我要退货退款。

客服：亲亲，图片我们是请专业摄影师拍摄的，有时会由于电脑显示器的亮度不同而产生色差，我们已经把色差降到最低了哦。如果亲确实不喜欢的话，我可以帮您换一件，但是提醒您一下哦，所有的网上商品由于拍摄、显示器等原因都避免不了会有色差的哦！

6.2.4　售后维修

如果买家所购商品属于三包类商品，卖家在保修期内应该为买家提供售后服务，如换货（15天之内）或维修等。当售后客服人员遇到提出售后维修的客户时，客户一般会咨询4个方面的内容，如下图所示，此时，客服人员应根据客户遇到的情况进行解答，且必须核实情况再做处理。

售后维修的案例如下。

买家：这表突然不走了，可以修吗？

客服：亲，对于您的手表坏了我们表示非常遗憾。您方便告知所在地吗？我看看您那边有没有维修点。

买家：我在重庆。

客服：亲，抱歉噢！重庆没有我们的维修点噢！

买家：那怎么办呢？

客服：亲不要担心，既然您那边没有维修站点，就只有先寄回来，然后我这边安排专业的维修师傅帮您瞧瞧。

买家：寄回去可以，但是要花多久呢？

客服：亲，重庆到我们这一般3~5天，维修的时间要看您表的损坏程度，一般情况下不超过半个月。

买家：好吧。

6.3 纠纷处理技巧

所谓纠纷，是指买卖双方就具体的某事/某物产生了误会，或者一方刻意隐瞒事实，导致双方协商无果的情形。对于客服人员来说，一旦与买家发生纠纷，那么与买家沟通就会显得比较困难，处理起来也比较麻烦，此时，客服人员不仅需要熟悉淘宝售后的规则，而且还要熟悉当前所面临的境况，尽自己最大的努力去化解店铺的危机。

6.3.1 纠纷产生的原因

客户在网店购买商品的过程中，与网店产生纠纷的原因主要有下图所示的几种。

1. 产品质量

产品质量是客户衡量商品使用价值的标准，具体是指产品本身规定或潜在要求的特征。产生产品质量纠纷的主要原因包括产品外观、使用质量和客户心理预期3个方面。

● 产品外观：主要表现为产品的光洁度、造型和颜色等方面，是客户在收到商品后能够通过肉眼识别的。网购商品的外观质量，可分为产品缝制质量、产品颜色偏差和产品局部瑕疵3个方面。

● 使用质量：即产品使用过程中表现出来的质量问题，这会直接影响客户对产品的使用情况。客户对产品的使用情况可分为产品的耐用性、便捷性、可靠性等多个方面，客户始终坚信高质量的产品应该使用方便、可信度强，而且使用效果好。

● 客户心理预期：由于网购的特殊性，客户只能通过卖家所提供的产品信息、图片信息、买家秀信息等来建立自己对于商品的期待值，客户对于商品的这份期待值称为客户的心理预期。当客户对于产品的期望值过高，而实际收到的商品远低于自己的心理预期时，会形成巨大的心理落差，此时很容易因为产品质量引发纠纷。

2. 产品价格

价格是客户在整个购物过程中最为关注的内容，如果客户购买的商品突然降价，而且降价幅度还很大，客户肯定会觉得不满，觉得客服人员不够诚信，要求店铺补差价，严重的客户还可能会投诉店铺。

当客户咨询商品，且有意愿购买时，客服人员要对店铺的最新活动如实相告，让客户选择购买时间，提前预防因价格原因而造成纠纷的情况。

3. 物流因素

当售前客服人员将商品成功销售给客户，客户拍单付款后，商品便进入了物流环节，交由售后部门确认订单、打包装箱，并通知物流公司发货。在这个环节中，物流公司的操作是不受卖家控制的，因此也很容易出现问题而造成纠纷，如出现发货延迟、物流速度太慢、货物破损等问题。

4. 货源因素

客户通过网购买到自己所爱的商品，在成功付款之后，卖家才告知客户货源出了问题，未能及时发货或者根本就没货，这种情况会让客户很不满意，由此引发的纠纷便是由货源因素造成的。网店常见的货源问题主要包括缺货和断货两个方面。

6.3.2　处理纠纷的流程

处理客户纠纷是技巧性比较强的工作，需要长时间的经验积累，尤其是对交易纠纷的处理，能够最大限度地锻炼售后客服人员的心理承受能力和应变能力。售后客服人员在处理与买家之间的纠纷时，应坚持有理、有节、有情的原则，然后按如下所示的流程来处理。

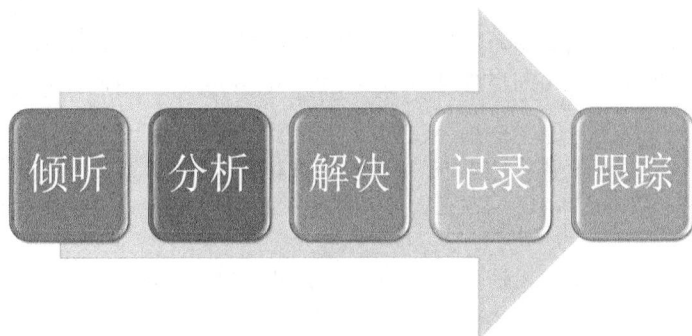

倾听　分析　解决　记录　跟踪

1. 倾听

当客户收到盼望已久的商品，却发现商品和自己的心理预期相距甚远时，就会向客服人员抱怨对商品的不满。此时，售后客服人员要耐心倾听客户的抱怨，并给予客户发泄的机会。在客户抱怨之后，客服人员可以先道歉，让客户知道你已经了解了他的问题，然后再对产生问题的原因进行分析，进而解决问题。

2. 分析

售后客服人员认真倾听客户的抱怨之后，需要对客户所抱怨的内容进行分析、归纳，然后找出客户抱怨的原因。一般客户抱怨最多的原因主要来自4个方面。

商品与描述不符	发货速度太慢	客服服务态度差	送件员的服务态度不好
☐ 商品质量有问题	☐ 商品到达时间过长	☐ 客服人员回复客户疑问时没有耐心	☐ 送件员对快件不负责任
☐ 商品尺码不标准	☐ 耽误了客户的应急使用	☐ 客服人员与客户发生争执	☐ 送件员故意摔坏商品
☐ 商品与客户预期差距太大等	☐ 超出客服承诺的时间	☐ 客服人员用粗俗话语辱骂客户	☐ 送件员辱骂客户

3. 解决

当客服人员了解客户抱怨的真实原因后，就要竭尽全力为客户解决问题，这也是处理纠纷的关键步骤。

在解决客户的抱怨时，客服人员首先要安抚客户的情绪，创造一个和谐的对话环境；然后对客户提出的问题进行相应的解释，请求客户的理解；最后向客户提出解决方案，努力与客户达成共识。

售后客服人员在解决问题之前，首先要针对客户所描述的情况进行分析，清楚责任认定，然后再针对不同的责任认定提出不同的解决方法。

（1）店铺的责任

由于店铺或客服人员在销售商品或服务环节疏忽大意而造成客户精神财产损失的，店铺应该承担主要责任，让纠纷得到妥善解决。解决纠纷的方法：店铺首先应主动承担责任，诚挚地向客户道歉；然后主动退换货，并承担来回运费；最后给予客户一定的补偿，如赠送优惠券、升级VIP等。

（2）物流公司的责任

物流公司的工作任务，就是将客户在网店购买的商品运送到客户手中，但由于快递在运输过程中是无法被买卖双方所监管的，因此，在物流途中可能会出现意外，这也会影响客户的购物体验，如快递运输过程中的掉件、商品受损、快递员服务态度恶劣等问题。

当客户向客服人员抱怨这些问题时，客服人员要帮助客户主动联系物流公司，弄清楚快件在运输过程中出现的问题，并要求快递公司进行赔偿，然后再向客户赔礼道歉。

（3）客户方的责任

在商品交易的过程中，不可避免地会因为客户操作不当、客户恶意损坏、客户心理期望值过高等原因而引起交易纠纷。在面对上述几种情况时，售后客服人员应从店铺的利益出发，让客户承担纠纷中的主要责任，而不能一味地忍让和纵容。

4. 记录

在售后客服人员与客户就纠纷事宜的解决达成一致后，客服人员要对情况进行记录，总结客户抱怨的原因、纠结的严重性、纠纷解决方案等。这些情况记录不仅可以为客服人员积累一些处理纠纷案例的经验；还可以作为网店各个部门审视自己工作是否到位的参考，在了解网店自身不足的基础上，不断改进，把网店做得更好。

客服在记录买家抱怨与解决方案时可以参考下表的格式。

记录客户纠纷处理表

买家昵称	处理时间	购买商品	抱怨原因	责任认定	处理方案	客户满意度

5. 跟踪

一名金牌客服人员,除了要能顺利解决纠纷并提出客户所认可的解决方案外,还要能对纠纷处理进行跟踪调查。

● 告知客户纠纷处理的进度:给客户采取什么样的补救措施,现在进行到了哪一步,客服人员都应该及时告诉客户,让他了解你的工作,了解你为他所付出的努力。当客户认为所提出的解决方案得到了落实,卖家也十分重视的时候,客户才会放心。

● 了解客户对纠纷处理的满意度:在解决了与客户的交易纠纷之后,还应该进一步询问客户对此次纠纷的解决方案是否满意?客户对执行方案的速度是否满意?通过这些弥补性的行为,可以让客户感受到店铺的诚心和责任心。客服人员可以用自己的实际行动去感动客户,让客户忘却此次不愉快的购物之旅。

6.3.3 严重退款纠纷

严重退款纠纷,就是买家在申请退款之后,要求淘宝介入,如下图所示。严重的退款纠纷将涉及店铺的退款纠纷率和相关的淘宝处罚问题。

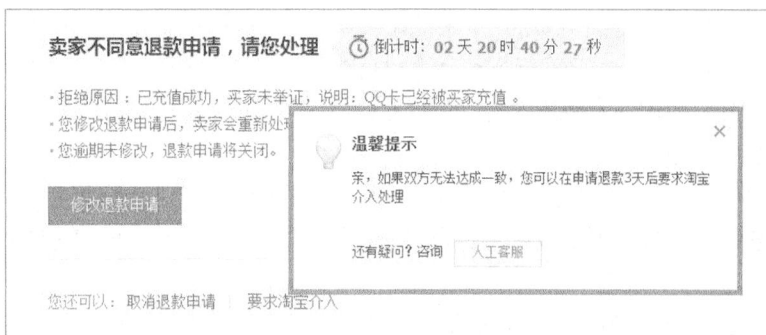

严重退款纠纷会影响店铺的纠纷退款率,从而导致店铺全部商品单一维度搜索默认不展示、直通车暂停14天、消费者保证金翻倍等情况。

● 根据淘宝集市所发布的营销活动招商要求,规定"近一个月人工介入退款成功笔数占店铺交易笔数不得超过0.1%,或笔数不得超过6笔(数码类卖家不得超过4笔)"。

● 淘宝会限制好评率、店铺评分、退款率以及纠纷退款率等低于淘宝指定标准的店铺参加营销活动,且给予全店商品单一维度搜索默认不展示。

● 根据淘宝的硬性规定,卖家自淘宝检查时起前一个月内纠纷退款率不能超过淘宝规定的标准,否则将被采取暂停淘宝直通车软件服务14天的处理。

提个醒

淘宝介入核实商品存在的问题后,将对描述不符的一方进行处罚。核实卖家未履行承诺的,将给予违背承诺的处罚,如店铺未履行7天退货服务,淘宝将给予店铺违背承诺扣4分的处罚。

6.3.4 未收到货物纠纷

由于快递的运输时间受多方面因素的影响，而且卖家无法控制，由此产生的物流纠纷也很多。那么遇到买家提出的未收到货物的纠纷，作为卖家该如何处理呢？

此时，卖家需要通过物流跟踪信息来判断货物风险到底是属于买家还是卖家。淘宝争议处理规范明确说明：卖家按照约定发货后，收货人有收货的义务，收货人可以本人签收商品或委托他人代为签收商品，被委托人的签收视为收货人本人签收。也就是说，货物风险转移的关键在于收货人是否签收。

具体来说，货物在收货人或者得到收货人授权的签收人、签收地签收之前，货物风险由卖家承担，在此之前货物产生了任何风险，由卖家负责向承运的物流公司进行索赔；而货物一旦被收货人或者得到收货人授权的签收人、签收地签收，货物风险转移至收货人。

1. 买家未签收

虽然物流跟踪信息上显示买家已签收，但是买家却说自己并未签收过商品。此时，就需要提供签收底单来进行判断。如下为客服人员与未收到货的买家的对话示例。

买家：我看物流信息显示，我已经签收了商品。怎么回事呀？我根本没有签收呀😳！

客服：亲，请稍等。我帮您核实一下。

客服：亲，抱歉久等了🎤！我这边已经与为您派件的物流公司核实过了，您的快递签收单上的签收人显示是门卫，并非您本人。这个是授权第三方签收物流红章证明。

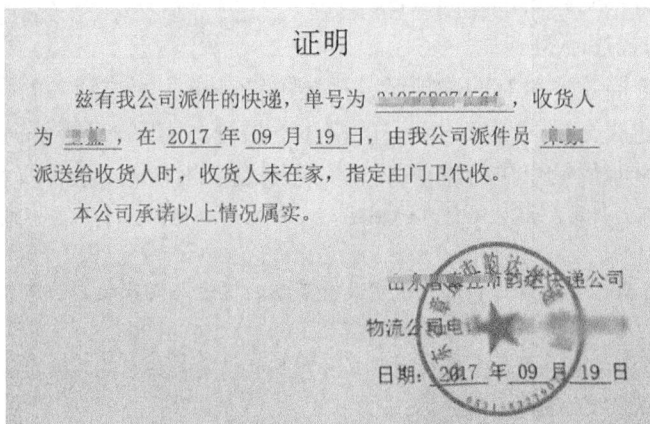

证明

兹有我公司派件的快递，单号为 ３１０５６９９７４５６４ ，收货人为 ＿＿＿ ，在 2017 年 09 月 19 日，由我公司派件员 ＿＿ 派送给收货人时，收货人未在家，指定由门卫代收。

本公司承诺以上情况属实。

山东省＿＿市＿＿快递公司

物流公司电＿＿

日期：2017 年 09 月 19 日

从对话中可以看出，该货物非买家本人签收，而是由买家授权的第三方签收的，并且卖家提供了授权第三方签收物流红章证明，所以货物风险就要由买家承担。

2. 买家签收后发现少货

有的客户在签收后没有打开包装查看货物，待回到家拆开包裹后才发现货物少件。遇到这样的情况，售后客服人员应该第一时间和派件的物流公司取得联系，首先核实签收人与买家订单上的收货人是否一致，然后再要求当地物流公司提供买家本人的签收底单。

如下为客服人员与收到少件包裹的买家的对话示例。

买家：在不在，我明明买的两件，怎么只有一件呢？

客服：亲，我们发货都有专人安排的，您再仔细看看。

买家：我签收了之后回家一看，数量根本就不对，我看了好几次了，你们也太坑了！

客服：亲，您签收前有验货吗？如果有验货的话，您可以当场拒签，拒签后我可以联系物流索赔。现在您签收了，我们无法确定当时的情况，没有办法同意您退款的申请呢！

买家：明明就少发了，怎么还说是我的问题？那我只有申请淘宝客服介入了！

从对话中可知，该货物由买家本人签收，买家在签收之前需要对商品进行验货，而买家未进行验货，如果发现货物少件，卖家提供买家本人签收的底单后，货物风险就要由买家承担，所以买家申请淘宝介入也是没用的。

6.3.5　货不对板纠纷

货不对板纠纷主要分为商品与描述不符、销售假货、赠品纠纷3种情况，下面通过案例来分析不同纠纷的处理方法。

1. 商品与描述不符

淘宝网关于描述不符有明确规定，描述不符是指买家收到的商品或经淘宝官方抽检的商品与达成交易时卖家对商品的描述不相符。卖家未对商品瑕疵、保质期、附带品等必须说明的信息进行说明，妨害买家权益的情况，包括以下4种情形。

● 卖家对商品材质、成分等信息的描述与买家收到的商品严重不符，或导致买家无法正常使用的。

● 卖家未对商品瑕疵等信息进行说明或对商品的描述与买家收到的商品不相符，且影响买家正常使用的。

● 卖家未对商品瑕疵等信息进行说明或对商品的描述与买家收到的商品不相符，但未对买家正常使用造成实质性影响的。

● 经核实，商品存在质量问题或与网上描述不符的，做退货退款处理。

如下为客服人员与商品描述不符申请退款的买家的对话示例。

买家：你们家的被子怎么回事！我明明买的是羽绒被，怎么给我发的是棉被！

客服：亲，我们的商品都是严格按照实物进行描述的，都是羽绒的噢！

买家：是啊，你们宝贝描述里说的是羽绒，但是发给我的是棉被。羽绒和棉的手感和材质都不同。

客服：亲，您说我们发的不是羽绒被，那要提供相应的凭证噢！不能您说是棉被就是棉被吧。

买家：那我只好申请淘宝介入了。这个就是我在被子中取的填充物，明显是棉，不是羽绒。

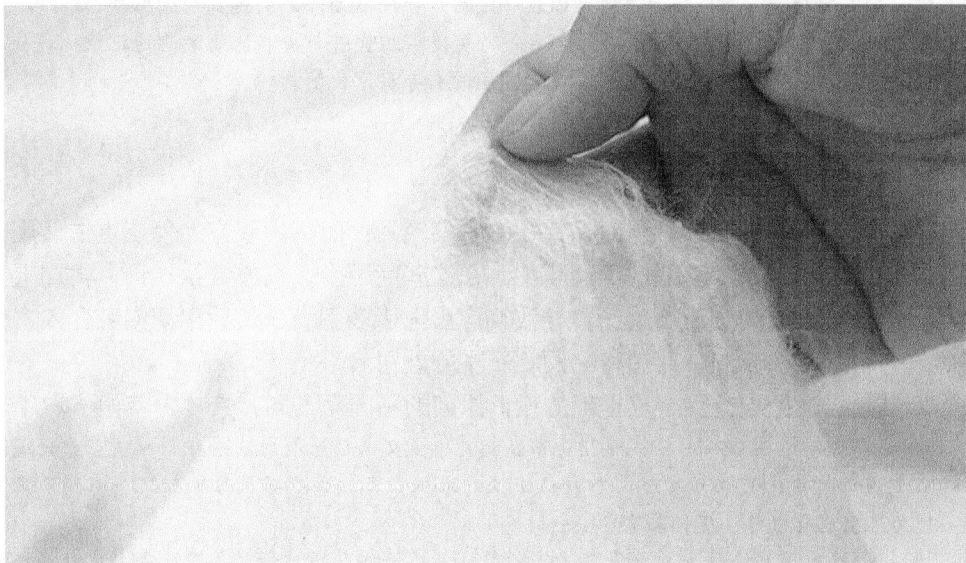

从上述对话中可知，买家直接申请了淘宝介入。淘宝介入后会根据商品的进货凭证（品牌授权凭证和进货发票）与买家反馈材质不符的凭证来判断责任方，若证实商品确实存在棉被充当羽绒被的情况，淘宝会根据规则进行处理：交易支持退货退款，卖家承担来回运费，并且给予卖家描述不符12分一般违规扣分。

提个醒

如果卖家所售商品为闲置商品，买家收到的商品与卖家在发布时的描述不符，或者卖家没有如实说明商品的瑕疵或历史维修情况，交易做退货退款处理，运费由卖家承担。

2. 销售假货

淘宝平台是严令禁止销售假货的，一旦与买家产生纠纷，卖家不仅要全额退款，而且还将面临受到平台处罚的危险。因此，卖家千万不要冒险销售假货。

3. 赠品纠纷

部分卖家可能会很困惑，为什么买家还会因为赠品问题而与自己发生纠纷呢？实际上，从买家的角度来看，部分买家可能会认为虽然赠品是免费的，但"羊毛出在羊身上"；也有部分买家认为，他们的付款金额里面有一部分是赠品费用，因而对赠品会有所期待和要求。所以，卖家遇到赠品纠纷也就不难解释了。

那么作为卖家，我们该如何尽力避免赠品纠纷呢？可以从以下几方面入手。

● 卖家挑选赠品时要慎重，质量太差会影响客户满意度，甚至可能引起纠纷。

● 保证赠品库存数量，严格按照订单约定进行发货，若无法按约定发放赠品，发货前应与买家沟通，征求买家意见。

● 卖家应在宝贝详情页里提示买家，赠品属额外礼物，请不要因赠品引起纠纷，若介意，提示买家勿拍等。这个提示一般可以在一定程度上降低因赠品引起纠纷的概率。

● 如果因为赠品引起纠纷。卖家需第一时间提供发货前与买家协商的沟通记录，提供详情页有关赠品的说明等信息来安抚买家情绪，同时引导买家化解纠纷。

6.3.6 严重投诉与维权

严重的投诉与维权，是指商品存在的争议较大，而买卖双方的争议点依然集中在发货、换货、退款、补差价等问题上。在这些问题上，双方各执一词，再加上售后客服人员与客户的交流不顺畅，导致客户出现诸多不满，最后申请淘宝介入。一旦客户投诉、维权成立，店铺将会面临严重的处罚。

店铺处罚的标准会因客户提出的投诉原因的不同而不同，具体内容如下。

● 恶意骚扰维权：恶意骚扰是指卖家在交易中或交易后采取恶劣手段骚扰买家，妨害买家购买权益的行为。买家可发起恶意骚扰维权，维权一旦成立，店铺每次扣12分；情节严重的，视为严重违规行为，店铺每次扣48分。

● 违背承诺维权：违背承诺是指卖家拒绝向买家提供其所承诺的各项服务，包括交易时违反支付宝交易流程、未按成交价格进行交易以及一切卖家做出承诺却没有做到的情况。若买家投诉卖家有违背承诺的行为且淘宝核实成立，淘宝将对店铺按每次扣4分、6分、12分不等的标准进行处罚。

● 延迟发货维权：延迟发货是指卖家在买家付款后未在规定时间内发货，或定制、预售及其他特殊情形等另约定发货时间的商品，店铺未在约定时间内发货，妨害买家购买权益的行为。卖家的发货时间以快递公司系统内记录的时间为准。一般订单如果出现延迟发货的情况，买家发起投诉，但卖家在淘宝人工介入且判定投诉成立前主动支付违约金的，主动支付违约金达第三次及三次的倍数时扣3分（3天内累计扣分不得超过12分），同时卖家须向买家赔偿该商品实际成交金额的5%，最高不超过30元，最低不少于5元，特定类目商品最低不少于1元（特殊情形除外）。"海外发货"订单若出现发货延迟的情况，买家发起投诉且判定成立的，卖家须按订单交易等值金额额外赔付买家，每笔订单赔付最高不超过500元。

售后客服人员在处理严重投诉与维权时，一定要注意对时间的把握，严格执行半小时跟进制度，所有的投诉与维权必须在3个工作日内让客户撤销。除此之外，售后客服人员还应该了解淘宝受理争议的范围，以免店铺面临遭受处罚的风险，最大限度地减少店铺的损失，如下表所示。

淘宝处理争议范围参考表

争议类型	产生争议的原因	后续跟进
售中争议	未收到商品	在付款后，确认收货前或在淘宝系统提示的超时打款的时限内，提出退款申请
	商品与描述不符	
	商品存在质量问题	
	商品表面不一致	
售后争议	假冒商品	在交易成功后的90天内提出退款申请
	描述不符	在交易成功后的15天内提出退款申请
	享受"三包规定"保障的商品产生的保障范围内的争议	在交易成功后的90天内提出售后申请
	虚拟物品未收到货	在交易成功后的15天内提出退款申请，虚拟物品的使用期限短于该期限的，买家应该在虚拟物品的使用期限内提出申请

6.4 中差评处理技巧

信用评价不仅是卖家店铺升级的标志，也是买家判断一个商品质量的标志之一。一般情况下，好评率越高的商品越有人购买，而商品一旦出现了中差评，很多买家就会望而却步。因此卖家应不断对自身素质、商品质量、销售、发货和服务等进行完善，虽然无法保证让每一位客户都满意，但可以尽量地避免或减少中差评的出现。

淘宝规定：若评价方做出的评价为中评或差评，在做出评价后的30天内有一次修改或删除评价的机会。若出现了中差评，卖家应尽量在有效时间内采取措施进行处理，减少中差评对店铺的影响。

6.4.1 引起中差评的原因

如果店铺中出现了中差评，卖家应该理性对待，找到买家给予中差评的原因。买家给予中差评的原因一般有以下5点。

● 买卖双方误会：误会是发生中差评最普遍的原因，其症结主要是买卖双方在购物时有言语上的误会，如表达不准确、双方交谈不愉快等，这些都有可能造成买家购买商品后给予店铺中差评的情况。

● **对商品的期望过高**：很多买家收到货物后，觉得实物与想象中差别太大，没有预期的效果，但又怕麻烦不想与卖家协商退换，于是给予卖家中差评。

● **服务不满意**：对店铺的产品、服务等不满意，或产品、服务等存在问题，心里觉得气愤，给予中差评。

● **恶意竞争**：现在网店的竞争非常激烈，有些网店为了打击竞争对手，会故意对竞争对手卖得好的产品做出恶意中差评。

● **职业差评师**：现在网上有一种专门以给网店差评为手段来索要店铺钱财的人，这些人也叫作职业差评师。他们为了牟取利益，人为地找一些因素，列一大堆不合理的问题，然后对卖家给予中差评。

6.4.2　中差评对网店的影响

中差评对网店的影响是非常大的，特别是对于等级不高的网店（如2钻以下的网店），中差评可能给网店带来致命性的打击，主要包括以下4个方面的内容。

● **严重影响转化率**：评价是买家挑选宝贝时的一大考虑因素，如果某个热销宝贝中出现了几个中差评，会严重影响买家的购买欲望，使本来打算购买宝贝的买家放弃购买行为，这会导致宝贝转化率下降，进而直接影响产品销量，使店铺受到损失。

● **影响宝贝搜索排名**：宝贝好评率的高低对宝贝的自然搜索排名有很大的影响，一般来说，中差评越多，好评率越低，会使商品在与其他同类商品的竞争中处于劣势，搜索排名靠后。

● **影响活动**：淘宝中的很多活动，如聚划算、淘金币、天天特价等都对宝贝的好评率有一定的要求，低于要求的宝贝是无法报名参加相应活动的，下图所示为"淘宝女鞋2017"活动的要求。活动是宣传推广店铺和宝贝的重要途径，不仅可以引进大量的流量，提高店铺商品的销量，而且对网店的形象也会起到一定的宣传作用。若无法参加这些活动，店铺发展将受到限制。

你的资质	资质名称	活动要求	操作
⊘ 符合	未因虚假交易被限制参加营销活动	你的店铺未因虚假交易被限制参加营销活动;	查看
⊘ 符合	未因出售假冒商品被限制参加日常营销活动	店铺未因出售假冒商品被限制参加营销活动;	查看
⊘ 符合	未因活动中扰乱市场秩序被限制参加营销活动	您的店铺在活动中，不得存在利用非正当手段扰乱市场秩序的行为，包含但不限于虚构交易、虚构购物车数量、虚构收藏数量等行为;	查看
⊘ 符合	物流服务	店铺物流服务需在4.6分以上;	查看
⊘ 符合	近30天店铺纠纷退款	近30天内的纠纷退款案不超过店铺所在主营类目纠纷退款率均值的5倍; 或近30天的店铺纠纷退款笔数＜3笔;	查看
⊘ 符合	廉正调查	要求店铺涉及廉正调查;	—
⊘ 符合	服务态度	店铺服务态度需在4.6分以上;	查看
⊘ 符合	要求店铺具有一定综合竞争力	要求店铺具有一定的综合竞争力;	—
⊘ 符合	未因严重违规行为被限制参加营销活动	店铺未因严重违规行为被限制参加营销活动;	查看
⊘ 符合	未因一般违规行为被限制参加营销活动	店铺未因一般违规行为被限制参加营销活动;	查看
⊘ 符合	描述相符	店铺描述相符需在4.6分以上;	查看
⊘ 符合	不在搜索全店屏蔽处罚期	不在搜索全店屏蔽处罚期;	查看

● **资源浪费**：网店的竞争越来越激烈，推广成本也越来越高。为了使自己的宝贝让买家看到，店铺还要花巨额成本来引入流量，这些流量吸引来的买家如果因为宝贝的中差评而流失，将成为店铺的巨大损失。如某个宝贝的利润是50元，一个中差评导致宝贝滞销10个，那么，店铺的损失就是50×10=500元。更何况，宝贝利润和导致滞销的宝贝数量远不止这个数。

因此，如果店铺出现了中差评，卖家一定要根据对方给出中差评的目的、动机及时进行处理。

6.4.3　正常中差评处理

产生中差评后，售后客服人员在与客户交流时，可以使用相应的话术技巧来引导客户修改评价，客服人员可以先表达自己的歉意，再使用优惠返现、下次折扣等方式给予买家补偿。下面总结了针对不同的情况可以使用的不同的方法和解释话术。

1. 质量不好或宝贝描述不符

因为宝贝质量或描述不符等引起的中差评，先要明确责任在于我们。此时，我们应该真诚地向买家道歉，然后和气地和买家商量解决办法。

如果买家要退换货，我们应该主动承担来回运费，不要有任何拖延，态度要诚恳，如若买家不退换货执意给差评，客服人员可通过专业话术进行解释。

（1）亲，宝贝缺了一个确实是我们的问题，由于仓库人员没有仔细核对订单信息就做了分拣，所以导致发到您手上的宝贝有缺失。在保证商品包装完好的情况下，我们随时欢迎您进行退换货，我们承担来回运费。或者我们这边直接给您补发缺失的宝贝，对于给您造成的不便，我们深表歉意，在此我们郑重承诺，一定会加强对宝贝的分拣与检查工作，避免再次发生类似的情况。

（2）亲，衣服上线头有点多确实比较抱歉，但是您也认可衣服是没有其他质量问题的。衣服都是我们自己的工厂生产的，线头也是工人们一个个剪的，剪的过程中可能有一两处遗漏，请您体谅一下工人们的不易，多多担待，这个问题我们以后会注意的。谢谢您了！

（3）亲，非常抱歉让您的这一次购物不太完美，商品在运输过程中出现挤压问题，我们深表歉意。挤压可能是运输时与其他物体碰撞而造成的，这种情况虽然不是我们直接造成的，但我们同样会承担这种后果，您可以将被挤压后的商品寄回，我们这边为您换一件新的，来回的运费由我们这边承担。同时，我们也会跟快递公司联系，叮嘱他们小心运输，保证您下次收到的商品完好。也非常希望您能够修改一下评价！拜托拜托！

（4）亲，确实抱歉，生产过程中难免会出现一些瑕疵，所以导致部分商品的质量稍差，我们也跟厂家反映过这个问题了，我们郑重保证，下次绝对不会再出现类似情况，这边也会加强发货之前的检验工作，尽力做到万无一失。同时，为了表达对您本次购物的歉意，我们会给您一定的补偿，您也可以申请退换货，将商品寄回给我们，我们承担来回的运费。请您千万手下留情，给我们一个改进的机会，祝您生活愉快！

2. 款式不满意

款式是比较主观的问题，主要在于买家的看法。客服人员在处理由款式引起的中差评时，切记不要因此觉得客户无理取闹，而是应该和气地和客户商量，尽量说服客户换货，相信客户能感受到我们的诚意，并对我们留下不错的印象。

同时，我们也要清楚，由于款式问题而引起中差评的情况主要有两种，第一种是想退换货但不想承担邮费，此时客服可用如下的话术。

"亲，我们店铺一直承诺7天无理由退换货服务。如果是质量问题，我们承担来回运费给您退换货，但是您说的不合身不属于质量问题。如果您一定要我们承担运费否则就给差评的话，我们也没有更好的解决办法了，只能申请淘宝官方介入了哦！"

第二种是想要赔偿，此时客服人员可使用下面的话术。

"亲，如果您不喜欢这件衣服，我们可以提供7天无理由退换货的，但是您不要退换而一定要我们做补偿，这个我们真的不能满足您的，不是我们产品的质量问题，您一定要我们赔偿，我们确实办不到啊！如果您因此恶意给我们中差评的话，我们也只有申请淘宝官方介入了哦！"

3. 服务态度不满意

买家因为客服人员的服务态度而做出中差评的，切记不要忙着解释，应该先诚恳地道歉，向客户说明服务不好的原因，如接待人数太多，没有及时回复，或言语表达不当造成误会等，让买家感受到我们的诚意，卖家不要推脱责任，引起买家反感。常用的话术如下。

（1）亲，真的很对不起，由于我们的客服人员没有及时解决您的问题，造成您购物体验不佳，您的这个差评是我们客服团队的警钟，在此，我代表全店郑重地向您道歉。同时，我们已经严厉批评了这位服务不及时的客服人员，并扣了半月的工资。如果这款宝贝有任何问题您可以联系旺旺：××。我们将一如既往地履行我们7天无理由退换货的售后服务，您如果觉得满意，恳请您能修改一下评价，谢谢！

（2）亲，这两天活动实在是太忙了，客户比较多，客服人员暂时忙不过来，回复您慢了实在非常抱歉。非常感谢您对我们店铺提出的意见和建议，我们会加强客服培训，避免以后出现类似的情况。宝贝本身没有问题，我们恳请您高抬贵手，修改一下评价，您直接把差评改为好评就可以了，评价内容是您对我们店铺服务的真实反馈，您可以保留。

（3）亲，您的心情我理解，之前客服人员态度欠佳，我在这里真诚向您道歉，希望您多多包涵！为了感谢您的光临，您帮我们改为好评后，我这边给您赠送优惠券或者下次帮您免邮，您看行吗？

（4）很抱歉，亲，给您造成的不便请您谅解。但您给我们的中/差评对于我们店铺的运营影响是很大的，我们也希望以后把所有的客户都服务好，您看是否能帮我们改一下评价呢？

4. 物流问题

物流是除了宝贝质量、服务态度外，影响买家打出中差评的另一个因素，虽说并不是由卖家直接造成买家物流服务体验不佳的，但买家仍然会将其作为购物体验是否愉悦的判断标准。如果买家因为物流的原因而打出中差评，卖家千万不要找买家理论，而要诚恳地向客户道歉，并耐心解释。常用的话术如下。

（1）亲，对于物流发货速度慢我们深感抱歉，地区偏远或者气候都会影响物流速度，在此情况下，送快递的小哥还是辛苦地把货给您送到了，希望亲可以体谅一下，我们这边也返您点小礼物作为补偿，祝您购物愉快！

（2）亲，宝贝迟了一天才送到确实是我们的问题，在此我深表歉意，如果您下次能再光顾小店，我们会第一时间给您发出，实时跟进，保证宝贝能及时送到您手中！恳请您这次能修改差评，我们会给您一点补偿以表歉意。确实十分抱歉，耽误了您拆包裹的幸福时刻，宝贝有后续问题及时联系我们，一定会优先处理的哦！

（3）您好亲，经查实，我们发货时宝贝是完好无损的，但发货途中由于快递工作人员的疏忽导致物件损坏，在此我和快递工作人员都表示十分抱歉！我联系过快递公司了，如果下次再出现这种情况必将终止和这家快递公司的合作，他们也会给亲做出一定的赔偿处理。麻烦亲您修改一下差评，大家都不容易，不管退换货我们都会第一时间同意并做出赔偿。

提个醒

引导买家修改中差评时要注意，如果私下联系买家退款退货，一定要先请买家修改评价后再进行退款，若买家不信，可通过旺旺答应买家修改评价立即退款。这样若卖家违反约定，买家可通过旺旺聊天记录维权。

6.4.4 恶意中差评处理

恶意评价是指买家、同行竞争者等评价人以给予中差评的方式谋取额外财物或其他不当利益的行为。淘宝网恶意评价受理范围如下。

（1）利用中差评谋取额外钱财或不当利益：需双方聊天举证号，证明评价者以中差评要挟为前提，利用中差评谋取额外钱财或其他不当利益的评价。

（2）同行竞争者交易后给负面评价：与同行交易后给出的中差评。

（3）消费者被第三方诈骗而给出负面评价。

（4）评价方出现辱骂或污言秽语等损坏社会文明风貌的行为。

（5）评论内容中泄露他人信息：评价方擅自将别人的信息公布在评语或解释中。

1. 竞争对手中差评处理

如果遇到竞争对手给出恶意中差评，此时就算联系对方，对方也不会给予反应，并且坚持中差评不予修改。此时，卖家就要通过专业的话术来进行回复，让关心评价的买家看到这个中差评是恶意的，而不是因为宝贝质量、服务态度等因素导致的，打消买家对宝贝和服务本身的疑虑，尽最大努力消除中差评带来的影响。对于竞争对手给出中差评，回复的话术有以下几种。

（1）亲们，就是这个买家，请大家一定要记住他。他买了我们的宝贝，什么反应都没有就直接给了差评。对于我们这边的联系也毫无反应，经过我们跟淘宝官方联系核实，判定此人为同行，看到我们宝贝卖得好就来恶意竞争，真是太可耻了！本店本着全心全意为消费者服务的理念经营，遇到这种同行着实让我们很伤心，不过官方已经对该买家进行警告处理了，请大家放心购买。

（2）这位买家一声不吭就给了个差评，对客服的询问也不管不顾，说不是恶意差评我都不信。这款宝贝这么多的好评难道都是假的吗！嫉妒我们宝贝销量好就搞这种小动作，同行竞争也太令人寒心了！本店一直致力于全心全意为客户服务，提供让客户满意的宝贝和服务。相信各位亲都是明事理的，一定不会被这种恶意差评所蒙蔽。

2. 职业差评师处理

随着淘宝和各种网络开店平台的快速发展，以"中差评"谋生的职业差评师也越来越多。这些职业差评师常以中差评要挟为前提，利用中差评对被评价人进行威胁或提出不合理的要求，以谋取钱财等不正当利益。

遇到职业差评师，我们应该采取以退为进的战术，先假装妥协，收集聊天记录后再进行投诉。淘宝会根据我们提交的凭证进行审核处理，并反馈处理结果，一般受理期间为被投诉方做出评价后的30天内。同时，在处理结果未下来前，我们也可通过一些专业的话术进行解释，揭露这些不法利益者的行为，增加买家购物的信心。

（1）各位买家朋友，本店小本经营实在不易。这位亲还恶意挑刺，自己不喜欢这个宝贝，我同意给他退换货，还非要我承担来回运费并赔偿他的损失，简直蛮不讲理。我们已经向淘宝官方担起投诉维权了，结果这位亲气急败坏给了我个差评，我也没有办法。本店再次承诺，所有商品7天无理由退换货，不影响二次销售都可以退换的，请各位亲放心消费。

（2）现在的恶意差评都这么不走心么？这个ID我都看到好几次了，能不能稍微上点心，以为我们都好欺负嘛！××××，大家记住这个ID，不管是我们家的宝贝，还是其他店的，只要是这个ID号，全都给差评，就是为了故意打击我们，请亲们擦亮双眼，不要被人骗了，错失了这么物美价廉的宝贝哦！

6.5 疑难破解

1. 什么是运费险?

运费险就是退货运费险（卖家版），它是指在买卖双方之间产生退货请求时，保险公司对由于退货产生的单程运费提供保险的服务。本项服务由加入消费者保障服务并交纳了保证金的商家和淘宝商城的卖家（机票、酒店、直充卖家除外）购买，退货退款成功后，保险公司会直接将理赔金额划拨至买家支付宝账户。

运费险赔付有一定的标准，系统会根据买家退货地与卖家收货地之间的距离来判断赔付额度。例如，发货地和收货地均在上海，那么赔付金额一般为5元。

2. 造成商品退款的原因有哪些，有没有什么补救措施?

商品退款的原因有很多种，有的是源于客户的偏好，有的是对商品的真假产生怀疑，有的是对物流不满意……其中，由于商品本身因素导致退款的情况是最多的，如下图所示。

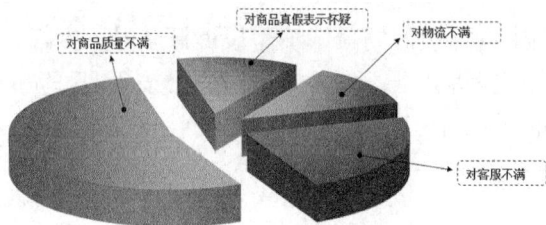

当客户萌生退款念头时，售后客服人员能不能采取什么措施来降低网店的退款率？如明确说出商品可能存在的瑕疵，降低客户的期望值，然后再结合网店实力，给出相应的承诺。如果客户执意要退款，客服人员执行时可以参照下图所示的原则。

● 询问原因：当客户第一时间联系售后客服人员，说明自己退款意愿时，售后客服人员一定要主动且耐心地询问客户退款的原因，分析客户提出的问题是否能够解决，而不能客户一提出退货要求，客服人员就立即答应。

● 尽可能免于退款：对于一些因对商品质量不满意而提出退款的情况，售后客服人员可以采取一些物质上的补偿来平衡客户的心理，如升级会员享受特权、赠送小礼物、发送优惠券等。

● 改善商品：售后客服人员在搜集客户提出的关于商品的各种问题后，卖家可以根据客户的需求调整自己的商品。只要满足了客户的需要，改善了店铺商品的质量，店铺的退款率自然就低了。

3. 恶意评价怎么投诉？

恶意评价投诉需要双方互评或者单方评价已经全网生效、正常显示后才能投诉，其受理的时间范围为评价产生后的30天内。买家暂无法对卖家发起的恶意评价进行维权；卖家可登录规蜜对买家进行投诉，其方法是登录规蜜，单击"投诉"选项卡，在打开的页面中选择需要投诉的类型。

在打开的页面中选择投诉场景，填写投诉订单号，授权查看旺旺聊天记录，填写投诉描述，并上传投诉凭证，然后单击 提交投诉 按钮即可完成投诉。投诉将由工作人员介入审核，并在1~3个工作日内给予答复。

投诉描述: (非必填)

描述要求: 请描述您认为此评价为不合理评价的原因，若有语音凭证，请按照安存语录
凭证提取方式获取提取码，在描述中说明。

请表述您的投诉情况

还可输入500字

图片凭证: (非必填)

凭证要求: 根据您的实际情况提供手机短信截图\官网通话详情图片\QQ凭证(包括旺旺聊
天转移到QQ的凭证\QQ基本资料页面截图和QQ聊天截图)。具体凭证说明和获取方式可
点击这里查看!

上传凭证: **本地上传**

(可上传5张，上传图片格式为JPG,JPEG,PNG，每张大小5M以内)

提交投诉

6.6 案例分析

阅读下面几则案例，并回答相应问题。

案例1：

小红在淘宝网一家卖衣服的店铺里购买了一件毛衣，因为不急着用，小红也没有催促，直到10天后小红才收到毛衣，并且发现毛衣有一点小瑕疵，线头比较多，但因不影响正常使用，小红并未联系卖家反馈商品情况，而是正常确认收货，并如实写出了评价"物流挺慢的，两周才收到，而且线头好多，就这样吧！"然后给予了差评。卖家看到小红给出的评价后，多次不分时间场合打电话要小红修改评价，但小红不同意，卖家恼羞成怒，在小红的评价下进行回复，污蔑小红是恶意差评师，并泄漏了小红的手机号码和姓名，导致小红之后无法正常进行购物，且影响了她的日常生活。

案例2：

小安在一家数码用品店购买了一部手机，手机正常签收后，突然售后客服人员收到了买家的旺旺消息，声称要退换货，买家和客服人员的对话如下。

小安：这什么破手机，才用了2天屏幕就坏了！退货退款！

客服：亲，您好，造成这种情况我深表歉意。请问屏幕是怎么损坏的呢？

小安：谁知道啊！莫名其妙就坏了！你们不是7天无理由退换货嘛！赶紧给我退了，我不要了！

客服：亲，我们无理由退换货的前提是不影响商品的二次销售，您这屏幕坏了，如果是我们商品质量的问题，我们肯定免费为您退换货。但您也要提供证据啊！

小安：什么证据？它都坏了，还不是证据吗？

客服：亲，您签收时可是当面验货的，产品没有问题。用了两天后屏幕坏了，我们肯定要先找到原因。这样吧，您先申请售后维修，将手机先寄回，我们这边由专业人员鉴定后再协商处理，您看怎么样？

小安：这么麻烦，你们肯定是故意不给我换，我要找淘宝投诉。

案例3：

小芸在一家书店买了3本辅导书，收到书后小芸发现有一本书的书脊处脱胶了，而且内页里还有一点墨迹。小芸马上找到这家书店的售后客服人员，并要求换货。客服人员听了小芸的要求后，先道歉并安抚了小芸的情绪，让小芸拍摄了有问题的那本书的照片，看到照片与小芸描述的情况一致，客服人员再次致以歉意，然后详细向小芸说明换货流程和换货地址，并承诺承担换货的来回运费。小芸按照客服人员的指示提交换货申请并将商品寄回给卖家。随后，客服人员再次表示了歉意，给了小芸20元的优惠券作为补偿，并保证重新寄回的辅导书质量没有问题，还赠送了一本笔记本。在这次购物中，虽然小芸收到的商品有瑕疵，但在书店售后客服人员的快速反应与真诚服务下，小芸对书店还是十分认可的，最后还是给了一个好评。

思考与讨论：

（1）案例1中卖家的行为属于哪种行为？正确的处理方法是什么？

（2）案例2中售后客服人员对买家退换货的处理对吗？买家找淘宝投诉有什么结果？

（3）案例3中的事件属于哪一种售后问题？客服人员采取了哪些方式进行处理？

第 **7** 章

良好客户关系，
网店持续发展的动力

本章导读

　　网店客服人员的所有工作都是围绕客户展开的，客服人员除了需要掌握与客户沟通的方法外，还要做好客户的维护和开发。客户关系管理的过程是一个不断加强与客户的交流，不断了解客户需求，并不断对产品及服务进行改进以及对客户信息的汇总、跟踪、管理进行有效处理的过程。本章将介绍新客户的开发、老客户的维护、客户互动平台、客户关系管理等知识，了解如何增强卖家与客户之间的信息互动性，从而维护与客户的关系。

知识技能

※ 熟悉新客户开发的方法
※ 掌握老客户维护的方法
※ 掌握客户互动平台搭建的方法
※ 掌握客户关系管理的方法

视频讲解

（视频讲解：17 分钟）

7.1 新客户开发

淘宝上的店铺数目非常多，要想让"游客"发现你的店铺并成为常驻客户，是一个需要投入很多精力的过程。一般来说，新客户的开发比老客户的维护更难，且需要花费更多的时间、金钱、精力等，但新客户是网店客户群中必须发展的对象，一个成功的网店必须懂得如何进行新客户的开发。

7.1.1 为什么要开发新客户

新客户开发是客服人员工作中非常重要的环节，因为客服人员工作性质的特殊性，客服人员与客户的接触十分紧密，因此能从与客户的交谈中挖掘客户的信息，并建立良好的客户关系，树立店铺在客户心中的良好形象。

进行新客户开发可以保证店铺的活力，促进店铺的发展，总的来说，开发新客户主要有以下3个方面的作用。

1. 补充流失客户

不论店铺销售的是什么产品，服务工作做得有多到位，都可能面临销售业绩的波动和客户的流失。如果店铺只固守过去的成绩，那么流失的客户会越来越多。店轻工业只有随时关注市场上客户的情况，不断开发具有潜在价值的新客户，补充新的资源，才能在激烈的市场竞争中处于有利地位。

2. 更新客户需求

不同客户对产品和服务的需求有所不同，并且随着市场的变化，新的市场需求和潜在客户也会发生变化。而进行新客户的开发可以很好地帮助店铺把握市场需求的走向，了解客户真正需要的东西，以便于店铺更好地为客户服务，同时增加客户的黏性。

3. 更新客户结构

每个店铺都拥有一定的客户基础，但经过统计分析发现，店铺绝大部分的销售额来自于少部分的客户，这也跟销售中的"二八"原则一样，即20%的客户决定80%的销售额。也就是说，客户的质量差异很大，不同客户能够为店铺带来的利益是不同的。进行新客户的开发，可以将店铺工作的重心从贡献价值较低的客户转移到能够带来更多价值的新客户身上，开发更多的好客户才能减少店铺资源的浪费。同时，这部分客户也是店铺后期维护的重点，只有不断开发新客户，并对客户结构进行更新，才能保证客户体系的完善。

7.1.2 通过淘宝网寻找新客户

淘宝网本身就包含了大量的客户，合理利用淘宝网的资源可以快速吸引潜在客户到店铺消费。一般来说，店铺做到以下几个方面，可以更快找到新客户。

● 利用淘宝增值服务：淘宝提供了直通车、淘宝客、智钻等增值服务，可以帮助卖家将客流引导至店铺，店铺好好把握这些客流量，即可吸引潜在客户，使他们成为新客户。

● 做好店铺推广：电子商务的时代，大部分信息的传播都是通过网络进行的，卖家可以好好利用自媒体、论坛、网站等渠道对自己的店铺进行宣传，吸引新客户。

● 做好关键词：买家在淘宝购物时，大多是通过关键词搜索的方式来寻找自己需要的商品，店铺只有做好了商品关键词，才能让更多人找到店铺并进店消费。

● 打响店铺名号：知名的店铺，更容易吸引新客户。

● 好看的店铺装修：店铺装修是否美观，也是能否吸引买家的一个重要原因，美观的店铺装修更容易赢得买家的青睐。

7.1.3　新客户的站外开发途径

除了被动地等待买家自己到店外，我们还可以采取主动一点的方法来收集客户信息，开发新的客户，收集客户信息的途径主要有如下几种

● 在社区论坛中收集客户信息：在淘宝论坛、社区论坛等大型论坛中查找与店铺产品相关的帖子，观察这些帖子下活跃参与的客户，收集这些活跃客户的信息，并与之交谈，将其发展为自己的客户。也可自己发帖，吸引有兴趣的客户回帖，并主动与客户搞好关系。

● 通过企业名录收集客户信息：企业名录收集客户信息是一种比较传统的方法，可通过收集与产品相关的企业名录来查找潜在客户。但这些客户的信息可能并不完整，注意筛选具有联系方式的客户，方便后期工作的开展。其次，通过广告、报刊等途径也可进行收集。

通过以上几种途径收集到客户信息后，要通过与其交谈来判断其是否为有价值的潜在客户，可以与之建立友好的关系，在合适的时机主动向其推销店铺和产品，引起他们对店铺的兴趣，这样才能将潜在客户转化为店铺的有效客户。

7.2　老客户维护

网店的新客户来之不易，因此一定要做好新客户的发展工作，在将新客户发展为老客户之后，也要懂得对老客户进行维护。老客户是与店铺建立了长期的合作关系的客户，能够为店铺带来长远的利益。"二八"原则中20%的客户指的就是老客户，这部分老客户是店铺必须要留住的客户，下面对老客户维护的相关知识进行介绍。

7.2.1　为什么要维护老客户

老客户对店铺的流量、成交率、复购率等都有十分重要的影响，做好老客户的维护可以提高店铺的销量、自然排名和盈利，是店铺营销中非常重要的坏节。

目前，网店营销流量非常重要，然而随着网店队伍的快速壮大，在有限的市场

中竞争流量的对手越来越多，流量的获取已经不再是一件轻松简单的事情，甚至一些排名靠前的店铺也几乎要依靠付费活动来获取流量。在这样的背景下，成本不足的小卖家的生存环境越来越恶劣，所以每一个可能获取流量的机会都十分珍贵。老客户的维护和营销是一种成本非常低的获取流量的方式，卖家可以通过维护客户关系，将新客户转化为老客户，借由老客户获得更多优质流量，也就是说，卖家通过合理利用会员数据，可有效提高店铺的成交额。

众所周知，老客户流量带来的转化率远远大于新客户。老客户已经对店铺有了一定的了解，已经有过购物经历，再次进入店铺的目的很可能是继续购买商品，甚至基于对商品和店铺的了解，可能会一次性购入多件商品，这样有利于提高客单价。

从某种程度上来说，老客户相当于店铺的忠实客户，对店铺具有一定的忠诚度，复购率非常高。淘宝搜索会对老客户进行一定的引导，当买家在搜索一款商品时，如果是买家曾经购买过的店铺，淘宝会给予标识和显示。很多买家在淘宝店铺中购买商品之后，没有收藏店铺的习惯，通常是在需要再次购买同类商品时再重新进行搜索，淘宝对买家购买过的店铺进行标识，非常有利于老客户的回访。

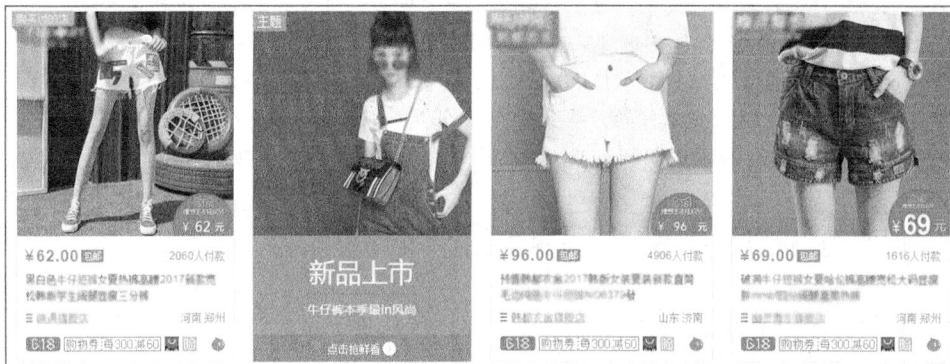

上图所示即为买家曾经在一家店铺购买过牛仔短裤，当买家再次输入该关键词进行搜索时，在搜索结果页中，淘宝将在买家曾经购买过的店铺的搜索项上显示"购买过的店"字样，引导买家进行查看。

因此，合理管理店铺会员数据，发展老客户，是降低店铺销售成本，提高成交额的有效手段。需要注意的是，淘宝对会员信息的管理非常严格，卖家必须遵循会员信息保密原则，不能随意让他人查看数据，或将会员数据分享给他人。如果会员数据流到其他商家或通过其他途径流出，会对会员造成十分恶劣的影响，这不仅会影响买家对卖家的信任，引起买家对卖家的不满，还会导致卖家的客户群的流失，同时还会受到淘宝的处罚。

7.2.2　老客户信息的收集与整理

　　凡是对店铺有兴趣的客户都可能进店查看，这些进入店铺的客户可能只是简单地浏览，可能会咨询客服人员一些与产品相关的问题，可能会购买产品。这些客户的数量是相当庞大的，这里面包含了能够为店铺创造价值的客户，因此，我们要做好客户的信息收集与整理工作，从大量的潜在客户中筛选出具有营销价值的客户，有针对性地做好发展及维护工作，这样才能将这部分客户转化为店铺的老客户，为店铺以后的经营提供持续不断的稳定收益。

　　淘宝网提供了一个专门进行客户分析与管理的工具——客户运营平台，店铺可以通过它方便地查看和整理进店客户的手机、邮箱、地址等基本信息，如果客服人员在与客户交流的过程中收集到了其他的客户信息，也可存放在该会员管理系统中。下面介绍在网店后台的会员管理系统中收集与整理数据的方法，其具体操作步骤如下。

扫一扫

老客户信息的收集与
整理

01　进入淘宝卖家中心首页，在"营销中心"栏中单击"客户运营平台"超链接。

02　打开"客户运营平台"页面，在左侧的"客户管理"列表下选择"客户列表"选项。

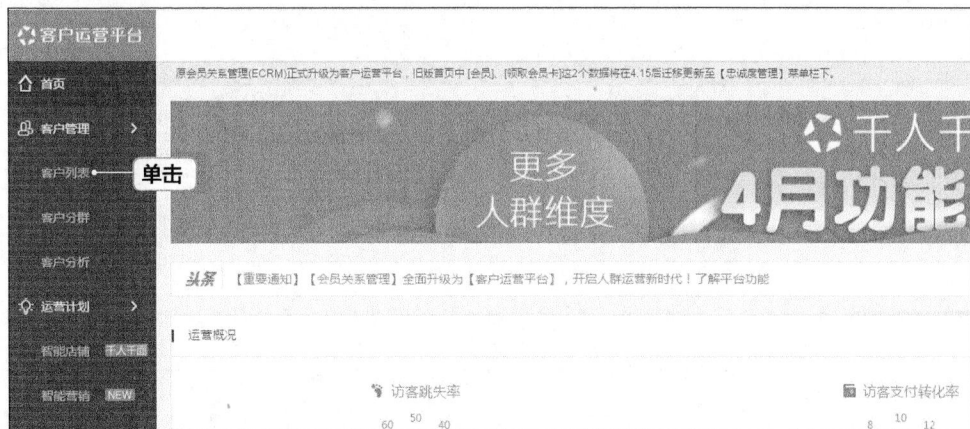

03 进入客户列表页面，在其中可以查看店铺的成交客户、未成交客户和询单客户。单击相应的选项卡即可查看对应的客户，这里单击"成交客户"选项卡进行查看。

04 在需要查看数据的客户后单击"详情"超链接。

05 在打开的页面中将显示该客户的具体信息，单击页面右上方的 编辑 按钮，可对客户信息进行编辑和补充，还可在"备注"栏中添加备注信息。编辑完成后单击 保存 按钮完成保存。

06 掌握客户信息的查看和编辑方法后，即可使用相同的方法，查看并收集其他客户的信息，然后将其制作为表格方便存储和查看。店铺从其中即可筛选出具有价值的客户，并将其作为日后的客户维护工作的重点。

客户信息表

客户ID	客户真实姓名	性别	手机号码	电子邮箱	生日	所在城市	会员等级	客户来源	交易次数	交易额
月白西	素星	女	18██3560	4532██952.com	1990/11/22	成都	店铺会员	自然搜索	2	￥127.00
咖啡小口幅	云	男	19██3562	4532██952@163.com	1990/11/24	陕西	店铺会员	自然搜索	1	￥68.00
小儿哈7	白荷	女	156██4402	4756██952@qq.com	1990/11/25	西昌	店铺会员	自然搜索	1	￥89.00
老潇人生	熏	女	168██5412	4532██952@qq.com	1990/11/26	重庆	店铺会员	自然搜索	2	￥168.00
州黑小q-y	刘熙珍	女	189██5302	4532██952@qq.com	1990/11/27	云南	店铺会员	自然搜索	1	￥78.00
三庆小005	庆吉	男	158██5223	4532██952@qq.com	1990/11/28	成都	店铺会员	自然搜索	3	￥226.00
f点300	忖古	男	188██3958	4532██952@qq.com	1990/11/29	河北	店铺会员	自然搜索	2	￥127.00
大鱼人生	素伟	女	159██2006	4532██952@qq.com	1990/11/30	重庆	店铺会员	自然搜索	1	￥72.00
石屋古水咏多丹	丹	男	139██2011	4532██952@qq.com	1990/12/1	眉山	店铺会员	自然搜索	4	￥369.00
面 刺灯7	刘真	女	182██3536	4532██952@qq.com	1990/12/2	成都	店铺会员	自然搜索	2	￥132.00

7.2.3 建立客户会员制度

建立会员制度能帮助卖家更好地维护老客户，防止客户流失。会员制度的消费奖励额度一般根据店内商品的价格而定，最好保持在既能抓住客户又能保证经济效益的程度上。会员可以分不同等级，如普通会员、高级会员、VIP会员等，店铺可以针对不同消费能力或消费总额的客户，给出对应的优惠力度。在客户运营平台中可通过忠诚度管理来设置店铺的会员制度，其具体操作步骤如下。

扫一扫
建立客户会员制度

01 进入客户运营平台，单击页面左侧的"忠诚度管理"超链接，进入忠诚度管理页面。单击"VIP设置"栏右侧的 立即设置 按钮。

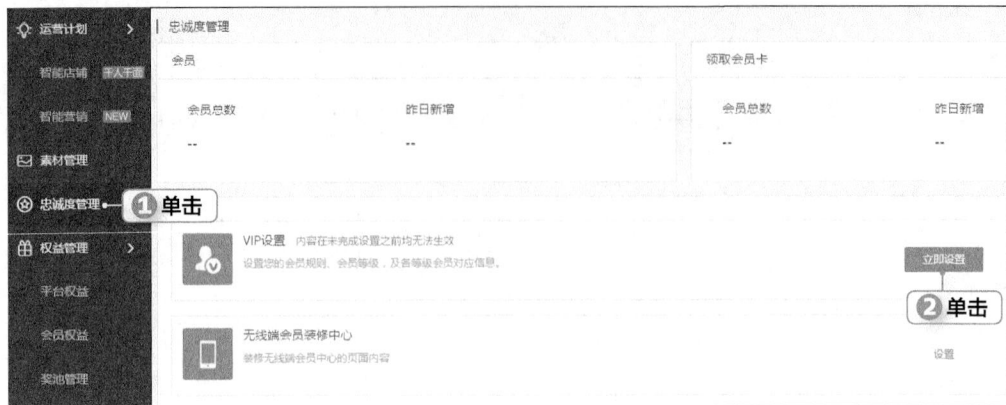

02 打开"自定义会员体系"页面，单击"普通会员（VIP1）"栏中的"设置"超链接，在下方的"交易额"或"交易次数"数值框中设置普通会员的条件，这里分别设置为"100"和"1"，设置"折扣"为"9.8"，然后单击"保存"超链接。

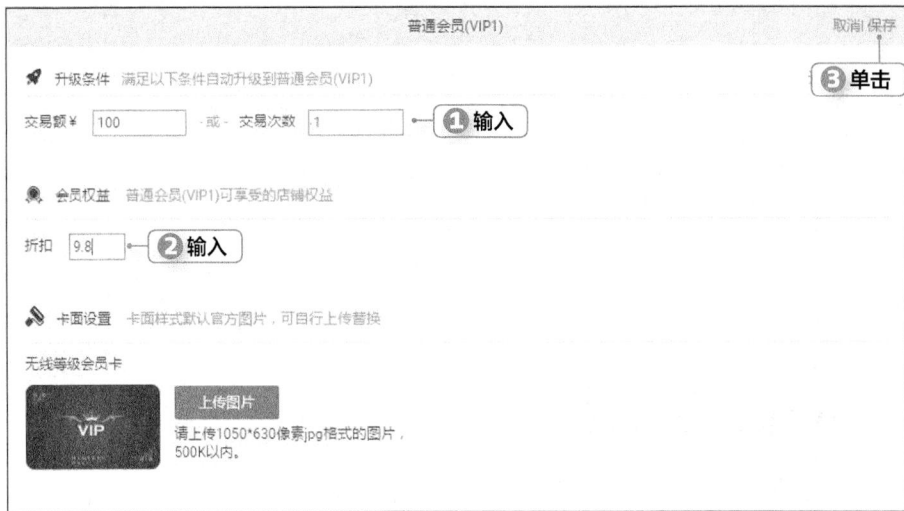

03 此时将在"自定义会员体系"页面的"入会规则"栏中自动添加已设置升级条件的规则。然后在"高级会员（VIP2）"栏中单击"启用"超链接。

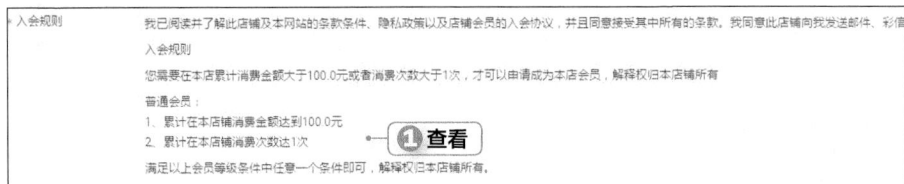

04 单击"升级条件"右侧的 ⬜ 按钮，启用编辑功能，此时该按钮将变为
⬤ 状态，表示可以进行设置。使用相同的方法在"交易额"或"交易次数"
数值框中设置普通会员的条件，在"折扣"数值框中输入折扣，这里分别设置为
"500""5"和"8.8"，然后单击"保存"超链接。

05 使用相同的方法设置"VIP会员（VIP3）"和"至尊VIP会员（VIP4）"的升
级条件，完成后单击页面底部的 按钮进行保存。

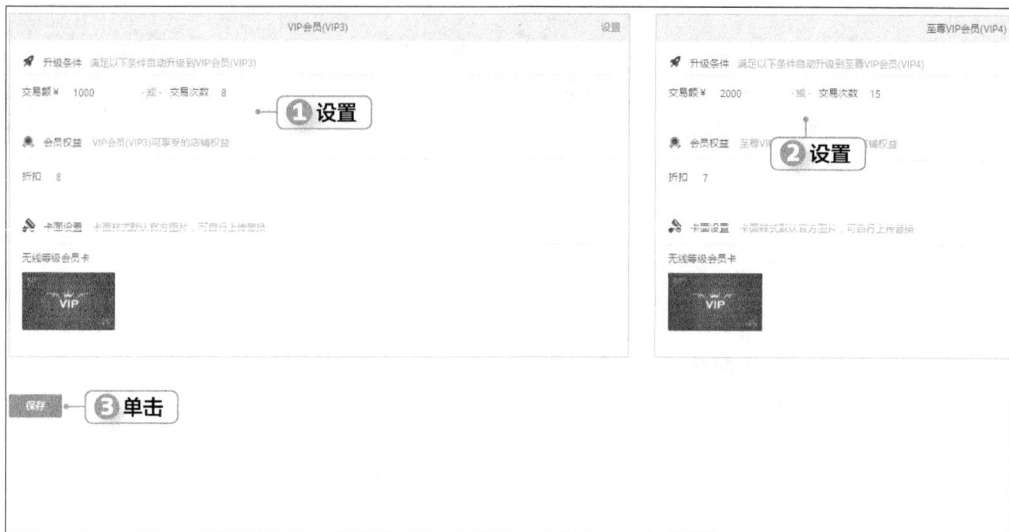

7.2.4　举行有效的老客户维护活动

营销活动是维护老客户的一种非常有效的方法，也是卖家必须掌握的一种营销手段。在开展营销活动之前，卖家应该先思考两个问题，活动的对象是谁？使用哪种营销方式？为了满足不同活动对象的营销要求，淘宝提供了多种营销方式，如优惠券关怀、专享打折/减现、专享价、购物车营销等。

1.　通过优惠券关怀活动维护老客户

优惠券关怀是对兴趣客户和老客户一键式优惠券投放的营销方式，默认可投放对象包括加购人群、流失客户、收藏人群等。

● 加购人群：30天内在本店有加购但没有支付的客户，创建该计划可以对具有高转化潜力的加购人群进行定向触达，提升转化率。

● 流失客户：360天内有过支付且近90天内没有再次支付的客户，该计划可以对流失客户进行定向挽留，提升老客户的留存和复购。

● 收藏人群：30天内在本店有收藏但没有支付的客户，该计划可以对具有高转化潜力的收藏人群进行定向触达，提升转化率。

店铺也可根据需要自定义创建投放人群，下面新建一个"潜在女性客户"优惠券关怀计划，设置优惠券的领取对象为购买过1次的女性，创建完成后，淘宝会根据相关条件自动发送优惠券给指定的客户，其具体操作步骤如下。

扫一扫

优惠券关怀活动

01 打开客户运营平台，单击左侧"运营计划"栏中的"智能营销"超链接，在打开的页面中单击"优惠券关怀"栏中的 立即创建 按钮。

02 打开"优惠券关怀"页面，在其中可以选择新建计划的人群，这里单击"选择人群"栏右侧的 选择人群 按钮，自定义一个投放人群。

03 打开"我的人群"页面，在其中可看到系统推荐人群和自定义人群。这里单击 +新建人群 按钮进行人群的新建。

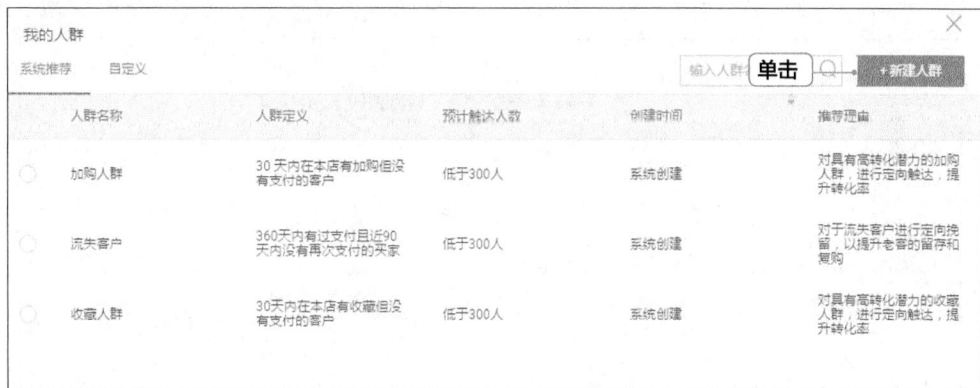

04 打开"新建人群"页面，单击选中"成功交易次数"复选框，在下方设置条件为"大于1次"，然后单击选中"店铺有购买"复选框，设置时间为"90"天。

提个醒

　　除了可以设置"成功交易次数"和"店铺有购买"两个条件外，还可以设置其他条件，如店铺会员等级、成功付款金额、购买商品、收藏商品、加入购物车商品、店铺有加购、店铺无加购、付款金额、客单价、客户平均回购周期等条件，卖家可以根据实际需要进行设置。

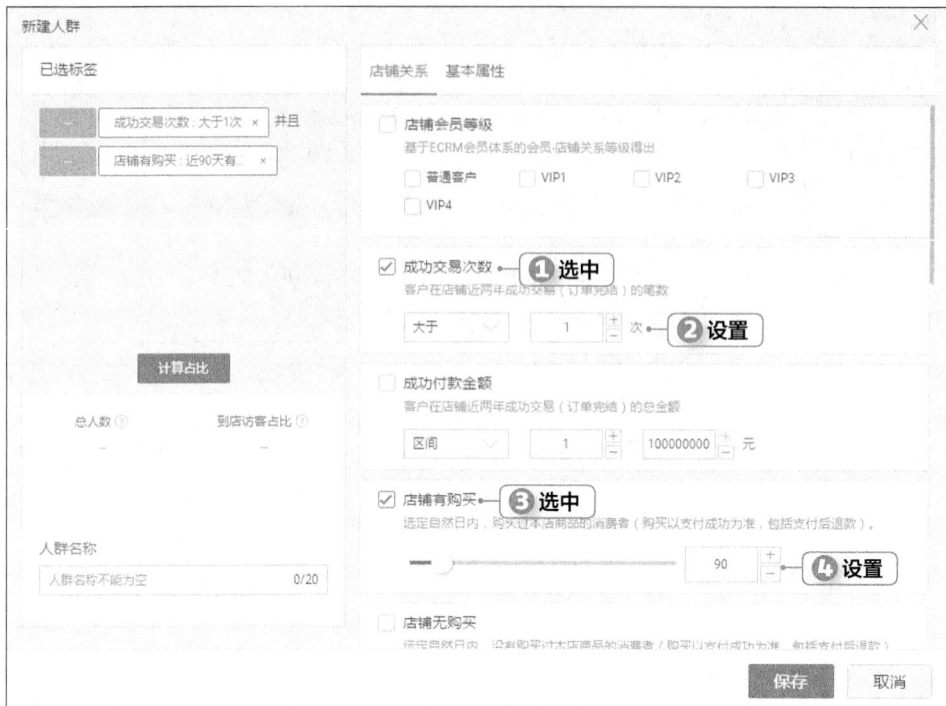

05 单击"基本属性"选项卡,在打开的页面中设置性别为"女",年龄为"18~29岁"。然后在左侧的"人群名称"中输入计划的名称,单击 保存 按钮。

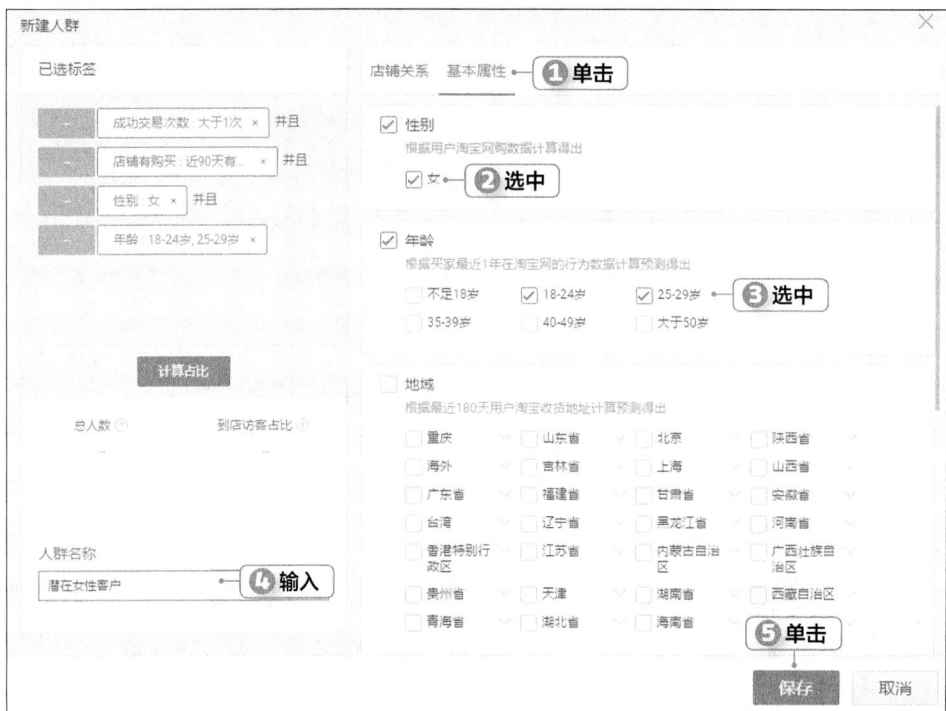

06 返回"我的人群"页面，在"自定义"选项卡中可以看到刚刚新建的人群，单击 确定 按钮。

07 返回"优惠券关怀"页面，在"选择人群"栏中单击选中"潜在女性客户"人群前的单选项。

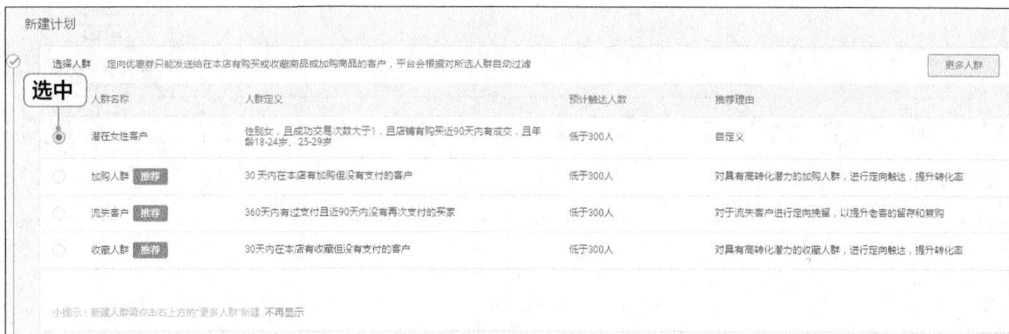

08 在"选择权益"栏中单击 +新建优惠券 按钮，在打开的页面中创建优惠券，如下为创建的名称为"潜在女性客户"的优惠券，其面额为"10元"，使用时间为"2017-7-15至2017-7-31"，发行量为"100张"，每人限领"1张"，设置完成后单击 保存 按钮进行保存。

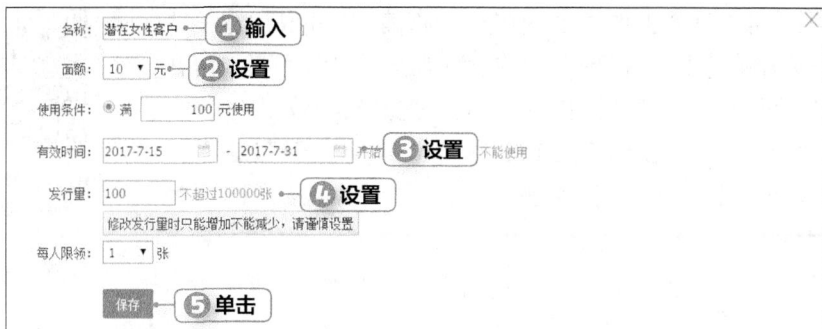

09 返回"优惠券关怀"页面，单击选中新建的"潜在女性客户"优惠券，然后设置投放人数和策略名称分别为"100"和"潜在女性客户关怀"，单击 创建运营计划 按钮。

10 返回"智能营销"页面，在"运营计划列表"栏中即可查看创建的优惠券关怀。

2. 通过专享打折/减现活动维护老客户

专享打折/减现可以针对不同标签人群进行定向打折和减现营销，其面向的对象主要为全网客户、店铺VIP客户和标签客户。下面介绍专享打折/减现活动的设置方法，设置后买家可在宝贝的详情页中看到打折后的价格，其具体操作步骤如下。

01 进入客户运营平台管理页面，展开"运营计划"选项，选择"智能营销"选项，单击"专享打折/减现"栏中的 立即创建 按钮。

扫一扫

通过专享打折/减现活动维护老客户

02 在打开的页面中选择本次的活动对象，如单击选中"店铺VIP客户"单选项，在展开的面板中选择相应的VIP等级，这里选择"高级会员"选项，然后单击 下一步 按钮。

03 在打开的页面中设置活动类型为"打折"，活动名称为"高级会员回馈"，活动时间为"2017-7-15至2017-7-28"。然后在"活动宝贝"栏中添加参加活动的宝贝，并单击 保存 按钮。

提个醒

活动宝贝可根据需要进行选择，既可选择店铺中的所有宝贝，也可选择指定的一个或多个宝贝。同时要注意活动时间是有限制的，一般不超过 14 天。

04 此时选中的宝贝将添加到"促销方式"栏中，在宝贝的"折扣"栏中设置折扣，在"促销标签"文本框中输入标签名称"会员回馈"，然后单击 确定提交 按钮。

促销方式 :				
批量设置:每件商品	折(填写9代表9折)			
宝贝描述	原价	折扣	优惠价	操作
布鞋	88.00	8 折 ❶输入	70.40	删除

促销标签: 会员回馈 ❷输入 最多5个字，在商品详情页展示

上一步　确定提交 ❸单击

高手支招

"促销方式"栏中的"批量设置"可为选中的所有宝贝统一设置折扣，适合于宝贝数量较多，且折扣相同的情况。

05 此时将打开一个提示框，单击 确认 按钮确认创建活动。返回"活动列表"页面，在其中选择"店铺VIP客户"选项即可查看创建的活动。

标签/全网客户	店铺VIP客户	会员专享活动				
活动状态: 全部 ▼	活动时间:	至	搜索			
活动名	活动时间		状态	目标客户	操作	
折扣 高级会员回馈	2017.07.15 - 2017.07.28		进行中	普通会员: 2人	查看 删除	
					共有1条记录 1 到第 页 确定	

3. 通过专享价活动维护老客户

专享价是针对不同标签人群（如交易客户、兴趣客户）的定向专享价格活动，主要面向移动端客户群。如淘宝网上常见的手机专享价是在原有的促销价格上再次打折的价格。下面将设置对全部客户实行限时特惠活动，其具体操作步骤如下。

01 在客户运营平台的"智能营销"页面中单击"专享价"活动对应的 立即创建 按钮。

扫一扫

通过专享价活动维护
老客户

02 在"活动人群范围"栏单击选中"交易客户"单选项，在"人群特征"栏中将交易时间设置为"7天内"，交易次数设置为"1"笔。

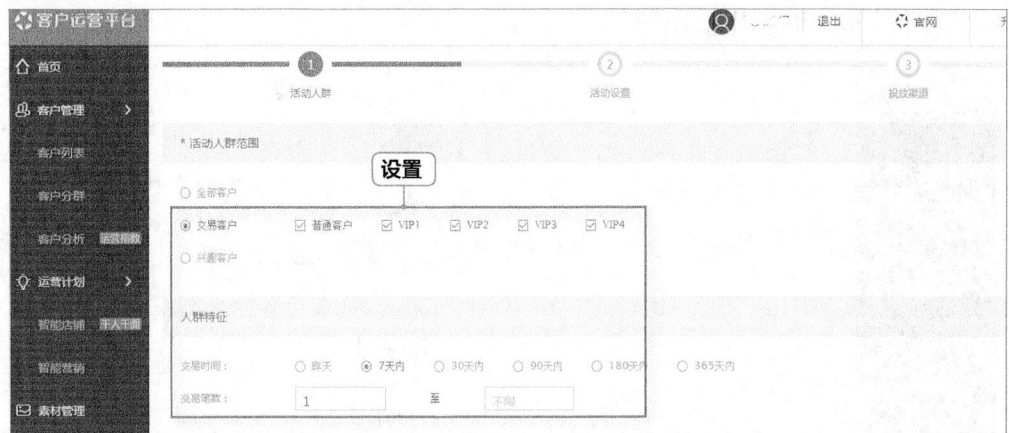

03 单击 下一步 按钮，打开"活动设置"页面，在其中设置活动名称、活动日期以及活动商品等信息。

04 设置完成后单击 完成创建 按钮，在弹出的提示对话框中单击 确认创建 按钮。

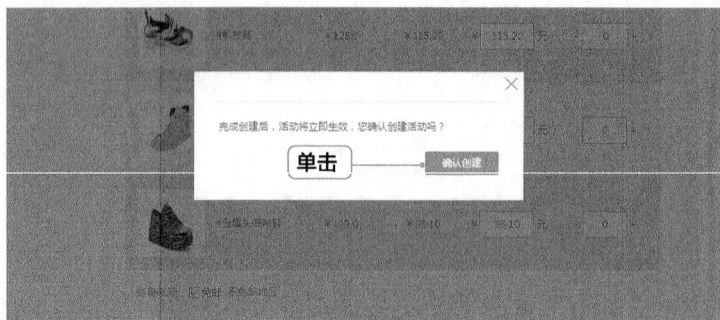

05 打开"投放渠道"页面，默认选中"微淘广播"和"店铺动态"复选框，这里保持默认设置，单击 全面投放 按钮。

06 在打开的页面中输入广播标题，然后单击 发送 按钮。

07 此时，在打开的页面中将显示成功创建的会员专享活动。

4. 通过购物车营销活动维护老客户

购物车营销主要面向加购人群，可以在手淘购物车进行限时活动提醒。购物车营销分商家部分和买家部分。

商家部分包括数据洞察、选品选人、优惠圈人等功能。其中数据洞察包括加购商品列表展示、加购商品人群画像展示、营销活动效果展示等；选品选人是基于现有加购列表以及加购人群画像，决定活动商品和人群；优惠圈人是基于选好的宝贝和选定的人群标签，确定限时活动价格。买家部分主要功能为消息盒子触达、购物车倒计时、活动提醒等，如买家将宝贝加入自己的购物车后将会自动减价或有一定折扣的优惠，这样的营销方式将有效提高店铺的成交率。

购物车营销每日限量全网开放10 000个活动名额，但是，15天内加购未成交人数不超过100的宝贝，将无法创建购物车营销活动。因此，如果店铺经营状况不佳，可能无法通过此方法进行活动设置，卖家可以参考"专享价"运营计划进行促销。

7.3 搭建客户互动平台

网店在维护客户关系的过程中，客服人员要为客户创造条件，即搭建互动平台，增强客户与卖家之间的信息互动性，从而将网店的信息有效地推送出去，最终达到维护客户的目的。最常用的客户互动平台有旺旺群、QQ群、微信等。

7.3.1 建立老客户交流群

旺旺群和QQ群是最常用的客户互动交流群，卖家将具有相同爱好或相同需求的客户集中在一个群中，不仅可以方便地进行客户管理，还能更好地与客户沟通。

1. 建立老客户旺旺群

卖家可以通过千牛工作台创建旺旺群，然后将新老客户加入群里共同交流。客服人员可以通过旺旺群宣传店铺的上新消息、店铺优惠等信息，此外，客服人员也可以在群里与客户通过沟通建立感情，了解客户对品牌、产品、服务等项目的体验感受，与客户讨论和分享商品的使用情况等。下面介绍在千牛工作台中创建旺旺群"真皮女包"，然后添加客户并将优惠信息推送给客户，其具体操作步骤如下。

01 登录千牛工作台，进入"接待中心"窗口后，单击"我的群"选项卡，在"我拥有的群"栏中双击"立即双击启用群"选项。

02 打开"启用群"对话框，在"群名称"文本框中输入"真皮女包"，在"群分类"下拉列表框中选择"购物"选项，在"群介绍"文本框中输入"真皮女包，能买到你想买的包包。"然后选择"需要身份验证才能加入该群"单选项，最后单击 提交 按钮。

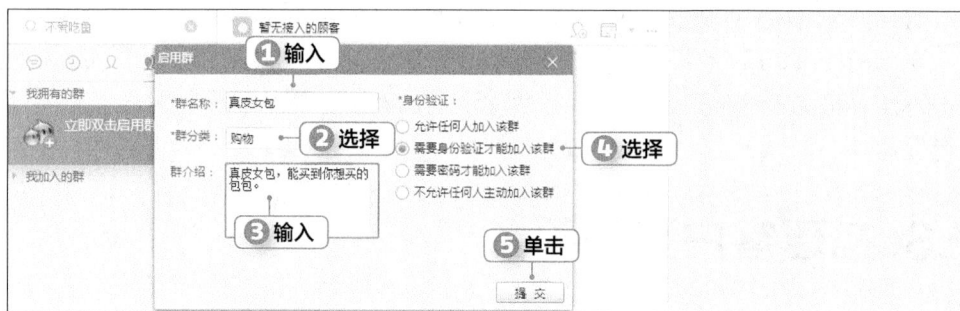

03 页面显示提示成功创建群，单击 完成 按钮，在千牛主面板中的"我拥有的群"栏中将显示刚创建的群。

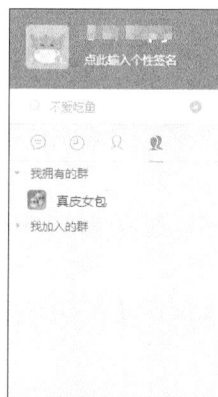

04 在"真皮女包"群上单击鼠标右键，在弹出的快捷菜单中选择"邀请朋友加入群"命令，打开"群管理"对话框，单击 邀请成员 按钮。

05 在弹出的对话框中选择好友，单击 添加 >> 按钮，依次添加好友后，单击 确定 按钮。

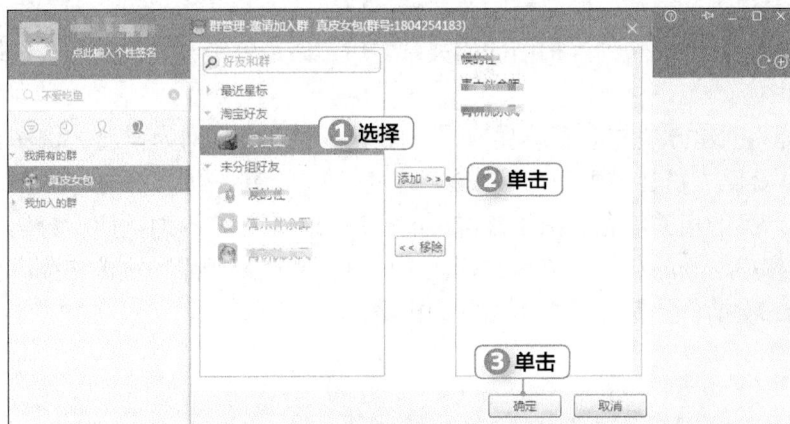

06 弹出提示对话框，提示成功发出邀请加群的请求，单击 确定 按钮。

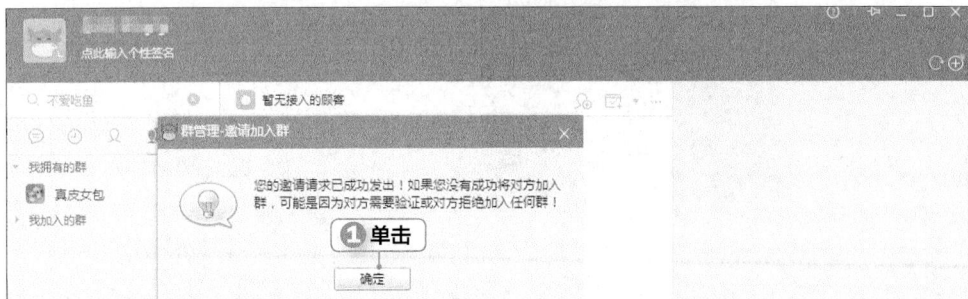

07 添加好友后，卖家便可在群里发送信息，将店铺的优惠信息告知客户。

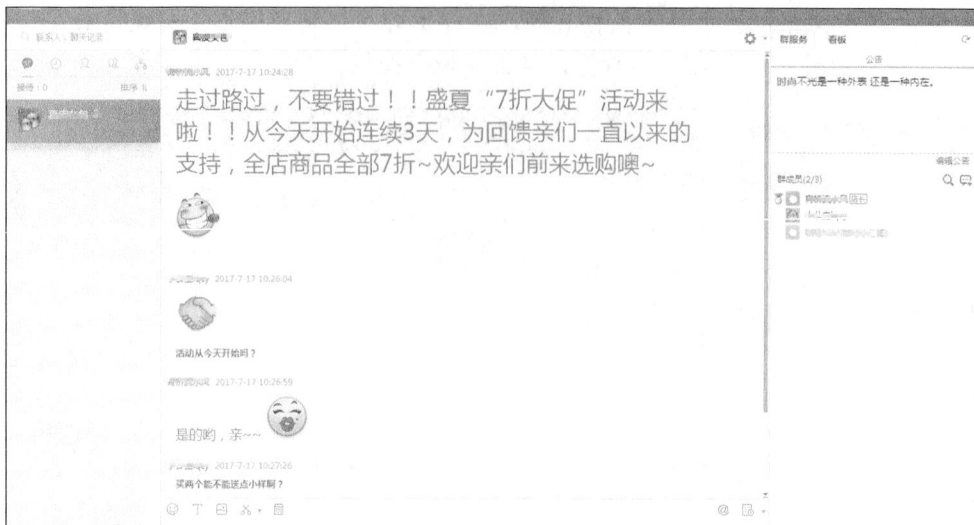

2. 建立老客户QQ群

如果客服人员能够将自己现在的客户资源整合在一起，创建一个QQ群，主动在群内与客户进行交流，同时鼓励客户分享自己的产品使用心得，当卖家与买家、买家与买家之间形成一种互相信任的关系之后，店铺营销会更加轻松，成绩也会更加突出。

QQ群的创建方法与旺旺群类似，下图所示为某海淘网为自己的资深客户建立的QQ群，客服人员在该群里可以发布一些店铺的上新、优惠消息，客户之间也能互相交流产品的相关信息。由于该群里的客户都是老客户，对网店十分信任，因此卖家与老客户之间的友好交流与共享，不仅有利于自家产品的宣传和推广，而且很容易促成二次销售，有效提高商品的销售量。

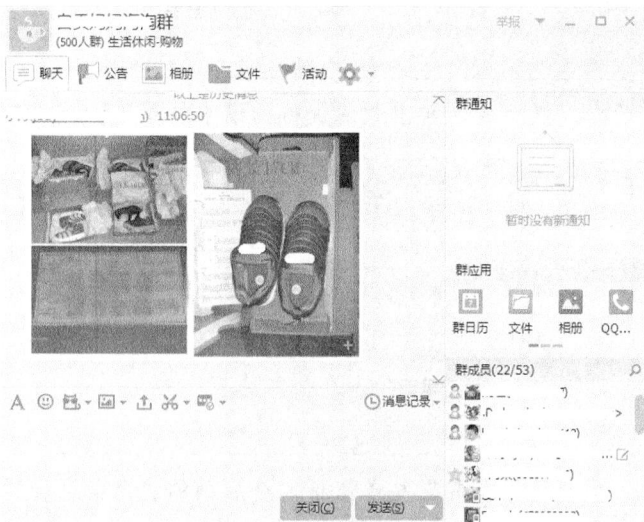

7.3.2　通过微信与客户互动

　　微信公众平台是腾讯公司在微信的基础上新增的功能模块，个人和企业都可以通过这个平台打造一个微信公众号，实现和特定群体之间的文字、图片、语音的全方位沟通和互动。在微信被广泛使用的时代，网店客服人员将广告放在成本极小、收益较大的微信平台上，也不失为客户营销的绝佳策略。下图所示为0～6岁科学育儿的微信公众平台。

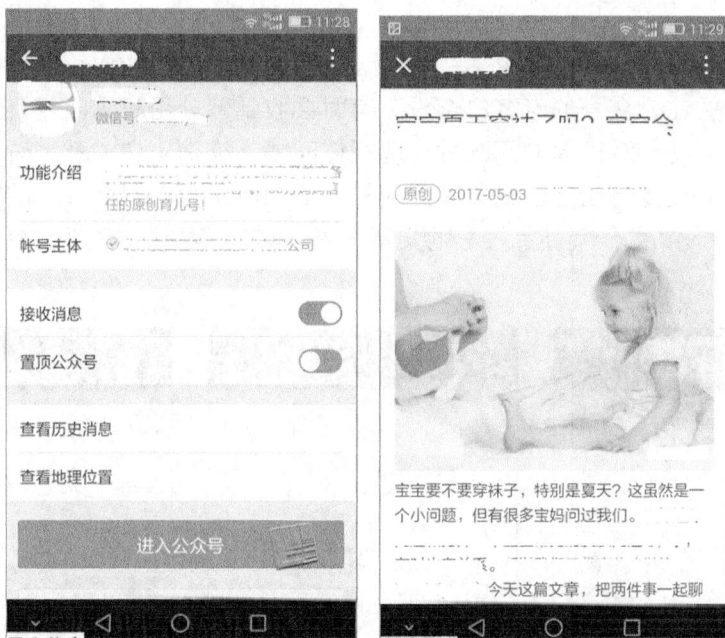

　　相比传统广告，微信公众号的发展使得客户能够通过更便捷的方式获得网店和产品的最新信息，在一定程度上提升了客户的购物体验。除此之外，使用微信平台推送广告，还有着许多传统广告所不具备的独到优势。

　　● 不需要美工人员，智能手机即可实现产品的拍照发布。

　　● 创业成本低。

　　● 客户关注度高，无须推广，通过微信维护可以更好地对熟客、大客户、批发商进行管理、挖掘，实现更好地沟通和销售。

　　● 熟人情感经济，可以直接转账发货或者借助微信、淘宝平台进行交易。

　　既然微信平台对于维护客户关系，促进店铺销量有众多的优势，那么网店客服人员就应该鼓励客户加入微信平台，使其拥有更好的购物体验。当客户加入网店的微信平台后，客服在推广信息和一对一服务客户方面也可以有更好的表现。

　　按照微信公众号性质的不同，可将其分为订阅号、服务号、小程序、企业号等。其中订阅号具有信息发布和传播的功能，适合个人和媒体注册；服务号具有用户管理和提供业务服务的功能，适合企业和组织注册；小程序能提供出色的用户体验，可以被便捷地获取与传播，适合有服务内容的企业和组织注册；企业号具有实现企业内部沟通与内部协同管理的功能，适合企业注册。

高手支招

在微信平台注册公众号时，首先应该明确该公众号是作为个人账号还是企业账号来运营。如果想推广品牌，建议将账号规划成一个品牌来运营，即在微信、微博等媒体中都使用相同的账号名称，这样可以更好地发挥品牌优势；如果个人卖家或小卖家想推广商品，则可以通过特色和个性化来博取关注。

注册好公众号后，即可将商品图片、活动主题、活动内容等发布到公众号中，推送给关注公众号的老客户查看。有时会收到部分用户的回复，此时需要多与粉丝进行互动，对粉丝的问题进行选择性回复，维护用户关系。对于部分常见的问题，可以设置自动回复或关键词回复。下图所示为"罗××"的微信公众号"R×××"发布的一篇新品推荐的文章，基于其良好的客户关系，其与老客户的互动性较好。

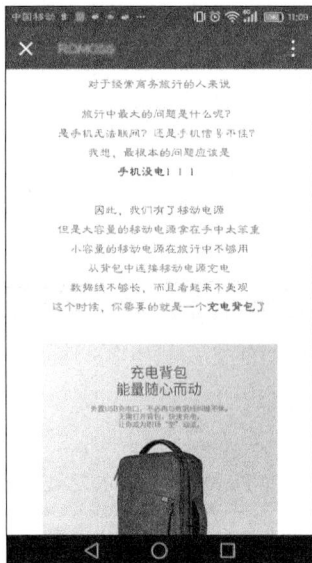

提个醒

微信推广的内容一般为图文结合的形式，文字要求排版整齐，图片要求精致美观，标题要新颖有创意，内容要具有可读性，可以吸引客户进行阅读，比如以趣味软文的形式做推广，或结合当前流行元素做话题，引起客户的兴趣，拉近与客户的距离。同时，还可在微信公众号中设置自定义菜单，如设置"购买产品""我的服务""活动推荐"等菜单，并可在菜单中分别设置相关的子菜单，为用户提供相关查询服务等。

7.3.3 通过微博吸引客户互动

微博是一个通过关注机制分享简短实时信息的广播式社交网络平台，是一个基于用户关系进行信息分享、传播以及获取的平台。微博的用户数量非常大，在微博上，不仅发布信息十分快速，传播信息的速度也非常快。网店如果通过微博与客户进行互动，不仅可以在短时间内将信息传达给非常多的用户，还能通过很多活动增加客户黏性。通过微博与客户进行互动的方法较多，常见的有转发有奖、晒图有奖、分享有奖和话题互动等。

1. 转发有奖

通过微博发布店铺、产品或活动信息后，可以通过转发有奖的形式来刺激粉丝参与。转发有奖的规则是通过店铺的官方微博与粉丝进行互动，从转发当前微博的粉丝中抽取一名或几名用户赠送奖品。转发有奖是一种非常常见的推广方式，通过转发抽奖不仅可以将店铺或活动推广至不同的粉丝，扩大影响范围，还可累积更多的粉丝，吸引更多的关注量。

转发抽奖一般都是以关注+转发的形式实现。店铺除了可以单独进行转发抽奖之外，还可以与其他知名微博合作，通过双方粉丝进行互动营销，扩大影响范围。

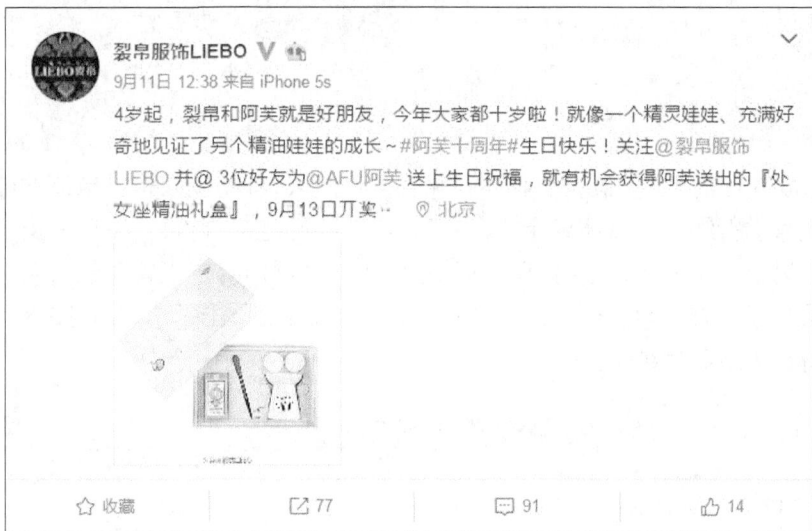

2. 晒图有奖

晒图有奖的模式是邀请买家上传商品图片并@店铺官方微博，官方对参加活动的买家图片进行评比或投票，选出人气最高的商品图片，颁发相应的奖品。晒图有奖可以使买家体会到购买商品后的参与感，对店铺来说，既可以宣传商品，又能培养买家忠诚度，是非常有效的一种微博互动方式。

3. 分享有奖

为了鼓励买家主动帮助店铺进行宣传，卖家可以设置微博分享奖励，让购买了商品的买家主动晒出自己的商品，并提醒周围朋友知晓。对客户的这种分享行为，卖家可以以物质的形式进行回报。下图所示为买家购买商品后的微博分享页面。

买家要对在淘宝网店成功购买的商品进行分享，首先应该将已申请的微博账号与淘宝账号进行绑定，具体绑定方法：进入"我的淘宝"首页，然后单击页面顶部的"账户设置"超链接，在打开页面的左侧单击"微博绑定设置"超链接，此时，系统将会自动检测已注册的微博账号，输入密码后，单击 同意协议并绑定 按钮，即可成功将微博与淘宝账号绑定。

4. 话题互动

话题是指在微博上发布的特指某个描述对象的主题，如"2018年××上新""特浓××"等，通过微博平台发布话题后，话题将以超链接的形式进行显示，单击话题名称即可打开相关话题页面，当然微博用户在搜索相关关键词时也可搜索到该话题信息。一般来说，活动、品牌名、商品名等都可以设置为专门的话题，店铺官方微博可以引导粉丝针对话题进行讨论，当话题的发布和讨论达到一定数量时，微博官方会继续向更多的微博用户推送该话题，建议店铺官方微博在发布微博时尽量带上相关话题。此外，如果遇到节日，可以带上节日话题，这样可以提高微博的搜索和展示概率。如果微博最近有比较有趣的热门话题，店铺官方微博也可以编辑与该热门话题相关的微博，带上热门话题。

发布节日话题和品牌名称话题

7.4 客户关系管理

客户关系管理是以提高客户满意度、忠诚度为目的的一种管理经营方式，下面先对客户数据进行分析，通过分析再对客户进行有效的分组管理，最后通过各种方法来提高客户忠诚度。

7.4.1 客户数据分析

对客户数据进行分析，可以更好地查看和管理客户关系，找到对店铺有贡献率的优质客户、值得维护的潜力客户和容易流失的回头客。客户数据的分析思路不外乎3个方面，即会员消费程度、会员行为特质和会员等级。卖家可以通过RFM模型来衡量客户的价值和创利能力，即通过最近一次消费（Recency）、消费频率（Frequency）、消费金额（Monetary）3个指标来综合分析买家的购物行为。

● Recency：Recency指最近购买日，可以反映买家的回购率。Recency值越高，表示客户最近一次消费的时间越接近现在。购买时间较近的买家，一般都对店铺和商品还有购买印象，再购买的倾向更高，此时当店铺对其进行推广时，可以得到比购买时间较远的买家更好的营销效果。如果Recency值较小，则说明该会员活跃度较低，可能已经变成流失会员。

● Frequency：Frequency指购买频度，是可以反映客户亲密度的一个指标，通过购买频度可以有效分析出客户的满意度和忠诚度。Frequency值高的客户群属于店铺常客，消费意向高，活跃度高；Frequency值低的会员消费意向低，容易流失。对Frequency值高的客户，卖家需要尽量利用有效时间，策划对方感兴趣的推广方法。

● Monetary：Monetary指客户的累计购买金额，是可以反映客户忠诚度的一项指标。Monetary值高，说明客户的购买力高，是店铺的主要盈利人群，可以制定专门的营销方法留住这部分客户；Monetary值低，则会员的购买力和购买欲望都较低。需要注意的是，仅凭Monetary值无法正确判断客户的再购倾向。

综上所述，Recency值越高，再购倾向越高；Monetary值高，但Recency值低，说明客户的再购倾向较低；Frequency值高，但Recency值低，说明客户的再购倾向也较低。

Recency值比较高的客户，Frequency值高，则再购倾向高；Recency值低的客户，即使曾经Frequency值很高，其再购倾向也较低；Monetary值高，Frequency值低，Recency值低，客户的再购倾向也较低。

Monetary值高，说明客户购买力高，但无法推断客户的再购倾向，此时必须通过Recency值和Frequency值依次进行分析和比较，先判断Recency值，分析客户的最近到店日期，再通过Frequency值分析客户购买频率。

假设某店铺卖家整理了近半年的会员数据，观察和分析了每位会员的消费时间，发现部分会员已经很久没有在店铺进行消费，这类会员的消费记录多为1次。其中有一位客户在店铺的消费记录达到3次，但是已经超过3个月没有再次消费，说明该客户是店铺的回头客，拥有较高的回购率，但最近活跃度不高，很容易变成流失客户。所以卖家需要对这类客户进行维护，如通过赠送优惠券、通过老客户打折、通过个性关怀等方式唤起他们对店铺的印象，避免会员的流失。

接着卖家观察和分析了近半年会员的消费频率，发现绝大部分客户都只消费了1次，这其中有部分客户对店铺的评价较好，具有较大的发掘潜力。针对这部分客户，卖家可以通过收藏有礼、生日打折等方式，提高其进店购买的次数。还有个别客户的消费频率非常高，这类客户基本算是店铺的忠实客户，卖家可以给予他们更多的优惠、减免或折扣，维持他们的忠诚度，同时还可通过生日活动、个性化节日关怀等方式来维护好与这类客户的关系。

最后卖家观察和分析了近半年会员的消费金额，发现消费额度有大有小，一般来说消费频率高的会员，消费额度都不会低。此外，也有消费频率只有1次，但是消费额度却比较高的客户，这类客户的购买力比较强，卖家可以专门建立分组制定营销计划，推荐套餐搭配等。对于消费额度比较低的会员，则可以通过减价促销等方式加大其购买力度。

7.4.2　客户分组管理

在进行网店客户关系管理时，一定要抓准客户的特点，针对客户的特点进行管理，从而推送更精准的营销信息。为了在面对不同的客户时准确使用不同的营销手段，卖家可根据客户数据分析的结果来对客户进行分组管理，可以将具有相同特点的成员分在一组，并以其特点作为分组名称。例如，通过会员数据分析得知一部分会员选购的商品价位较高，客单价也较高，那么，可以将该组会员的组名称设置为"高品质客户"。这样分组之后，在制定不同客户群的推广计划时，可以有针对性地向该组客户推广品质更好的商品。

此外，也可根据客户的属性、喜好等建立分组。如某化妆品店铺针对客户肤质的不同，建立了"油性肤质""干性肤质""混合肤质""美白""抗皱"等分组，在进行会员营销时，卖家就可以向不同分组的客户推广功效不同的商品，也就是更有针对性地推荐买家更感兴趣、更需要的商品。

扫一扫

客户分组管理

这种分组方式可以最大化提高会员营销的效果，避免错误的营销方式带来负面效果，增大营销成功的概率。对客户进行分组的具体操作步骤如下。

01 进入客户运营平台，展开"客户列表"选项，单击右侧的 分组管理 按钮，进入分组管理页面。

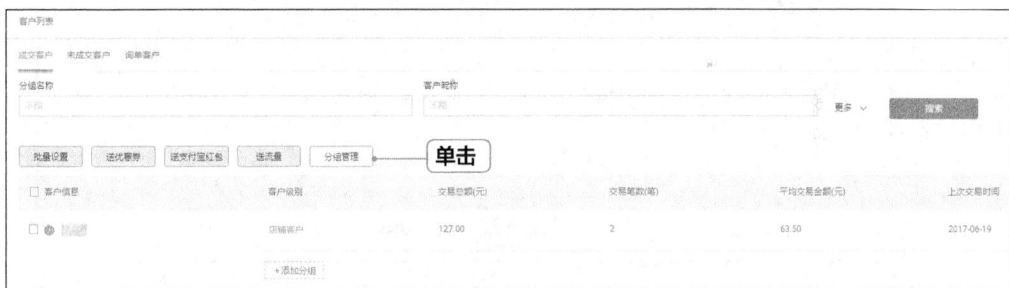

02 打开"分组管理"页面，直接单击 新增分组 按钮添加分组。

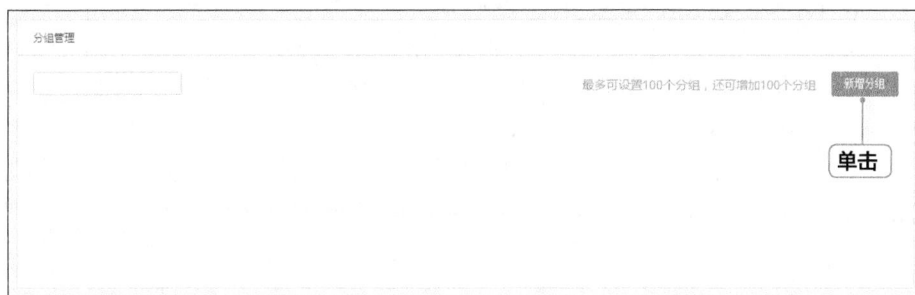

03 在"分组名称"文本框中输入组名称，在"分组方式"栏中设置分组的方式，这里单击选中"根据交易数据自动打标"单选项。

分组管理 / 新建分组

分组名称：　　　　　　　潜力客户　← **❶输入**

分组方式：　　　　　　　○ 仅创建名称手动打标

❷选中 → ● 根据交易数据自动打标

○ 根据商品数据自动打标

提个醒

单击选中"仅创建名称手动打标"单选项，将只创建分组，不添加客户。客服人员需要在客户列表中单击"详情"超链接，在打开的页面中编辑客户信息并手动添加分组。

04 在页面右侧的列表中设置自动打标的条件。这里单击选中"满足以下一个条件即可"单选项，单击选中"累计交易金额"复选框，并设置金额范围为"100~1000"，然后单击选中"最近购买时间"复选框，设置具体的时间，完成后单击 确定 按钮即可。

● 满足以下一个条件即可　○ 必须满足全部条件

□ 累计交易笔数　**❶选中**　　　　　□ 累计宝贝数量

☑ 累计交易金额　　　　　　　　　□ 店铺会员等级

100　-　1000　**❷设置**　　　请选择会员等级 ∨

☑ 最近购买时间

2017-06-01　-　2017-07-17　**❸设置**

确定 — **❹单击**

05 使用相同的方法添加其他分组，并为其添加组员。

潜力客户	收藏客户
客户数：10	客户数：11
查看客户　详情　打标规则执行中	查看客户　详情
潜力客户，客单价高	好评客户，回购率高
客户数：5	客户数：8
查看客户　详情	查看客户　详情

7.4.3　客户等级细分

细分客户等级不仅可以对客户进行管理，同时还可以通过等级来刺激客户升级和消费，提高客户的复购率和消费力度。前面介绍了客户会员等级的设置方法，一般情况下，普通会员达到高级会员消费标准时，将自动晋升为高级会员，高级会员达到VIP会员消费标准时自动晋升VIP会员。此外，还可通过将RFM数据进行横向的统计对比，再将这3个指标与店铺的均值进行对比的方式来划分客户类型，最后再根据不同类型的客户进行VIP的等级设定，如下表所示。

客户等级设定表

最后一次消费	消费频率	消费金额	客户类型	客户等级
上升趋势	上升趋势	上升趋势	重要优质客户	至尊 VIP
上升趋势	下降趋势	上升趋势	重要发展客户	
下降趋势	上升趋势	上升趋势	重要保持客户	VIP 会员
下降趋势	下降趋势	上升趋势	重要挽留客户	
上升趋势	上升趋势	下降趋势	一般价值客户	高级会员
上升趋势	下降趋势	下降趋势	一般发展客户	
下降趋势	上升趋势	下降趋势	一般保持客户	普通会员
下降趋势	下降趋势	下降趋势	一般挽留客户	

当然，卖家设置会员制度并不仅仅是为了给老客户折扣，卖家还应该引导和培养会员的等级意识，这样才能达到营销的目的。如根据会员等级为会员返还不同金额的红包，或者赠送不同金额的优惠券，引导买家再次进店消费。

假设某店铺卖家发现有部分普通会员即将达到高级会员的标准，可以发送提示信息，提醒买家"还差××即可升级为高级会员，享全店8.9折优惠，并赠送××"等。对于已经升级为高级会员的客户，可以发送信息，提醒其"高级会员进店消费满××减××""高级会员进店领取××优惠券"等，不仅可以增加会员的级别意识，还可以提高店铺的复购率和客单价。

如果发现某会员客单价很高，直接达到VIP会员标准，但是消费频率较低，那么可以邀请其参加VIP会员商品打折活动，为其提供VIP等级的服务，搭配合适的消费套餐，增加其进店的频率和消费的机会。

总之，对于不同等级的会员，可以进行不同的引导，具体实施细则也可以根据自己店铺的实际情况来制定，让不同等级的会员享受不同的优惠方式，这样不仅可以培养他们的等级意识，还有助于增加会员黏性和忠诚度。

7.4.4 提升客户满意度

对客户做好分类管理后，即可根据需要对有发展潜力的客户进行满意度的提升。常用的提升客户满意度的方法主要有两种，一种是客户关怀，另一种是客户回访，下面分别进行介绍。

1. 客户关怀

恰当的关怀不仅可以增加会员对店铺的好感度，增加他们的忠诚度和黏性，还有利于增加店铺的曝光度，加深会员对店铺的印象。会员的个性化关怀一般都有一定的针对性，如对第一次购物的新客户的关怀、对VIP客户的关怀通常都是不一样的，此外，店铺还可在节假日、会员生日时制定相关个性化关怀计划。

● 关怀第一次购物的新客户：对刚刚进行过购物的会员进行关怀，目的是提升会员对店铺的好感度，将其发展为店铺忠实客户。淘宝网店的大部分客户都只有一次购买记录，且没有收藏店铺、收藏宝贝的习惯，在一段时间后，非常容易遗忘曾经购买过商品的店铺。这类买家在需要再次购买该商品时，大多选择重新搜索商品，如果卖家能够让买家记住自己的店铺，或者让其对自己的店铺留下较深的印象，则当买家再次购买商品时，可能会直接选择该店铺，甚至不定时去店铺看看其他相关商品。那么怎么对第一次购物的新客户进行个性化会员关怀呢？卖家可以采取发货提醒、物流跟踪、签收提醒和个性化包裹等方式。

● 关怀VIP会员：VIP会员是店铺购买力最强的一部分买家，所以店铺必须注意维护与VIP会员的关系，让他们感受到他们与普通会员不同的个性化关怀。除了采用新客户的关怀方式外，还可建立VIP会员旺旺群、QQ群或微信群，加强VIP会员与店铺之间的连接和交流，维持他们的忠诚度。当店铺开展促销活动时，店铺针对VIP会员还可以提供不同的优惠条件，体现VIP会员与普通会员的差异。

● 节假日和生日关怀：每逢节假日，各大网店平台都会开展各种促销活动，此时卖家即可以节日的名义向买家发出问候，并给予一定的专享优惠。此外，卖家还可通过收集到的买家信息获取会员的生日，当会员生日时，对会员进行问候，发送生日祝福，或邀请会员进入店铺领取生日福利，让会员感受到自己被重视、被关怀。生日福利的内容可根据店铺实际情况进行设置。现金折扣、抵现、优惠券等可以增加会员购买的积极性，联系客服赠送小礼品等可以促使买家返店，还能提高买家对店铺的好感度。

提个醒

若为VIP用户赠送小礼品时，应选择实用型或美观型的商品，如果商品挑选得不好，不但不能赢得买家的好感，可能还会让买家产生卖家在敷衍应付的想法，反而起到不好的效果。

2. 客户回访

老客户营销一直是淘宝卖家热衷的营销方式，也是卖家们在淘宝屹立不倒的根基。说到老客户营销，我们就会不由自主地想到客服。客服人员在这当中充当着一个非常重要的角色，如何让老客户进行二次或多次购物，更多是需要客服人员进行客户回访。通常，客服人员可以使用电话回访的方式来进行客户回访，那么，电话回访客户有哪些技巧呢？

● 做好充分的准备：每一位电商客服人员在进行电话沟通前，应当充分了解客户的基本资料、熟悉服务项目的特点，打好基础、做好基本功。如果不能很好地介绍自己的服务项目，介绍自己服务的特色，那么就很难立刻在客户心里建立良好的印象。

● 掌握电话回访技巧：电话沟通一定要彬彬有礼、热情大方、不卑不亢，说话语速尽量放慢，语气既正式又温和，让谈话环境逐渐轻松起来。多听少说，多让客户说话。对于客户要有及时、热情的回应，让客户感觉你在用心倾听。

● 增强熟知度：由于是老客户回访，因此再次与老客户进行电话沟通时，应亲切自然。像交朋友一样，加强客户对自己的熟知度，这样才能进一步有效地进行产品的详细介绍及讲解。

● 及时做好记录：客服人员一定要及时记录回访内容，并加以总结。如果回访时遇到无法及时向客户解答的疑问，回访结束后可以和同事或领导一起讨论解决，并制定一个详细的解决方案，为下一次回访找话题，这样也能引起客户的注意。

● 了解客户近期有无需求：针对老客户，及时跟踪是非常重要的。因为前期的合作，客户与我们已经建立了良好的合作关系，如果及时跟进，客户就很容易记住我们，当他们有需求时自然也会在第一时间想到我们。

> **高手支招**
>
> 回访老客户时，回访时间的选择是很重要的。一般来说，周一到周五的白天，70% 的客户都在上班，此时回访的效率是比较低的，周末回访成功的概率会比上班时间高很多。但最好不要在上午回访，应尽量选择在下午回访，此时客户配合的积极性会相对高一些。如果是节假日，则最好不要进行回访。

7.4.5　客户满意度到忠诚度的提升

对于网店来说，客户满意度的决定因素主要有以下几点。

● 客服服务的满意度：包括服务的可靠性、及时性和连续性等。
● 网店产品的满意度：即产品的质量、价格、功能、设计等。
● 客服行为的满意度：即客服的行为准则、广告行为和沟通礼仪。
● 网店形象的满意度：包括网店网页画面设计和内容设计等。

要想让客户从满意到忠诚，可以通过以下5种途径来实现。

1. 提供超值服务

超值服务指所提供的服务除了满足一般需求外，还有部分超出一般需求以外的服务，如提供客户关怀或给客户创造惊喜。提供超值服务既是一种"价格战"，也是一种"心理战"。

2. 与客户保持密切的联系

与客户保持密切的联系，建立与客户沟通的桥梁与纽带，不断地给客户提供超值与增值的服务。

3. 保持价格方面的相对优势

价格优势是指同样品质的商品或服务，谁能够给消费者提供更低的价格，谁就更有竞争力，因为价格往往是改变客户行为的最敏感、最直接的因素。

4. 对老客户进行激励与挽留

让老客户的忠诚得到实实在在的回报，如某些网店推出的老客户回馈活动、客户忠诚计划等。

5. 与客户成为朋友

客服在与客户交流的过程中，不要刻意营销，要用心维护与客户之间的关系，倾注更多的私人情感，将客户真真实实地当成自己的朋友。

7.5 疑难破解

1. 怎么甄别"优质"客户？

不是所有的客户都是有潜力的客户，要怎么才能从庞大的客户数据中筛选出"优质"客户，"优质"客户有哪些甄别标准呢？下面就对"优质"客户的甄别方式进行具体介绍。

（1）"优质"客户的主要特征

"优质"客户一般具有以下5个主要特征。

● 从客户的购买能力分析，当客户有强烈的购买欲望且购买力度大，并且能够反复购买时，这种客户一旦前期服务做好了，一般来说都会成为店铺的永久优质客户。

● 从签单时间上分析，能够越早达成合作且付款越及时的客户自然也就是越优质的客户。

● 对产品有着良好的信任，能够容忍服务中的一些偶然失误，并且在成交记录中从未出现过差评的客户。

● 乐于向其他人推荐店铺的产品，经常在朋友圈或是微博分享自己的产品使用心得的客户。

● 周期性重复购买，并且不会一味地纠结产品价格的客户。

（2）大客户不一定等同于"优质"客户

大客户未必是"优质"客户，如果店铺不惜一切代价获得或维护大客户，就需要承担一定的风险，这些风险主要包括如下几个方面。

● 利润风险：客户越大，可能脾气就越大，所期望获得的利益也越大，这类客户容易与店铺讨价还价，或向店铺提出额外要求。

● 管理风险：大客户往往容易滥用市场运作能力，扰乱市场秩序，如私自提价或降价，进而给店铺管理造成负面影响，并可能离开店铺。

● 流失风险：大客户可能离开店铺。

● 财务风险：淘宝店铺支持分期付款时，可能会遇到一些性格偏激的大客户，一点不满意或是不顺心就要求退货、退款，这样容易造成店铺一定的经济损失。

2. 店铺会员等级的折扣是否是"折上折"？

会员等级的折扣是在一口价基础上设置的折扣，是会员累计消费享受的折扣，不是"折上折"。如需设置"折上折"，还需另外设置VIP专享商品的活动。

3. 为什么买家登录后，仍然无法看到会员折扣?

卖家在编辑商品宝贝时，需要在"宝贝其他信息"栏中单击选中"会员打折"所对应的"参与会员打折"单选项，如下图所示。

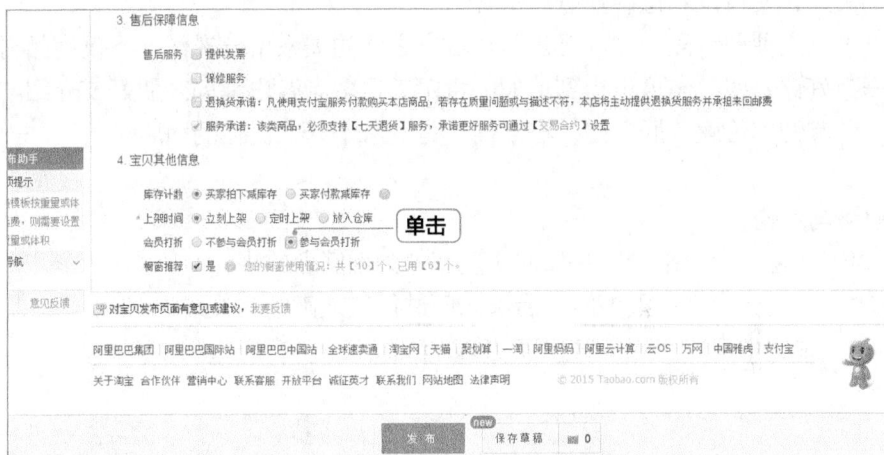

7.6 案例分析

"衣舒乐"于2015年入驻淘宝网，是一家专注于销售女士卫衣的服装店。自开店以来，经过近2年的苦心经营，"衣舒乐"已经成为2钻石卖家。随着口碑和服务质量的不断提升，再加上过硬的产品质量，店铺的订单不断增多，同时，客户数量也急剧增加。此外，网店通过淘宝网的"客户运营平台"对客户进行分析和管理，包括买家信息管理、客户分组管理、会员制度建立、优惠活动创建，以及买家购买行为分析等。通过对客户的分析管理，店铺业绩又上升了一个档次，而且对客户关系的维护既准确又到位。

对于客户关系的维护，店家不仅做到了线上的即时沟通，而且平时还会在店铺中推广一些日常的互动活动,如会员优惠、收藏有礼、签到有奖等,让客户能时刻感觉到卖家的用心和专注。

随着客户群体的不断壮大,店铺还搭建了客户互动平台,通过建立使用频率较高的旺旺群,将新老客户都拉入到群中聊天。此外,店铺开通了店铺自己的微信公众号,通过微信公众号发布店铺的最新动态和优惠信息,这不仅可以帮助客户及时了解店铺的最新动态,还增加了客户对网店的关注度。同时这也为卖家了解网络客户的购买行为、行业趋势等提供了有力的决策支持。

为了更好地保持与客户之间的关系,网店客服人员会为在店铺中购买了宝贝的客户提供关怀服务,当宝贝发货后,将第一时间发送发货提醒消息给买家,如"启奏陛下,臣已将××产出的××贡品交由××镖局800里加急押送上京,不日将抵达皇宫。单号××,望陛下亲启"。并实时跟进物流,当宝贝到达买家所在城市后,客服人员会发送短信通知买家。同时,客服人员还会整理出店铺中的VIP客户的生日列表,并在会员生日的当月发送祝福短信和生日优惠券,这样既可以表达对客户的关怀,又可以刺激客户进行消费。

通过以上种种手段,"衣舒乐"与客户之间的关系十分融洽,不仅商品得到客户的一致好评,服务态度也得到他们的肯定。很多老客户都向亲朋好友介绍"衣舒乐",称其物美价廉,服务好,态度佳,是一家十分人性化的网店。

思考与讨论:

(1)"客户运营平台"是如何实现客户关系管理的呢?

(2)当店铺中客户很多时,店家如何进行有效筛选呢?

(3)本例中采取了哪些客户互动的方法?

第8章

客服管理，
网店规模化发展策略

本章导读

　　客服是网店发展的基石，也是网店业绩不断上升的推动力。因此，对于网店店长而言，科学管理客服人员是非常重要的。搭建起一支优秀的客服团队，将会对网店的顺利发展起到保驾护航的作用。同时，客服人员自身也要明确，自己应该在哪些方面提升自己的能力。

　　本章将对客服管理的相关知识进行详细介绍，包括客服人员的招聘与培训、绩效考核、激励机制等。

知识技能

※　了解客服人员的招聘与培训的方法
※　掌握分析客服人员数据的方法
※　掌握考核客服人员绩效的方法
※　掌握客服团队的激励与管理的方法

视频讲解

（视频讲解：3分钟）

8.1 客服人员的招聘与培训

客服人员对网店来说非常重要，网店想要获得良好的发展，对客服人员的数量和质量都有一定的要求。因此网店经营者需要了解客服人员的招聘和管理方法，此外，还需对招聘的客服人员进行相关的培训，保证客服人员掌握必备的技能，能快速上岗。

8.1.1 客服人员的招聘

根据网店的规模和经营方式不同，网店客服人员的工作模式也不一样，一般来说，主要有集中化工作模式和分散化工作模式两种。不同的模式，客服人员的招聘和选择方式也不一样。其中，集中化工作模式是指网店拥有自己专门的客服团队和工作地点，实行统一管理。分散化工作模式是指网店以远程的方式建立起来的团队管理模式，客服人员分散各地，只通过同一个平台联系和共事。

● 集中化工作模式：集中化工作模式对客服人员的要求更高，在数量和质量上都更严格，对客服人员的任职标准也有一定的要求。招聘这种客服人员时，一般可以在招聘会、网络平台等发布招聘信息，通过笔试和面试等方式进行选择，其招聘流程大致如下图所示。

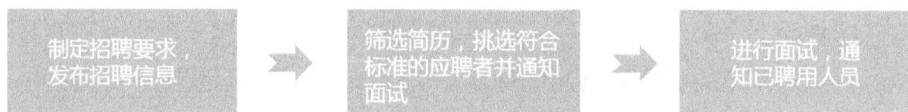

制定招聘要求，发布招聘信息	→	筛选简历，挑选符合标准的应聘者并通知面试	→	进行面试，通知已聘用人员

● 分散化模式：分散化模式多适用于小型网店，成本较低，对客服人员的要求也相应较低。分散化模式的客服人员一般可通过网络来招聘，店铺可通过远程管理的方式对其进行指导和监督。

8.1.2 适合客服的人群

店铺在招聘客服人员时，要将客服工作的性质与客服工作的要求结合起来，有针对性地进行招聘，以满足店铺的需求，如下表所示。

客服工作性质与要求

客服工作的性质	客服工作的要求
工作时间不固定	自由、有充足的时间
综合性强	适合年轻人
灵活性较强	交际能力强
接触对象广泛	客服好评率高
	对事物的领悟性高

根据以上对客服工作性质和客服工作要求的分析，我们发现有3种类型的人群比较适合从事网店客服的工作，分别是全职妈妈、有客服经验的年轻人、刚毕业或即将毕业的大学生，如下图所示。下面一一分析这3类人群具备的成为客服人员的独特优势。

1. 全职妈妈

全职妈妈，这类人群在时间安排上是完全自由的，她们有充裕的时间，能够灵活安排。因为全职妈妈要在家带小孩，外出工作不方便，而淘宝客服工作只需会计算机基本操作，工作内容在家就可以完成，所以还可满足妈妈一边带孩子一边工作的需求。

除此之外，全职妈妈对薪酬的要求不会太高，这样可以减少店铺的一些成本。店铺在为全职妈妈安排工作时一定要避开妈妈们照顾宝宝的高峰期，也要强调询单转化率的重要性，不能只顾着照顾孩子而忘了客服的工作。

2. 有客服经验的年轻人

有客服经验的年轻人是店铺急需的人才，他们有一定的客服工作经验，能够在最短的时间内上手工作，而且他们之前在工作中所积累的专业技能，不仅能够继续用在现在的工作岗位上，而且还能为其他员工提供经验指导，这样的人可以作为客服主管的人才培养。

但是，作为店长依然需要询问对方离职的原因，要与对方谈好薪资待遇，这类有客服工作经验的年轻人对薪资的要求是比较高的。

3. 刚毕业的大学生

刚毕业的大学生群体的年龄都在20~23岁，是很年轻的群体，他们对新事物有很强的接受能力，能够很快适应新的工作内容和工作环境。作为客服人员，打字的速度是工作内容的一部分，而这群年轻人在校园生活中就已经能够熟练地使用计算机，并且打字速度也比较快。此外，他们还具备较强的学习能力，对于陌生技能上手较快，而且大多吃苦耐劳，便于管理。

刚毕业和即将毕业的大学生们已经具备了作为客服人员的基本素养，唯独缺少的就是对工作的实战经验，而对工作具体内容的操作是可以通过后期的培训加以弥补的。

8.1.3　客服人员的培训

新进入公司的客服人员对网店、产品和工作内容的认识都不太充分，需要通过公司的系统培训来熟悉业务，培训主要包括新员工培训、客服团队培训、客服技能培训和客服产品培训。同时，店铺还要对这些参加培训的员工进行考核，只有考核过关的客服人员才能成为合格的客服人员，合格的客服员才能做好网店的客户服务与管理，提升店铺的整体运行效率和经济效益。

1.　新员工培训与考核

新员工培训的内容主要包括产品信息、后台操作规则、回复技巧以及与客户沟通过程中的注意事项等，如下图所示。待新员工完成培训后，店铺将通过技能考核记录表和产品考核记录表对新员工的培训结果进行评估。

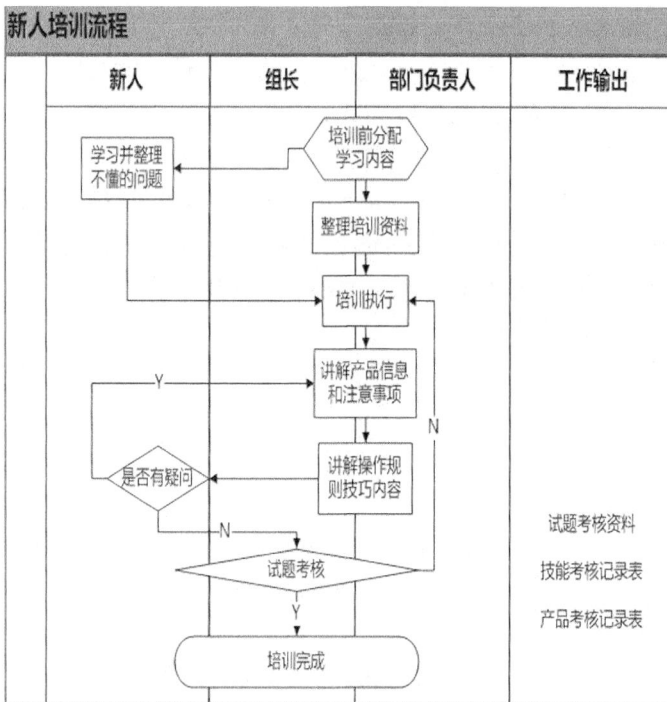

2.　客服团队培训与考核

客服团队培训的主要内容包括操作规则与技巧、任务安排和活动实施规划等，如下图所示。待客服团队完成培训后，店铺将通过技能考核记录表、产品考核记录表、施行效果监督表对客服团队的培训结果进行评估。

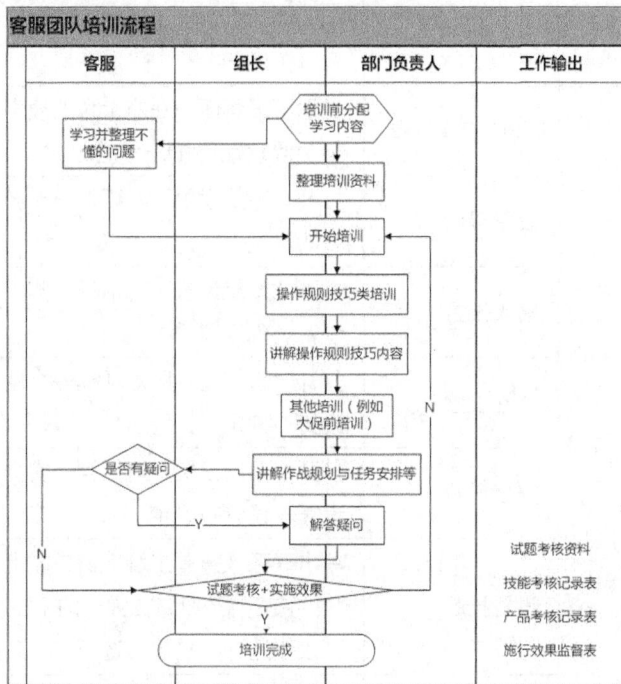

客服团队培训流程

高手支招

新员工经过培训与考核之后，可以快速上岗，并有效缓解因销量增长以及订单增加而带来的客服压力。与此同时，店铺还可以注重提高客服服务的专业化和标准化水平，从而有效提高店铺的运营效率及店铺销量。

3. 客服技能培训与考核

客服的技能培训，主要分为客服的基础操作和聊天操作两个方面。基础操作是指客服人员的打字速度，一般以每分钟60字为合格；聊天操作是指客户分组操作、千牛常见操作（如聊天设置、设置漫游、添加好友等）、快捷操作以及个性签名设置等。具体的考核细则如下表所示。

客服技能培训与考核表

技能点	考核点	细则	参考答案	考核结果	
				自我评价	主管评价
客服基础操作	打字速度	初级客服每分钟打字≥60字	使用在线金山打字通测试3次，取平均值		

续表

技能点	考核点	细则	参考答案	考核结果	
				自我评价	主管评价
聊天操作	千牛常见操作	添加/查找好友	显示聊天页面→在左上角的搜索框中搜索好友旺旺→完成		
		设置漫游	打开"系统设置"对话框→漫游我的设置→确定		
		聊天设置	打开"系统设置"对话框→聊天设置→确定		
		个性设置	打开"系统设置"对话框→个性设置→确定		
		安全设置	打开"系统设置"对话框→安全设置→设置→确定		
		设置挂起	单击联系人→单击聊天窗口左上角的 未挂起▾ 按钮，在弹出的下拉列表中选择"挂起"选项		
		查看所有旺旺的聊天记录	单击联系人→单击"查看消息记录"按钮🗐右侧的下拉按钮→选择"查看在线消息记录"选项→选择旺旺账号和时间段→查看聊天记录		
		客户转给其他客服人员服务	单击联系人→单击聊天窗口右上角的"转发消息给团队成员"按钮🗪→选择团队成员→转过去		
	快捷操作	设置自动回复	打开"系统设置"对话框→单击 客服设置 按钮→自动回复设置→设置→确定		
		设置快捷回复	显示聊天页面→单击"快捷短语"按钮💬→设置→保存		

技能点	考核点	细则	参考答案	考核结果	
				自我评价	主管评价
聊天操作	个性签名操作	新增、修改、删除个性签名	打开"系统设置"对话框→个性设置→个性签名→设置→确定		
		不同方式设置个性签名	①直接在旺旺昵称下输入个性签名 ②打开"系统设置"对话框进行设置		
	客户分组操作	新建、删除组	显示聊天窗口→在分组名上单击鼠标右键→添加组、删除组→完成		
		重命名组	显示聊天窗口→在分组名上单击鼠标右键→重命名组→完成		
		向组员群发短信/消息	显示聊天窗口→在分组名上单击鼠标右键→向组员群发消息→完成		

高手支招

当客服人员很忙，或店长只想登录主账号查看东西，但是又不准备接待客户时，可以开启千牛的挂起功能。开启千牛挂起功能后，客户通过单击店铺中"和我联系"头像发送的消息，将不会分流到该主账号中。千牛挂起功能的开通方法：打开"系统设置"对话框，单击 客服设置 按钮，在"接待中心"选项卡中单击选中"当接入人数达到"复选框，并在其后的数值框中输入人数"3"，即当开启挂起功能的客服人员在面对3人以上的客户时，就会自动分流转给其他的客服人员。

4. 客服产品培训与考核

客服的产品培训，主要包括产品属性、产品热卖点和店铺活动的培训、日常交接工作的处理、好评返现、赠送礼品等。具体考核细则如下表所示。

客服产品培训与考核表

考核内容		是否合格			
产品方面	产品属性	是		否	
	产品热卖点	是		否	
	店铺活动	是		否	
日常交接	日常/售后交接人	是		否	
	日常/售后交接人上班时间	是		否	
店铺情况	发票/收据问题	是		否	
	发货时间	是		否	
	默认快递及邮费	是		否	
	备选快递及邮费	是		否	
	发货/退换货地址	是		否	
	赠送礼物详情	是		否	
	好评返现详情	是		否	
	打包方式	是		否	
	客服权限	是		否	
客服操作	整理快捷语	是		否	
汇总	合格率	是		否	

备注：合格率低于80%的不予通过，重新考核；高于80%的即可通过

8.2 客服人员数据分析

客服人员技能考核合格后，即可正式开始上岗。一名合格的客服人员，除了能够耐心解答客户提出的各种疑问，并读懂客户的需求外，更重要的是将自己的服务转化为店铺的实际盈利，而这些盈利是通过各种销售数据表现出来的。

为了更好地对客服人员的工作能力进行评估，需要对客服人员工作中的重要数据进行分析，如接待人员、销售量、客单价、询单转化率等，在此基础上提出切实可行的办法来提高这些指标，让客服人员的工作效率进一步提升。

8.2.1 客服数据分析的渠道

进行客服数据分析的方法有很多，客服管理人员要学会相关的分析方法，提供科学化的考核标准，用以直观体现客服的问题所在。一般可以通过查看店铺数据报表的执行与反馈、使用"赤兔"绩效软件、查看聊天记录等方式来分析数据。

1. 查看店铺数据报表的执行与反馈

电子商务最大的优势是数据跟踪，数据跟踪最直接的方式就是通过数据报表来展现。数据报表分为周报表、月报表、季报表、年报表4种类型，通过对数据报表的执行与反馈，可以总结出店铺存在的问题，然后采取相应的措施进行补救。下表所示为店铺8月、9月、10月的数据报表。

项目内容			8月	9月	10月（截止29日）
一级维度	二级维度	项目	本店数据	本店数据	本店数据
绩效数据	询单转化	客户询单转化率（%）	21.22%	13.01%	16.05%
		对比上月增减值（%）	-5.77%	-8.21%	3.04%
	寄件数	客服寄件数（件）	90.62	109.96	129.55
		对比上月增减值（件）	10.15	19.34	19.59
	客单价	客服客单价（元）	1.47	1.36	1.16
		对比上月增减值（元）	-0.18	-0.11	-0.2
	咨询销售额	客服销售额占比（%）	2.16%	2.05%	2.24%
		对比上月增减值（%）	-0.14%	-0.11%	0.19%
	平均响应时间	平均响应时间（秒）	48.2	87.81	68.46
		对比上月增减值（秒）	-9.58	39.61	-19.35
	首次响应时间	首次响应时间（秒）	1.86	2.44	3.37
		对比上月增减值（秒）	-0.64	0.58	0.93
	咨询量	日均咨询量（人）	40	35	34
		对比上月增减量（人）	25	-5	-1
	下单付款率	下单付款成功率（%）	0	0	0
		对比上月增加值（%）	0	0	0
	工作量	本月总接待人数（人）	1239	1057	1026
		对比上月增减值（人）	761	-182	-31
	答问比	客服答问比（%）	106.41%	85.80%	84.69%
		对比上月增减值（%）	4.80%	-20.61%	-1.11%
总结					

问题：
（1）客单价逐月递减
（2）首次响应时间逐月递增
（3）日均咨询量逐月递减

原因总结：
（1）客单价降低一方面是由于页面价格不一致，导致流失；另一方面是有的宝贝尺寸偏少，导致人群流失
（2）首次响应时间降低是因为有时客服回复客户收不到信息，导致系统判断没有回复
（3）日均咨询量降低，需要多渠道推广，例如无线推广、钻展推广、麻吉宝等，同时做好客户营销
（4）问答比降低是因为客户咨询时自动回复，造成多次发送重复性的话语。加上客户咨询后回到商品详情页时离线了，收不到我们的消息，回来后又进行咨询

从上表中可以看出各个月的客单价、销量、首次响应时间等数据与上月的对比情况，通过这些监控数据可以总结出店铺的问题所在，店铺需要针对性地进行改善，以优化店铺各方面的数据。

2. 查看聊天记录

客服主管或是店长想要查看客服人员与客户的聊天记录，可以通过淘宝的子账号功能来实现。子账户功能不仅能够对员工进行管理，而且还可以对聊天记录、服务评价、操作日志等进行实时监控。通过子账号功能查看聊天记录的具体操作步骤如下。

扫一扫

查看聊天记录

01 进入"卖家中心"页面，然后单击左侧列表中"店铺管理"模块下的"子账号管理"超链接。

02 打开"子账号"页面，单击上方导航栏中的"监控查询"超链接。

03 在打开的页面中单击 聊天记录 按钮，然后在"员工账号"文本框中输入要监控的员工账号，最后单击 查询 按钮。

04 在"聊天记录详情"栏中将显示该客服人员的聊天详情。通过查看聊天记录，客服主管可以了解客服人员工作中的不足之处，然后有针对性地帮助其改进。

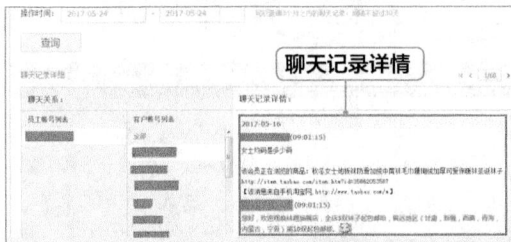

聊天记录详情

1、出现太多短回复，显得不够热情，忙的时候可以设置好快捷语，同时缺少表情，显得聊天环境太过生硬

2、针对价格或者活动方面有疑问的要进行解释，不能单单回复一个"不能"，这样一方面显得不够专业，一方面会容易流失客户

3. 使用赤兔绩效软件监控

"赤兔名品"是可以全面掌握客服的销售额及销量、转化成功率、客单价/客件数、服务评价以及接待压力和值班情况等数据，并帮助分析买家流失原因，进而提高店铺业绩的超级淘宝工具软件。由于该软件不是千牛自带软件，所以需要先安装再使用。安装赤兔名品再查看数据的具体操作步骤如下。

扫一扫

使用赤兔绩效软件监控

01 进入"卖家中心"页面，然后单击左侧列表中"软件服务"模块下的"我要订购"超链接。

单击

提个醒

　　赤兔名品是店铺必备的专业级交易管理工具，它具有交易管理、订单管理、打单发货（电子面单）、自动好评、催单催付以及售后处理等功能，并且在交易管理功能基础上集成旺旺工作台（含改价、改邮等），可以优化工作效率，提升成交率。

02 打开"服务市场"页面，在页面顶端的搜索框输入软件名称"赤兔名品"，然后单击 搜索 按钮。

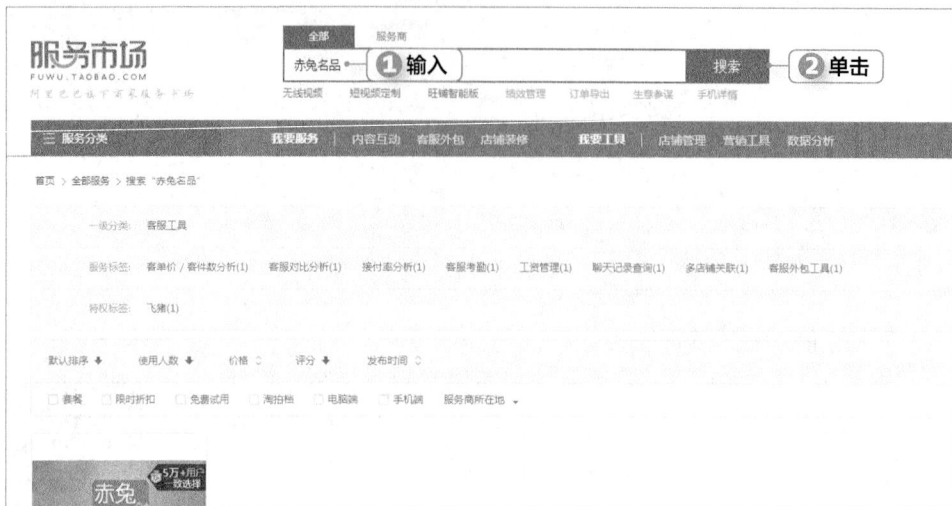

03 在显示的搜索结果列表中单击"赤兔"软件，然后在打开的页面中选择该软件的服务版本和使用周期，最后单击 立即购买 按钮，根据提示成功付款后便可以使用了。

04 进入"赤兔名品"软件的首页，其中包括店铺绩效、客服绩效、绩效明细等多个功能模块，单击任意一个功能模块，便可查看该功能模块的详细信息，下图所示为客服团队绩效监控数据。

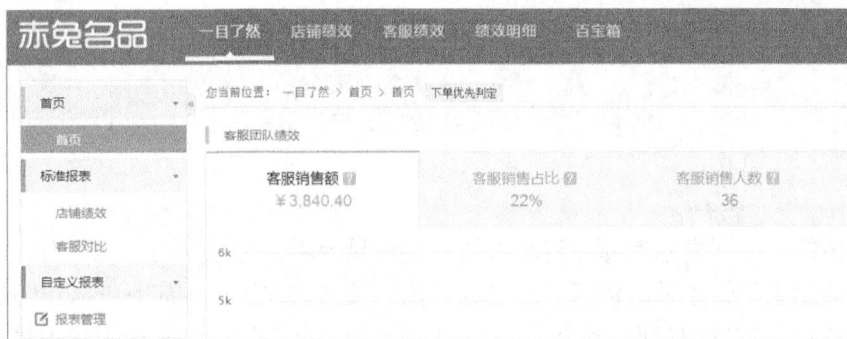

8.2.2 客服接待人员分析

客服接待人员是指所选时间内，客服接待的客户数（不包括接待过滤的客户）。下图所示为某网店客服人员接待客户数据的统计表。

上述统计数据显示该店铺客服每天的接待人数较少，有可能是因为网店缺少流量，关注的人太少。商家可以进行多渠道引流，多参加一些促销活动，并针对老客户举行优惠活动，以提升网店的人气。

提个醒

除了接待人数外，店铺通常还需对咨询人数和询单人数进行统计。其中，咨询人数是指所选时间内，咨询该客服人员的客户总数，咨询人数 = 接待人数 + 接待过滤人数；询单人数则是指所选时间内，客服人员接待的询单客户数，询单客户指下单前来咨询的客户（该数据须延迟1天统计）。

8.2.3 客服销售额分析

客服销售额是指通过客服服务成交的客户在所选时间内付款的金额。下图所示为某网店客服销售额数据统计表。

销售额	销售量	销售人数	订单数	个人销售额占比
￥0.00	0	0	0	0.00%
￥872.00	25	13	13	47.44%
￥966.30	18	18	18	52.56%
￥0.00	0	0	0	0.00%
￥0.00	0	0	0	0.00%
￥1,838.30	43	31	31	

上述统计数据显示有部分客服人员的销售量为零，可能是由于他们对产品不够熟悉、客服主动性不够、沟通话术欠缺，推销技巧欠缺等。网店管理人员可加强对客服人员产品信息的定期培训与考核，加强客服服务意识、沟通话术与销售技巧的培训与考核。

8.2.4　客单价与客件数分析

客单价是指通过客服服务成交的客户平均每次购买商品的金额，具体计算公式：本客服客单价=本客服销售额÷本客服销售人数；而客件数则是指通过客服服务成交的客户，平均每次购买商品的件数，具体计算公式：本客服客件数=本客服销售量÷本客服销售人数。下图所示为某网店客单价和客件数数据统计表。

客单价	客件数	件均价	
￥0.00	0	￥0.00	
￥67.08	1.92	￥34.88	
￥0.00	0	￥0.00	
￥53.68	1	￥53.68	
￥0.00	0	￥0.00	
￥0.00	0	￥0.00	

上述统计数据显示该客服的客单价和客件数都偏少，可能是由于客服对产品关联性销售的技巧不熟悉、客服服务的积极性差、对于关联推荐和搭配套餐的推广欠缺等因素造成。客服管理人员可加强客服人员产品关联销售的专业培训，加强客服人员的服务意识，加强销售技巧的培训与考核。

8.2.5　客服询单成功率分析

询单成功率是指客户进入网店后，经过咨询客服后下单成交的客户数与询问的总客户数的比例，具体计算公式：询单转化率=咨询付款人数÷咨询人数。一般客服的询单成功率要达到60%左右才算合格。下图所示为某网店当日询单成功率统计表。

询单->当日下单成功率	询单->最终下单成功率
37.5%	39.83%
42.43%	45.74%
38.91%	40.43%
48.58%	50.79%
38.67%	40.57%
41.04%	43.96%
38.47%	41.92%
42.7%	46.07%
39.1%	41.93%
0%	0%
33.4%	35.57%

上述统计数据显示该客服的询单成功率都不合格，这可能是由于客服人员的主动积极性差、对产品不熟悉、对催付话术与时间点掌握不当。客服管理人员可加强客服人员产品信息的定期培训与考核，加强客服服务意识以及催付话术与注意事项的培训。

提个醒

影响询单成功率的因素有很多，客服人员可以从坚定客户的购买意愿和紧跟客户完成付款这两个方面着手，以此来提高询单成功率。

8.2.6　客服响应时间分析

客服响应时间长短是客服是否在线、是否以最佳状态迎接客户的最有力证据。通常把客服响应时间分为客服首次响应时间和客服平均响应时间。客服首次响应时间是指客服接待过程中，客户咨询到客服人员回应的第一句的时间差；平均响应时间是指客服对客户每次回复用时的平均值。下图所示为某网店客服响应时间统计表。

旺旺	接待人数	总消息	买家消息	客服消息	答问比	客服字数	最大同时接待	未回复人数	回复率	慢响应人数	长接待人数	首次响应(秒)	平均响应(秒)	平均接待时
	15	698	235	463	197.02%	5967	6	0	100.00%	0	3	1.62	28.02	16分8秒
	35	1105	529	576	108.88%	8628	10	1	97.14%	0	4	23.96	28.43	8分54秒
	33	1121	512	609	118.95%	9616	6	0	100.00%	0	7	32.45	31.57	10分45秒
	12	335	154	181	117.53%	3879	3	0	100.00%	0	0	0.82	35.07	12分12秒
	44	1172	556	616	110.79%	13144	6	0	100.00%	0	0	1.29	33.99	9分50秒
	14	385	192	193	100.52%	5351	7	0	100.00%	0	0	11.67	43.65	16分51秒
汇总	153	4816	2178	2638		46585	38	1		0	21			
均值	25.5	802.67	363	439.67	121.12%	7764.17	6.33	0.17	99.35%	0	3.5	12.64	32.33	11分17秒

上述统计数据显示个别客服人员的响应时间过长，这可能是由于该客服人员没有掌握有效的回复技巧、对快速短语的设置不熟悉、打字速度慢、对产品不熟悉等。客服管理人员可加强对客服人员回复技巧的培训、产品信息的定期培训与考核，帮助客服人员提升对店铺活动的了解。

响应时间一般跟店铺接待情况及客服工作压力有直接关系。一般来说，客服的首次响应时间应控制在 6 秒内，而平均响应时间则应控制在 20 ～ 30 秒。响应时间数值越小，留住客人的机会越大。如果短短两句话的回复，网店客服竟然过了几分钟才回应，将十分影响客户的购物体验。

8.2.7　客服退款情况分析

客服退款情况分析是指对客户提出的申请退款笔数、申请退款金额、完成退款笔数、完成退款金额等项目的统计。下图所示为某网店客服退款情况分析统计表。

旺旺昵称	申请退款笔数	申请退款件数	申请退款人数	申请退款金额	完成退款笔数	完成退款件数	完成退款人数	完成退款金额
	0	0	0	¥ 0.00	0	0	0	¥ 0.00
	0	0	0	¥ 0.00	0	0	0	¥ 0.00
汇总	0	0	0	¥ 0.00	0	0	0	¥ 0.00
均值	0	0	0	¥ 0.00	0	0	0	¥ 0.00

上述统计数据显示客服还没有出现过退款情况。一旦发生了退款情况，就需要提升客服的沟通积极性，降低退款率。

8.3　客服人员绩效考核

客服绩效考核，简单地说就是一份合同，由管理者来制定，客服团队来执行，并且根据客服的完成情况，管理者将给予相应的激励，一般为奖金。绩效考核不是制定条条框框来管理客服、限制客服，而是为客服人员制定目标和方向，帮助客服人员获得更为丰厚的收益。客服绩效考核的实质可通过下图所示的内容来展现。

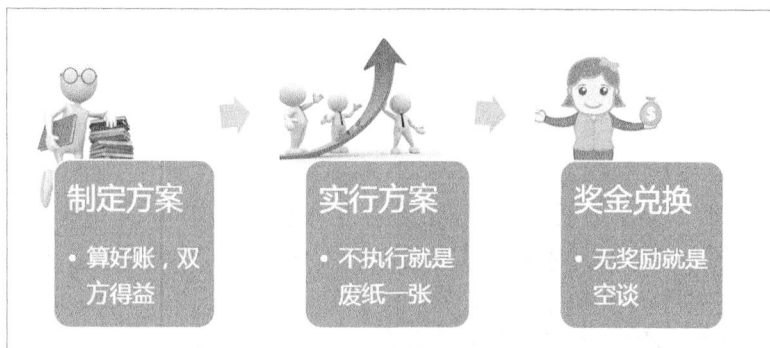

制定方案
• 算好账，双方得益

实行方案
• 不执行就是废纸一张

奖金兑换
• 无奖励就是空谈

8.3.1　客服绩效考核的重要性

客服绩效考核，目的不是为了管理客服人员，而是为了提升整个店铺的销量，以及提升客服人员的服务水平，实现店铺和客服人员的双赢。因此，客服绩效考核，应该是受客服人员欢迎的，而不是让客服人员觉得反感的。下面对店铺利润相关的3个公式进行介绍。

店铺盈利利润=店铺销售额 – 成本

店铺销售额=客服销售额 + 静默销售额

客服销售额=客服咨询量×咨询转化率×客单价

由上述公式可知，绩效数据直接影响客服以及店铺的销售额数据，下图所示为客服销售技能提升的价值体现。

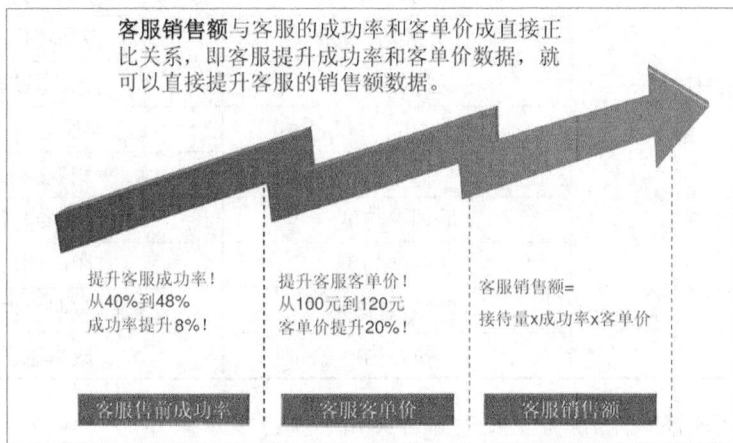

客服销售额与客服的成功率和客单价成直接正比关系，即客服提升成功率和客单价数据，就可以直接提升客服的销售额数据。

提升客服成功率！ 从40%到48% 成功率提升8%！	提升客服客单价！ 从100元到120元 客单价提升20%！	客服销售额= 接待量×成功率×客单价
客服售前成功率	客服客单价	客服销售额

根据绩效数据的直观反映，对于客服绩效考核的重要性就不言而喻了。所以，店铺管理人员一定要重视客服人员的绩效考核，帮助客服人员明确自己的努力方向和目标，提升客服的工作效率；尽量营造出良性的竞争氛围，能者多劳，多劳多得。

8.3.2　制定与执行绩效考核方案

绩效考核是网店对客服的正当要求和标准规范，优秀的绩效不仅对网店有帮助，对员工个人成长更是意义重大。一个网店要想做好绩效考核方案，那么首先就要制定好考核的目的、考核的对象、考核周期以及考核指标等。

（1）考核的目的

规范公司网店客服组日常销售工作，明确工作范围和工作重点。使公司对客服组工作进行合理掌控并明确考核依据。

（2）考核的对象

主管级以上客服和主管级以下客服。

（3）考核周期

基于客服岗位的性质，客服人员的绩效考核将实行月度考核，每一月作为一个考核单位。

（4）考核指标

绩效考核指标，是客服工作业绩、工作能力的量化形式，通过各量化指标的考量可以体现客服人员的能力和态度、工作业绩，基于客服岗位自身的工作性质和工作内容，客服人员绩效考核指标主要分为关键业绩指标和日常绩效指标两个方面，如下表所示。

绩效考核指标表

绩效考核指标	主管级以下客服	主客级以上客服
关键业绩指标	咨询转化率	客服销售占比
	平均响应时间	咨询转化率
	答问比率	客服退款率
	回复率	客服好评率
		平均响应时间
日常绩效指标	培训参与度	活动参与度
	活动参与度	团队建设
	团队协作性	全局观与创新力
	执行力	成本意识

客服考核指标中的部分重要指标含义如下。

● 咨询转化率：即客户向客服人员咨询服务的人数到最终下单人数的比率，表示为最终下单人数/咨询人数。

● 平均响应时间：指每一次自客户咨询到客服人员做出回应这一过程之间的时间差的平均值。一般来说，平均响应时间应控制在20~30秒较合适。

● 答问比率：即客户与客服的对话各占的比率，表示为客服消息数/买家消息数。一般来说，客服的答问比要保证在110%~140%，即客户输入1句话，客服至少要输入1.4句话。

● 回复率：即客服回应客户咨询人数的比例，表示为客服个人的旺旺回复率=回复过的客户数÷接待人数=（接待人数－未回复人数）÷接待人数。

● 客服销售占比：指将每一个客服的销售额与总销售额的比值。

提个醒

绩效考核一定要与奖励挂钩，如每月评比综合排名第一名，奖励500元；综合排名最后一名，从提成中扣200元。这样才能发挥绩效考核的作用，否则即为空谈。

8.4 客服团队激励与管理

激励是客服团队管理的关键所在，有效的激励有助于提升团队的管理水平，提高团队的绩效。要想打造一支高效率的客服团队，管理人员除了要明确规章制度，让所有成员有共同的行为规范外，还应明确组织架构、岗位分工及工作流程，让所有成员各司其职并且减少漏洞。

8.4.1 客服团队管理原则

由于网店客服工作的特殊性，客服团队的管理原则与一般公司团队的管理原则是有区别的，主要体现在店铺分配、排班、数据监督、客户投诉处理4个方面。

1. 店铺分配原则

店铺分配，是指店铺管理人员对客服人员工作的分配。分配时应遵循以下3个原则。

（1）根据类目和咨询量来分配，遵守专属服务原则。

（2）每个客服日咨询量把控在250，超量则考虑增加客服人员。

（3）基本上一个小组负责一个店铺，一个店铺最少会涉及3个客服。

2. 排班原则

为了保证客服人员有充沛的精力投入工作，保障各部门有序、高效地正常运作。店铺管理人员在对客服人员进行排班时，应遵循以下原则。

（1）每个人的休息时间要均匀，不要出现太大的差异化。

（2）优先考虑专人做专事，每个客服人员服务自己熟悉的店铺。

（3）每个人的咨询量尽量均匀，避免出现严重失衡的情况。

3. 数据监督原则

作为一个客服管理人员，学会通过观察数据来找出客服的问题是至关重要的，因此，客服管理人员在进行数据监督时，应遵循以下3个原则。

（1）优先挑选重点店铺进行监督。

（2）数据定期监督，可以安排一周3次数据统计。

（3）数据一定要落实到个人，紧抓个人问题并及时落实改善。

4. 客户投诉处理原则

要有效地处理客户投资，可以遵循以下3个原则。

（1）必须2小时内找出问题根源，24小时之内给出最终处理结果。

（2）要及时跟进投诉责任人与落实改善措施。

（3）一定要主动跟店主或客服管理人员反馈投诉的处理情况。

8.4.2　客服的激励机制

做好客服工作并不是一件轻松的事情，繁忙的工作和负面的情绪会让客服人员感到厌倦、失落、缺乏活力。此时，店长或客服管理人员就应采取必要的激励机制，来帮助客服人员应对这些负面情绪。那么建立怎样的激励机制才能让客服人员抵抗负面情绪？这里总结了下图所示的4条激励机制。

1.　竞争机制

竞争机制是市场机制的内容之一，是商品经济活动中实行优胜劣汰的手段和方法。竞争机制在网店中一旦发挥良性的作用，对网店的客服团队管理有着不可小觑的力量。如促进客服人员通过不断提高自己的知识与技能来获得客户的满意，可一旦这种竞争机制失衡，就可能会造成客服人员之间的钩心斗角、员工心理压力增大等各种负面影响。

那么，网店店长应该从哪些方面来实施这种良性的竞争机制才较为科学呢？科学有效的竞争机制一定要有具有说服力的数据作为支撑，让客服人员真正感到来自工作的压力和挑战，当然也只有科学合理的竞争才能让客服不断督促自己，做出更好的成绩。

下表所示为某网店各个客服人员工作的数据对比表，这些数据如实反映了客服人员的工作能力和状态，以这些数据作为论证，不仅可以在客服人员之间形成良性竞争的环境，而且还可以及时发现客服工作中的不足。

客服工作数据对比表

客服人员	销售额	咨询人数	成交人数	询单转化率	平均响应时间	客单价	退款率
琳琳	￥32 500	500	200	40%	45s	162.5	1.2%
小申	￥25 638	800	300	37.5%	40s	85.46	2.3%
赵申	￥2 200	100	50	50%	32s	44	3%

2. 晋升机制

为达到人尽其才、各尽其能的目的，卖家在网店内部按照专业划分了多种职系，这些职系又被细分为多个职位，如下图所示，这样员工便有了提升自己的平台与空间。

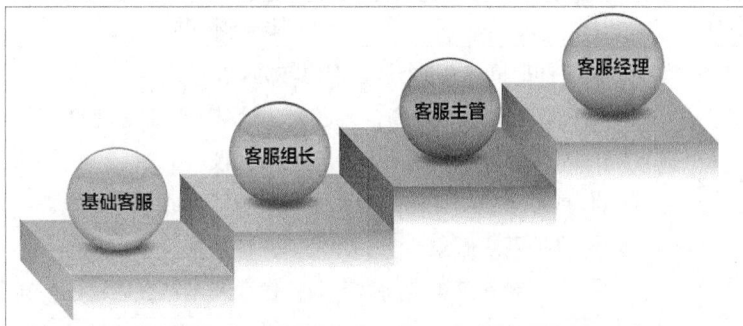

员工晋升，指员工由较低层级职位上升到较高层级职位的过程。如果网店想要充分调动客服人员的主动性和积极性，打造团结协助、能攻善战的团队，那么在网店内部营造公平、公正的晋升机制是很有必要的，客服的晋升应要遵循以下5点。

● 规范管理人才的培养、选拔和任用制度，推动管理人才水平不断提高。

● 建立管理人员晋升通道，激励员工不断提高业务水平，以卓越的现场管理能力推动网店的发展。

● 根据绩效考核结果，员工职位可升可降。

● 职位空缺时，首先考虑内部人员，在没有合适人选时，考虑外部招聘。

● 树立员工学习的标杆，不断引导其他客服人员学习、改进，保持公司的持续发展。

客服人员的晋升体制主要分为逐级晋升和薪酬晋升，二者是不可拆分的。当客服人员的职位提升时，相应的待遇也要得到改善，当然客服人员的晋升一定要有一定的制度参考，而晋升的制度和条件需要店铺根据自己的实际情况进行制定。例如，以素质和能力为参考来晋升新入职的客服人员，可将其划分为：新客服（试用）——初级客服——中级客服——高级客服——储备主管，储备主管为客服岗最最高级别职位，如客服部主管离职、调岗或升职，可结合储备主管的综合能力考虑将储备主管提升为客服部主管。

3. 奖惩机制

网店客服人员的能力参差不齐，有的认真负责、热情踏实，而有的则缺乏耐心、粗心大意。为了让整个客服团队保持积极向上的工作作风，网店需要制定员工奖惩机制。网店一般会采取物质奖励和精神奖励两种形式，对于调动人的积极性而言，物质奖励和精神奖励二者缺一不可，一般以精神奖励为主，物质奖励为辅。

（1）精神名誉奖励

精神奖励能够激发人的荣誉感、进取心、事业心和责任心。根据心理学上的说法，奖励对每一个人来说都能引起愉快的感受，任何人都希望得到社会和他人的赞赏。网店可以根据自己店铺客服人员的数量和质量来对客服人员进行奖励，下表所示为某网店对客服人员的奖励标准。

客服精神奖励参考表

奖项名称	精神奖励标准
最佳新人奖	①工作时间未满3个月，但已转为正式员工 ②在职期间出勤率高，无迟到、早退、旷工等现象 ③工作态度积极认真，注重服务礼仪 ④具有较强的工作能力，能高质量地完成本职工作 ⑤维护网店形象，能妥善处理各种关系 ⑥客户对其满意度高，客服销售业绩排名在店铺的前30名内
优秀员工奖	①工作半年以上的正式员工 ②在职期间出勤率高，无迟到、早退、旷工等现象 ③具有较强的工作能力，尽职尽责，询单转化率、客单价、平均响应时间等指标排名在全客服团队的前30名内 ④客户对其满意度较高，懂得维护网店形象，能妥善处理各种关系
杰出员工奖	①工作一年以上的正式员工 ②拥有优秀员工奖或最佳新人奖奖励 ③熟练掌握网店的产品知识、营销知识、沟通技能等 ④工作能力突出，考核综合指标排名为店铺员工的前30名内 ⑤在工作中献计献策，能够提出一些建设性的意见

（2）物质奖励

物质奖励，是网店基于员工良好的工作表现而增加员工的薪酬、福利待遇的举措，这对调动客服人员的工作积极性有显著作用。奖励的金额是多少，达到怎样的标准才实现这样的奖励，这些都需要店铺根据自己的实力进行设置。

（3）有奖就有罚

当网店出现不合格的客服人员时，管理人员一定不要抱着睁一只眼闭一只眼的态度，发现问题就要及时解决。店铺可以根据客服人员的工作失误、违规的严重性来权衡惩罚的轻重，可以参考的惩罚一般有警告、通报批评等，屡教不改者则应淘汰。

4. 监督机制

监督机制，是对客服工作情况的跟踪监督。从客服人员的工作状态、工作绩效、客户满意度以及员工认可度等方面进行监督和管理，可以促使客服人员的工作结果能够达到预定的目标。

店铺在对客服工作进行监督时，可以采用数据监控和问卷调查两种方式。通过数据监控，网店可以对客服的工作成效和开展进度进行评估。通过问卷调查，网店还可以从客户的反馈中对客服的工作进行有效的监督。

8.4.3 培养客服文化

店铺正面临不断变化的外部环境、激烈的市场竞争以及客户对店铺越来越高的服务的期望值。店铺之间的竞争不仅仅局限在产品和价格之间的竞争，最高层次的竞争是店铺内员工的做事方式的竞争——也就是客服服务文化的竞争。文化是一种无形资产，也是一种潜在投资。作为店长，如何才能完善店铺的服务，让客户有种宾至如归的感觉呢？

1. 团队意识

团队意识，指整体配合意识，包括团队的目标、团队的角色、团队的关系、团队的运作过程4个方面。店长要培养客服人员的团队意识，让客服人员明白，团队是一个整体，是拥有不同技能的人员的组合，他们致力于共同的工作目标、相互负责的处事方式和共同的工作目的，团队内每个人的相互关系，都会对他人起到重要作用。

团队意识是一种主动性的意识，是指将自己融入整个团体来思考问题，想团队之所想，最大限度地发挥自己的作用。

2. 以客户为中心

以客户为中心是指以买方（客户群）的要求为中心，其目的是使客户满意从而获取利润，它是一种以消费者为导向的营销观念。

以客户为中心的经营理念对客服人员的服务方式有严格要求，它要求客服人员不能冷漠，而要以饱满的热情迎接每一位客户，尽自己最大的可能让客户满意。以客户为中心的核心理念包括以下3个方面的内容。

（1）客服人员不能生搬硬套宝贝详情页中的内容，要以自己的生活经验和真实体验给客户提出贴心的、有建设性的意见或建议。

（2）客服人员在确认客户的购买需求和个性化要求时，要尊重客户的选择，不能一味地推荐介绍，而不管商品是否是客户所需要的，客服人员要有针对性地提供不同的服务。

（3）全程满足客户的个体需求，为客户创造完美的购物体验。

3. 文化理念

企业文化理念，是指淘宝店铺所形成的具有自身特点的经营宗旨、价值观念和道德行为准则的综合。文化理念的确与店长的创业经历有着密切的关系。

首先，文化理念是店铺经营价格观的核心所在，它决定了客服人员的思维方式和处理问题的法则；其次，文化理念决定了店铺的发展方向，而目标则代表着店铺的发展方向，客服人员就是在这一目标的指导下从事销售服务活动的；最后，文化理念具有无形的凝聚力，能促进客服人员之间形成团结友爱、相互信任的和睦氛围。由此可见，文化理念支撑着店铺的发展，也对调动客服人员工作的积极性起着关键性的作用。

8.5 疑难破解

1. 如何提高询单转化率，坚定客户购买意愿？

客户进入店铺后，部分人会选择好商品然后直接下单购买，而另外一部分则需要咨询售前客服人员，待解决了相关疑惑后才进行购买。前者订单的转化情况被称为静默转化率，与网店推广与店铺的页面详情有很大关系；后者则与店铺的询单转化率相关，也就是说与客服的工作有着很大的关系。

询单转化率主要反映的是客服人员的专业能力，客户既然产生了咨询需求，就说明客户有购买意向，只要正确地进行引导，成交的概率一般能达到90%。那么，如何才能提升客服的询单转化率呢？我们可以从坚定客户的购买意愿入手。所谓坚定客户的购买意愿，就是指尽可能地去解决客户提出的各种放弃购买的理由，不要让客户出现放弃购买的想法。

客户放弃购买的理由通常如下图所示，我们可以从客户放弃购买的理由着手，对这些放弃购买的理由一一攻破，从而说服客户买下商品。

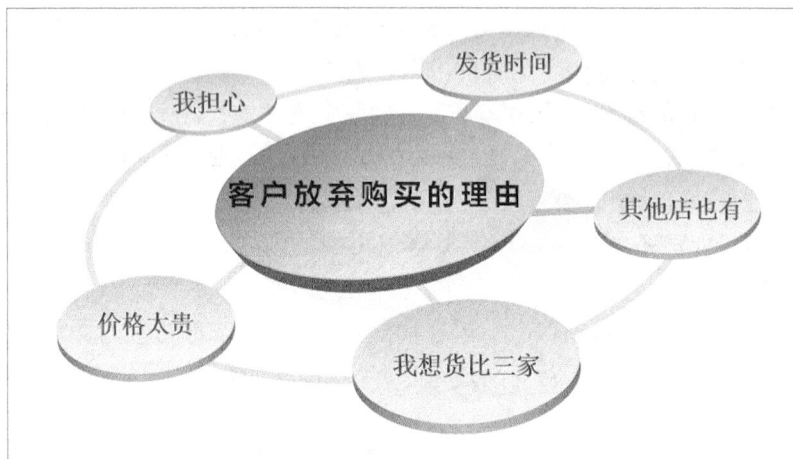

（1）价格太贵

价格太贵永远都是客户放弃购买的理由中被运用次数最多的，也是较为敏感的一个理由。这时客服人员切不可自乱阵脚，而要仔细权衡。

议价是一些客户的习惯性行为，这类客户可能购买意愿很强，但他们故意借口说"太贵了，我不买了"之类的话，目的是让客服人员主动降低价格，当然还有一类客户是确实觉得价格太贵，希望能便宜一点再下单付款。此时，就需要客服人员对客户的议价心理进行准确判断，从而促使订单的迅速完成。

（2）我想货比三家

在淘宝这一个开放性的平台上，客户只需轻点鼠标就可以对比商品的优劣，选购自己心仪的产品。对于客户而言，网购有很多选择，并且自主性也很强，但对于客服人员而言，却十分头疼，有时候好不容易迎来咨询的客户，客户却以"我想再看看别家的同款商品"为借口拒绝购买，中途跑单。

客服人员一定要牢记，货比三家是客户选购商品的权利，客服人员不能强制客户购买商品，而要把选择权留给客户，让客户感受到卖家对他的尊重。遇到客户货比三家的情况时，客服人员可以利用优质的服务来留住客户，必要时可以与客户约定联系时间，让客户感觉被重视，这样即便客户看了无数同类产品，即便其他店铺的同类产品在价格上有一定的优势，但若我们的客服服务令客户满意，给客户一种享受的购物体验，我们还怕客户货比三家吗？

（3）其他店也有

当客服人员尽情介绍自己商品的商品质量、售后维护、独一无二等优势时，客户一句"我看其他店也有一模一样的"就将客服人员的热情浇灭了。遇到这种情况时，客服人员应该怎么应对呢？

客户在购买商品时，对于商品的了解有一定的局限。而客服对产品的了解则是全方位的。挖掘产品的潜在功能，突出产品独特的优势，是客服人员应对这类拒绝借口最有力的说词，能在一定程度上坚定客户的购买决心。客服人员在思考自己所售产品的独特优势时，可以从以下几个方面进行考虑。

- 商品的卖点在哪里，可以给客户带来什么好处。
- 拿出生产数据和事实证据，证明自己的商品是值得购买的。
- 说出网店的商品与其他店铺商品的不同之处，或阐述服务上的不同之处。

（4）发货时间

客户都不喜欢等待，他们大都希望能够尽快收到所购买的商品，这对网店的发货速度和物流的运输速度就提出了较高的要求。

有的客户对商品的需求十分迫切，如果卖家的发货速度不能满足客户的需求，客户便会放弃购买。那么网店多久发货才合适呢？不同网店的发货时间因店铺的规模、发货习惯等有所不同。大多数店铺为了规避"延迟发货"的投诉，将发货时间定为下单付款后72小时之内，也有的店铺是定为下单付款后24小时之内。

有时，个别客服人员为了提高询单转化率，会对客户做出"优先发货"的承诺。那么，客服人员在做出承诺时一定要量力而行，一定要对发货时间拿捏得当，如果达不到客户的发货时间要求，不如提前诚实地告诉客户，否则询单转化率没上去，投诉和售后退款数量反而上升了。

（5）我担心

客户放弃购买的另一个原因在于客户对产品有所担心，客户一般会担心什么呢？客户的担心更多集中在对商品质量的不放心、对网购的不信任。客服人员在面对客户的担心时，首先要了解客户为什么不想买，找到客户不想买的原因，对症下药，消除客户的担忧。下图所示为客服人员成功消除客户担忧的对话示例。

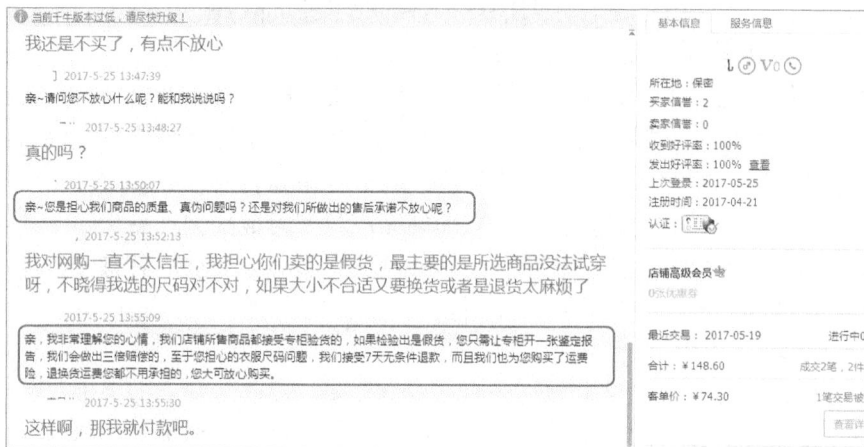

2. 如何降低退款率？

客户退款肯定是有原因的，常见的退款原因包括缺货/无货、发错货、漏发、质量问题以及七天无条件退换货等。针对上述原因，可将其归纳为两大类，如下图所示。

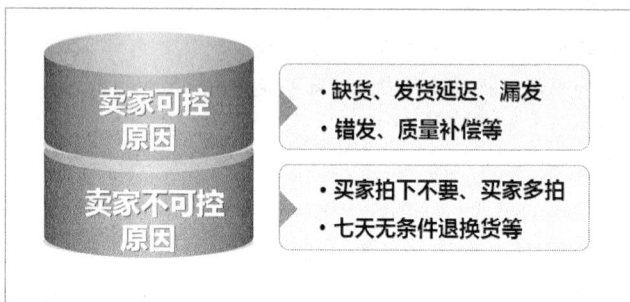

当客户出现退款意愿时，客服人员一定要想办法进行补救，尽可能降低退款率。针对不同的退款原因，客服人员需要具体分析，找到根源，对症下药。

● 针对漏发、错发：通过发货时的订单核对、仓库的管理等手段，杜绝错发漏发的情况发生。

● 针对质量问题：尽量能补偿就补偿，包括物质补偿、帮忙转让等，尽量与客户协商进行换货，不要退货。

● 针对多付邮费：直接用支付宝返还多支付的邮费。

● 针对七天无理由退换货：提供真实、客观、规范、详尽的商品描述和图片，提升商品本身和描述的匹配度。尽可能地使用对比照、真人秀等多维度图片，避免夸大宣传，让买家对商品有一个良好的认知和预期。

3. 怎样制定网店客服管理规则？

俗话说"没有规矩，不成方圆"，这对于做淘宝的店家们也同样适用。做淘宝网店的店家们都可以给自己的店铺制定相应的客服管理制度，就像公司制度一样，这样既可以帮助你管理网店，也可以让你的网店更有规矩。下面简单列举了一些网店客服管理规则，供大家参考。

（1）工作时间

早会：7:50－8:00。早班：8:00－17:00。晚班：17:00－01:00。

早班和晚班这两个时间段是客户购物的高峰期，凌晨一般很少有客户在网上购买宝贝，所以也就不用安排。这两个班次可以安排倒班制度，倒班的时候客服人员一定要把交接工作做好。

（2）考勤

迟到或早退5分钟以内的，罚款10元；月迟到、早退、旷工累计达3次的，计旷工一天；旷工一次扣发一天双倍薪资。旷工3天及以上的予以辞退，并扣发6天底薪。

（3）每周一会

每周开一次客服会议，由客服主管人员主持，会议内容包括自我总结、工作中遇到的问题、工作经验的分享等。如果有新产品上架，要及时通知客服人员关于新产品的最新情况，以便客服人员进行后期的上架和销售。

（4）接待工作

接待好每一位客户，在客户来网店咨询时客服人员一定要使用文明用语。如果客服人员使用脏话或者其他威胁客户的话语，做记过处理；如果被客户投诉则直接罚款；如果投诉太多就直接辞退。

（5）备注须知

每完成一个订单，都要在该订单里面备注上客服人员的姓名和工号，然后将具体的交易内容、时间、宝贝、价格、购买人信息等记录在内。

（6）忠诚

客服人员必须对网店忠诚，不能把自己店铺的信息随便透露给其他店铺的人，或者把宝贝的全部情况告知客户，更不能私下、私自联系客户做私人交易。如果出现上述情况直接辞退，并需负责店铺损失。

4. 怎样合理提升客服人员的积极性？

员工的积极性，指员工主动在工作中付出智慧的意愿和行动。要想在工作中合理调动客服人员的积极性，可以通过下图所示的4种途径来实现。

● **薪酬福利**：物质激励是调动客服人员积极性的最有效的方法。客服人员的基础收入是他们生活的保障，如果基本的生活质量都无法保证，何来精力面对工作呢？因此，在设定客服薪水时，要遵循公平、公开原则，制订合理科学的薪资规定。

● 职位升迁：客服人员职位的晋升，是指客服人员由原来的岗位升迁到另一个较高岗位，职位升迁既能发挥客服人员工作的无限潜力，也能增加客服人员在店铺的存在感，从而对这个岗位有更多的依赖和付出。

● 工作环境：客服工作的环境会对其工作的状态产生直接的影响。竞争环境会刺激客服人员不断努力攀登；而在消极环境下，客服人员对于工作，往往会表现出消极怠工、尽量推诿的状态。因此，管理者一定要营造出积极向上、轻松愉快的工作环境，这样对于客服工作的有效展开有很大的帮助。

● 职工关怀：作为卖家，要时时刻刻让自己的员工感受到店铺的温暖，贴心为员工考虑，如员工生日慰问、假期慰问等。只有当员工感觉到来自店铺的温暖后，才会以一种感恩的心面对自己的工作。

8.6 案例分析

每到节假日，站在店铺最前线的客服人员真是忙得不可开交，有时，一个客服人员需要同时接待十多个客户。一个人的力量毕竟有限，但是团队的力量是无限的。一个分工明确的客服团队可以从根本上降低接待的"麻烦率"，同时降低后续的"售后率"。"鞋之家之小宇宇"网店便充分体现了客服团队合作的力量。在双十一活动当天，这个店铺的接待人员达到了近200人，却没有接到一个客户的投诉，他们是怎么做到的呢？在客户首次咨询时，售前客服人员热情且快速地响应客户；在遇到改单情况时，相关人员会立刻转交改单人员进行处理；而遇到退款情况时，相关人员会立刻转交售后退款人员进行处理。这样高效的工作效率让客户感受到了良好的购物体验。由此可见，良好的团队合作对店铺的影响十分巨大同时也是十分重要的。

思考与讨论：

（1）本案例中店铺是如何对客服人员进行管理的呢？是不是制定了相应的考核与绩效制度呢？

（2）如何才能让客服团队有条不紊地开展客服服务工作呢？

（3）客服团队有没有使用相关的激励机制呢？